# 日本のティーチング・アシスタント制度

大学教育の改善と人的資源の活用

北野秋男 編著

Teaching
Assistant

東信堂

## はしがき

　本書は、我が国の「ティーチング・アシスタント」(Teaching Assistant、以下「TA」と略す)制度の理念と実態に関する研究である。その際の重要な視点は、大学の学部教育における教育・授業改善を目的とした場合、TA制度がどのような貢献や役割を果たすのか、という問題を解明することである。我が国のTA制度の歴史は浅く、国際基督教大学のようなアメリカ型の大学を除けば、多くの大学では長くて10年程度の経験しかない。したがって、我が国におけるTA制度は未だ暗中模索の状況である。

　一方、我が国のTA制度の成立に大きな影響を与えたアメリカの大学におけるTA制度の起源や実態に関する研究も、個別の大学の事例を紹介する体験談的な論文は散見するものの、本格的な学術研究は未だ見られない。アメリカのTA制度は、19世紀の後半あたりから開始されていると言われているが、明確ではない。そして、アメリカでも教育・授業改善を目的として、本格的なTAの養成と雇用が開始された時期は1970～1980年代頃からである。将来的には、こうしたアメリカのTA制度普及の理由や背景などを学問的に究明することも急務となろう。アメリカのTA制度の研究は、私自身、他の研究者とともに2003年度から共同研究を開始している。いずれ、近い将来には何らかの研究成果を世に送り出したいと思う。

　本書は、こうした日米の研究状況を鑑み、現在、ないしは未来の大学教育の改善にとってTA制度が有効な役割を果たすと考え、我が国におけるTA制度研究の先駆的な位置を担うために着手したものである。しかしながら、ある時点では先駆的な研究であっても、やがて、それを超える新しい研究が登場する。本書は、我が国のTA制度の研究の進展、ならびに大学教育の改善を願い、その契機となることを望むものである。本書が我が国のTA制度の研究にとって、「入門書」のような役割を果たすことができれば、それは望外の喜びとなろう。

　次に、本書において紹介されている各大学を対象とした実態調査の方法に関して言及しておきたい。本書は、我が国のTA制度の理念や実態を解明し、

その意味や課題を明らかにすることを意図しているが、とうてい、我が国の大学の全てのTA制度のあり様を解明することは不可能である。そこで、本書は、我が国のTA制度の実態を解明するために、一部の大学に限定しながら実態調査を実施した。その際には、TAを大学院生に限定（学部生の場合は除外）したこと、実態調査の対象となった大学も大学院を設置する4年制の国・公・私立大学に限定し、短期大学などは除外した。個人研究レベルでは、全ての大学におけるTA制度の理念や実態を解明することは困難であり、物理的・時間的な制約の下で実施された実態調査である点を予めお断りしておきたい。

さて、私自身は、もともとはアメリカの教育史・教育思想史の研究を専門としてきた教育学研究者であり、大学教育の問題に関しては素人に近かった。しかしながら、平成12年に所属する学部においてFD委員会が組織され、その翌年にFD委員長に任命されたことを契機として、大学の教育改善の問題やTA制度の充実に取り組むことを余儀なくされた。当時、学部ではTA制度の充実・改善と学生による授業評価の導入が検討されていた。授業評価の導入に関しては、私自身は他大学の試みを十分に検証する必要性を感じていたので、FD委員会はいったん授業評価の議論は棚上げにして、代わってTA制度の改善に取り組んだ。なぜなら、すでにTA制度は数年前に導入されており、その整備が緊急の課題となっていたからである。

いずれにせよ、職務上の必要性から始めた研究ではあったが、私自身はたんなる職務上の仕事としてFD活動に取り組むのではなく、自らの研究テーマの一つに加える決意を固めた。「どうせ仕事でやるなら、本格的に研究をする」という意味でもある。いわば、天が与えた仕事として、自分のできる限りの努力を傾ける決意をしたのであった。また、研究の方法論として、こうした実践的な分野を積み重ねて、そこから理論や原理を導き出すことが教育学研究にとっては必要であるとも考えた。本書の研究方法は、まさにこうした日常的な経験の積み重ねや具体的なプログラムから、TA制度の実践の理論化と体系化を試みることでもあった。

本書の執筆は、おおむね編著者である北野が担当したが、学部の同僚教員である田中ゆかり、落合康浩がTAの授業実践の報告を、中里勝芳がTAによる

「反省会」の記録の報告を担当した。これらの教員は、FD委員会のメンバーでもあり、同時に平成13・14・15年度の日本大学人文科学研究所の共同研究の共同研究者でもあった。本書の第6章と第7章の一部には、そうした共同研究の研究会で報告された論文が掲載されている。

　また、2004年度に学部の学生を対象とした「学習時間」や「読書傾向」などのアンケート調査を実施した際には、当時の日本大学大学院に在籍していた宇内一文・吉江夏子さんも参加し、その成果の一端を第1章にまとめている。こうした多くの人々の惜しみない協力と献身的な努力で、本書は成り立っている。ここに謝意を表したいと思う。

北野秋男

目次／日本のティーチング・アシスタント制度

はしがき …………………………………………………………………… i

## 序　章　本書の構成と先行研究 …………………………………… 3
1　研究課題と本書の構成 ……………………………… 3
2　TA制度に関する先行研究 …………………………… 9

## 第1章　大学教育の改革と教養主義の崩壊 ……………………… 21
1　東大生の「学習時間」と「読書傾向」 …………… 21
2　大学生における「教養主義」の崩壊過程 ………… 28
3　大学生の「学習時間」の実態 ……………………… 30
4　大学生の「読書傾向」の実態 ……………………… 36

## 第2章　大学生の学力低下と大学改革 …………………………… 43
1　大学全入時代の到来 ………………………………… 43
2　避けて通れない大学改革 …………………………… 50
3　我が国の高等教育の現状と課題 …………………… 55
4　カリキュラム改訂と大学改革の方向性 …………… 58
5　学習活動への支援策の構築 ………………………… 60

## 第3章　大学の教育改善とFD活動 ………………………………… 67
1　FD活動の導入と活発化 ……………………………… 67
2　FD活動の事例 ………………………………………… 71
3　FD活動の実践的事例 ………………………………… 74
4　教育改善の試みと「人的資源」の活用 …………… 77

## 第4章　我が国のTA制度の現状と課題……………………………… 83
1　大学教育の改善とTA制度………………………… 83
2　TA制度に関する「インタビュー調査」の概要…… 88
3　TA制度の目的……………………………………… 90
4　TAの業務内容……………………………………… 92
5　TAの資格・待遇・研修制度など………………… 95
6　TAの任用システムとチェック体制……………… 99
7　TA制度の評価システムと課題…………………… 101

## 第5章　TA制度の運用システムの事例研究……………………… 107
1　TA制度の運用システム…………………………… 107
2　TAの募集と採用システム………………………… 111
3　授業改善の効果と結果…………………………… 113
4　TA制度の問題点…………………………………… 118

## 第6章　TA制度導入による授業改善の実践例…………………… 123
1　実践的事例研究の必要性………………………… 123
2　大規模講義科目におけるTAの役割……………… 124
3　演習科目におけるTAの役割……………………… 128
4　実習科目におけるTAの役割……………………… 132

## 第7章　教員・TA・受講学生から見たTA制度の問題点………… 141
1　教員から見たTA制度の問題点…………………… 141
2　全国の大学におけるTA経験者の報告…………… 146
3　TAカンファレンスの報告………………………… 151
4　受講学生から見たTA制度の問題点……………… 155
5　TA制度に対する「評価制度」の重要性………… 156

## 第8章 アメリカのTA制度の特色 ……………………………… 159
1 アメリカのTA制度研究の意味 …………………… 159
2 アメリカの大学院制度 ……………………………… 161
3 アメリカのTA制度の特色 ………………………… 166
4 オハイオ州立大学の事例 …………………………… 169
5 ヴァンダービルト大学の事例 ……………………… 172

## 終　章　我が国のTA制度の総括と課題 ……………………… 181
1 本書の総括 ………………………………………… 181
2 大学院教育の課題 ………………………………… 184
3 学部教育の課題 …………………………………… 185
4 TA制度の意義 …………………………………… 187

## [資料編] ……………………………………………………………… 189
1 文部省通達「ティーチング・アシスタント実施要領」（平成7年）
2 各大学のTA制度の比較一覧表（平成14年）
3 「ティーチング・アシスタント実施規程」（平成4年）
4 「TAに関する内規」（平成16年）
5 「TAの業務及び指導・管理基準」（平成16年）
6 「ティーチング・アシスタント申請書」（平成15年）
7 「TA申請書」（平成16年）
8 「ティーチング・アシスタント実績報告書（教員用）」（平成17年）
9 「TA講習会」（平成14年）
10 アメリカの「TAセミナー」（2003年）

引用・参考文献一覧 ………………………………………………… 205
あとがき ……………………………………………………………… 213
索引 …………………………………………………………………… 218
執筆者一覧 …………………………………………………………… 220

# 日本のティーチング・アシスタント制度
## ——大学教育の改善と人的資源の活用——

# 序章　本書の構成と先行研究

[本章のねらい]　「大学は研究が使命であり、教育は二の次である」といった「研究重視」／「教育軽視」を意味する言葉は、我が国の大学教育の現状を端的に示すものの一つである。しかしながら、我が国の高等教育進学人口は1970年代には30％を越え、「エリート型」から「マス型」へと移行し、1980年代には50％を超えて「マス型」から「ユニバーサル型」へと移行している。すなわち、我が国の大学のあり方も「研究型大学」であるだけでなく「教育型大学」であることも求められている。大学教育の改善という問題を棚上げにし、先送りすればするだけ、学生のニーズと大学教育のあり方がかけ離れていくことになる。

本書は、大学における研究活動を最優先としながらも、研究を基盤とした「教育のあり方」を模索するものである。つまりは、「研究重視」・「教育重視」を目標とする大学教育のあり方、大学教育改善の問題を検討するものである。

## 1　研究課題と本書の構成

### (1)　本書の課題

本書は、我が国の大学における大学院生によるティーチング・アシスタント制度＝「教育助手」(Teaching Assistant) 制度（以下、「TA」と略す）の理念と実態に関する研究である。言い換えれば、学部教育における教育改善という視点から、TA制度の有効性や問題点を、我が国の大学教育の実情から考察した多角的・総合的な研究でもある。とりわけ、我が国の大学教育は近年の大学授業の多様化・多角化・高度化などに対応して、いかに大学教員が学生のニー

ズに合わせた学部段階の教育・授業改善を行い、その質的向上を図るかが急務の課題となっている。本書において研究対象となったTA制度は次のような条件の下に考察されている。すなわちTAとは大学院生であり、学部生の場合は除外されている[1]。また、大学とは大学院を設置する4年制の国公私立大学であり、短期大学や大学以下の教育機関も除外されている。

　我が国のTA制度の目的は、先の臨時教育審議会や大学教育審議会の答申でも明言されているように、「学部教育におけるきめ細かい指導の実現等」、経済的措置を講ずることによる「大学院生の処遇の改善」「将来の大学教員としての指導力の育成」などが挙げられており、学部段階の教育改善、経済的支援による処遇の改善、将来の大学教員としての養成などを目的としながら、全国の大学において急速に整備された制度と言える。

　しかしながら、こうした我が国のTA制度は我が国独自の制度ではなく、アメリカの大学のTA制度を模して導入されたことが一般的には知られている。このアメリカのTA制度に関する研究は将来の課題として残し、本書においては、我が国のTA制度が大学教育の改善に対して有効か否かを検証するものである。具体的なTA制度に関する検討項目は、TAの地位・身分・待遇、業務内容、任用制度、研修制度、TA制度の効果や問題を点検する評価制度などである。併せて、TAを用いた授業改善の実践例の紹介やアメリカの大学におけるTA制度の具体的な事例も紹介する。

　以上の点から、我が国のTA制度の実態を考察することが本書の目的ではあるが、同時に大学教育の改善にとって有効な制度であると考えられるTA制度が、我が国の大学の場合には、やや形式的な導入に止まり、形骸化している状況も見られる。言い換えれば、このことは、我が国の大学において「なぜ、アメリカのようなTA制度による本格的な授業改善が困難であるのか」「日本の大学制度の何がTA制度の進展を妨げているのか」という課題の考察を行うことにほかならない。そして、この我が国のTA制度の現状を考察することこそ、我が国の大学における「より優れたTA制度の普及」のみならず、本書の最終目的である「我が国の大学教育の質的向上」を達成する具体的で現実的な方策も見い出すこととなろう。

(2) **本書の構成**

　本書は、『我が国のTA制度の総合的研究』をテーマとして、我が国のTA制度の実態を多角的・総合的に検討しながら、その制度的な意味と今後の課題を解明しようとするものである。その際の基本的な視点は、まず大学を取り巻く基本的な問題として、大学教育のマス化現象にともなう大学教育の問題、大学生の学力低下問題などを論じ、大学のあり方自体が根本的な変革を迫られていることを確認したい。その上で、広い意味での大学教育の質的向上をめざすFD活動の意味も確認したい。一般的には、FD活動は多様で広範囲な領域が存在する。本書の課題は、TA制度による大学教育の質的向上の有効性や課題を検証することではあるが、TA制度が将来の大学教員や研究者の養成にとって有効な制度となりうるか否かも重要な問題であると認識している。すなわち、大学教員・研究者の養成が大学院教育の重要な課題であり、授業の補助業務を担当する者がTAである。こうしたTA制度の充実による大学教員の養成は、アメリカの大学でもすでに意識的に導入されているシステムである[2]。

　そこで、本書においては、我が国のTA制度の実態を考察するために、全国の主要24大学を対象に行ったインタビュー調査によって、TAの採用、養成、業務内容、身分・地位・待遇、評価制度などを中心に総合的に検討している。さらには、TAを使った授業の実践例として文系・社系・理系の学問領域から一例ずつ選び、TAを導入する際の意義や具体的な問題点を解明している。そして、TAの側や受講学生から見たTA制度の問題点や課題も解明し、TA制度を実態に即しながら重層的・多角的に検証する方法を採用している。最後には、我が国のTA制度と比較したアメリカのTA制度の実態を比較検証することも試み、将来的な課題も提示した。以下、各章の概要を述べることとする。

　まず、序章では「本書の構成と先行研究」と題して、本書の課題と構成、そして、これまで我が国で刊行されたTA制度に関する先行研究を分析した。TA制度の問題は、間接的には、我が国の学部・大学院教育のあり方、大学教員の養成問題、大学院生に対する財政支援の問題、教授方法や教授内容の改善、FD活動、大学生の学力低下の問題などとも深く関連し、その考察すべき

研究課題は広範囲に及ぶ。また、TA制度自体の問題として、資格・身分・待遇、任用制度、業務内容、評価・研修制度なども挙げられる。しかしながら、TA制度の直接的・間接的な先行研究の全てに言及することは不可能であるので、本書においては、主としてTAがタイトルになっているか、もしくはキーワードとして挙げられている先行研究のみを対象として分析している点をお断りしておく。

　第1章では「大学教育の改革と教養知の崩壊」と題して、大学生における「学習時間」や「読書傾向」の実態を分析しながら、学力低下問題を考察した。その際に、東京大学や京都大学などで実施されたアンケート調査も参考としながら、編者が所属する学部の学生を対象に「進学動機や大学へのイメージ」「学習意欲や学習内容」「読書傾向」の調査を実施した。大学生の「学力低下」や「学習離れ」が叫ばれて久しいが、このアンケート調査の結果も、こうした傾向を見事に示すものとなり、大学教育の改善が急務であることを物語るものとなった。

　第2章では、「大学生の学力低下と大学改革」と題して、大学を取り巻く厳しい環境（俗に言う「大学冬の時代」）を考察しながら、我が国の大学教育において課題となっている大学生の学力低下と大学改革の問題点を述べた。とりわけ、1970年代を境に大衆化する我が国の大学生の学力低下と興味・関心の多様化などに言及しながら、大学教育の改善が「教育重視」から「学生の学習支援の構築」の段階に入っている点を述べた。また、大学院教育における問題として、大学院生に対する奨学金や大学教員養成の問題についても言及した。そして、我が国の大学教育の改善にとってTA制度の導入が有効である点を指摘した。

　第3章は「大学の授業改善とFD活動」と題して、我が国のFD活動が重視された経緯と、各大学におけるFD活動の実情を紹介した。しかしながら、とりわけ各大学で導入されている授業評価に関しては、その公開性と利用目的が不明瞭であるという視点から、その有効性を疑問視した。

　第4章は「我が国のTA制度の現状と課題」と題して、全国の4年制大学に対して実施したインタビュー調査の結果を報告した。このインタビュー調査

の目的は、我が国のTA制度の実態解明であり、対象となった大学はTA制度を導入している全国の4年制大学である。北は北海道から南は九州まで、各地区から国・公立大学と私立大学のバランスに配慮しながら、3〜4大学ずつが選択されている。なお、この研究成果の一部は北野秋男2003「ティーチング・アシスタント（TA）制度の総合的研究――全国の22大学に対するインタビュー調査の結果を中心に――」と題して大学教育学会『大学教育学会誌』(第25巻, 第2号) にも掲載されている。

　第5章は「TA制度の運用システムの事例研究」と題して、編者の所属する日本大学文理学部におけるTA制度構築の事例を紹介したものである。同学部のTA制度は、平成12年4月にFD委員会が発足したことを契機として、TA制度の大幅な改革・改善が実施され、TAの人件費を学部で負担すること、一般教養科目の大規模授業（受講学生が100名以上）に実験的に導入すること (10コマ程度)、コンピュータ・リテラシー（1年生必修科目）などのコンピュータ科目に導入すること、理系・文系を問わず実験・実習・演習科目にも導入することがめざされた。この結果、平成13年度には合計227科目、121名のTAが採用されている。同学部の事例は、他大学には見られないTA制度の幅広い活用を意味するが、同時にTA制度の有効性や問題点の検証が、担当教員・TA・受講学生の三者に対するアンケート調査によってもなされている。なお、この研究成果の一部は北野秋男2002「ティーチング・アシスタント（TA）制度と大学の授業改善－日本大学文理学部の事例を中心に－」と題して大学教育学会『大学教育学会誌』(24巻, 第2号) にも掲載されている。

　第6章は「TA制度導入による授業改善の実践例」と題して、編者の所属する学部の3名の教員によって、授業内におけるTAの有効活用による授業改善の具体的な事例紹介がなされている。この事例は、大規模授業(言語学に関する講義科目)、演習科目 (教育学演習)、実習科目 (地理学実習) におけるTAの有効活用に関するものである。また、それぞれの事例においては、実際にTA業務を担当したTA本人によるTA制度の意義や問題点の指摘もなされている。

　第7章は「教員・TA・受講学生から見たTA制度の問題点」と題して、教員・TA・受講学生から見たTA制度の問題点や課題が指摘されている。立場の異な

る三者からのTA制度に関する様々な意見は、①京都大学や筑波大学で実施された教員に対するTA制度に関するアンケート調査の分析、②編者が2002年に実施した全国の大学のTA制度に関するインタビュー調査の際に行ったTAに対する聞き取り調査の記録、③同学部において平成13年度から実施されているTA制度に関する受講学生のアンケート調査に記載された意見などを集約したものである。

　第8章は「アメリカのTA制度の特色」と題して、アメリカのTA制度の概要を述べながら、我が国のそれが取り組むべき緊急の課題を解明した。とりわけ、オハイオ州立大学、ヴァンダービルト大学を具体的事例として、日米のTA制度の比較研究を試みた[3]。我が国のTA制度は、アメリカのTA制度を参考に導入されたものであることが広く知られているが、アメリカのTA制度は、その身分・待遇、業務内容、養成制度が日本の場合とは著しく異なっている。日米のTA制度の最大の相違点は、日本のTAがあくまでも教員の補助者であり、単独で授業を行うことはないということである。一方、アメリカの場合には、ほとんど単独で授業を行う。すなわち、両国におけるTAの責任の大きさが異なるので、その給与や養成制度にも大きな格差が生まれることになる。日本とは大きく異なるアメリカのTA制度の特色を確認しておきたい。

　終章は「我が国のTA制度の総括と課題」と題して、我が国のTA制度の現状の総括と課題の分析を行った。また、我が国の大学教育のあり方として、知識蓄積型の19世紀型学力観から問題解決型の21世紀型学力観への転換が迫られているという認識の下に、大学教育も根本的な再編が必要であることを指摘した。TA制度は、我が国の大学教育のあり方を改善する有効なシステムの一つであるだけでなく、大学教員の養成システムの一環としても位置づけられる。しかしながら、我が国のTA制度の実態は未だ形式的な導入に止まり、形骸化している状況も見られるので、その原因や今後の課題も検討したいと考える。

　本書の巻末には、「資料編」として「我が国のTA制度に関する資料集」を掲載し、文部科学省のTA制度に関する通達、全国の主要な大学におけるTAの内規、TA任用書類、実績報告書、TAの養成・研修プログラムの実践例などを掲

載した。各大学において、TA制度を導入する際に活用されることを願って掲載したものである。また、参考文献一覧も明記した。参考文献は、図書、雑誌論文、政府関係文書、各大学の報告書などに分類され、約100点に及ぶ文献が列記されている。

## 2 TA制度に関する先行研究

### (1) 研究論文の登場

　我が国のTA制度に関する本格的な研究は、わずか数年前には皆無に等しい状況であった。しかしながら、2000年に入ると日米の大学におけるTA制度に関する実態調査や一次資料に基づく文献に依拠した本格的な研究が開始された。こうした点から、大学教育学会誌に掲載されている3本の論文は注目される。河井正隆2000「大学院生の教員トレーニングに関する事例的研究－Teaching Assistant 制度からの考察－」（大学教育学会『大学教育学会誌』第22巻、第1号）は、「我が国では、大学教員の資格制度や教員養成といったシステムについての議論が希薄である」という問題意識に基づいて、「実際にTA業務に携わった大学院生にインタビューを行い、TA制度にみる教員トレーニングの役割や意義・問題点について検討を行う」（河井、2000:64）というものであった。7名ほどの院生に対する聞き取り調査ではあるが、TAの側に立った視点からTA制度の実態や課題を解明した着目点が評価されよう。

　続いて、編者自身が行った研究も大学教育学会『大学教育学会誌』に「ティーチング・アシスタント（TA）制度と大学の授業改善－日本大学文理学部の事例を中心に－」（第24巻、第2号、2002年）と「ティーチング・アシスタント（TA）制度の総合的研究－全国の22大学に対するインタビュー調査の結果を中心に－」（第25巻、第2号、2003年）と題して、2本の研究論文が掲載されている。前者の論文の課題は、「大学の授業改善を目的として、TA制度を導入している日本大学文理学部の事例をもとに、TA制度による授業改善の効果と問題点を解明する」ことであり、後者の論文の課題は「我が国のTA制度の実態解明を目的として、全国の4年制大学（22大学）に対して実施したインタビュー調査の結果

を報告する」ことであった。このインタビュー調査は、我が国では初めての全国の主なる大学を対象とした実態調査という意味で、注目される論文である。

　この2本の研究論文のベースになっているものが、編者が所属する学部の人文科学研究所の共同研究費を受領して実施した3年間の共同研究である。編者は、同学部に所属する研究者とともに3年間にわたるTA制度の研究を実施し、それらの成果を以下のような報告書として刊行している。これらの共同研究における共通した研究課題は、大学における教育改善とTA制度の構築であり、それぞれの研究テーマは2002年『大学教育における授業の改善と支援体制の構築に関する研究』、2003年『大学教育におけるTA制度の実態に関する総合的研究』、2004年『日米のTA制度の実態に関する比較研究』であった[4]。

　また、京都大学高等教育研究開発推進センターのメンバーが中心となって京都大学におけるTA制度の実態を分析し、『京都大学高等教育研究』に掲載された研究論文が3本ある。子安増生・藤田哲也ほか1996「ティーチング・アシスタント制度の現状と問題点：教育学部教育心理学科のケース」(第2号)、子安増生・藤田哲也・前原泰志ほか1997「京都大学教官を対象とするティーチング・アシスタントに関する調査(1)－質問紙調査のデータ分析－」(第3号)、前原泰志・山口健二・子安増生ほか1997「京都大学教官を対象とするティーチング・アシスタントに関する調査(2)－自由記述内容の分析－」(第3号)である。京都大学における調査の目的は、「京都大学の教官がTA制度の沿革と規定に関してどのような認識をもっているか、TA申請、経費支給、業務の実態はどのようなものであるか、TAの存在意義と改善点に関してどのような意見が見られるか」などを対象としたものである。質問項目の内容は、ほとんどがTAの申請などの事務手続き、給与、待遇などに関するものである。TA業務の内容に関しては、「実習・演習授業の教育補助」「講義授業の資料作成等」「学部生の卒業論文等の指導」「学部生の勉学に関する相談」などの項目に対する回答の割合が示されている（子安ほか、1997:64,70）。

(2) 政府・審議会の答申、ならびに啓蒙的な報告

　政府レベルの審議会では、1988年の臨時教育審議会の第二次答申において、初めてチューター制やティーチング・アシスタント制を導入することが指摘され、大学院生によるTAは「研修的雇用の場を与え、大学院生生活の活性化を図ることが重要である」(臨教審、1988:111) と述べられた。2000年に発足した教育改革国民会議においても、大学教育における少人数教育の実施とTA制度の充実が指摘されている。教育改革国民会議報告書では「大学にふさわしい学習を促すシステムを導入する」とされ、具体的な提言として、「自ら調べ考えるよう、きめ細やかな授業を行うために少人数教育を推進する。大学院生等を学部学生の学習指導などの教育補助業務に従事させるTA(ティーチング・アシスタント) 制度をさらに充実する。あわせて大学教員の教育力の向上を図る」(教育改革国民会議、2000:9) と述べられている。

　また、1987年に発足した大学審議会でも、大学院の整備充実を大学改革の重要課題の一つとしてTA制度の検討が開始されている。大学審議会は、1988年に答申『大学院制度の弾力化について』、1991年5月の答申『大学院の整備充実について』、同年11月の答申『大学院の量的整備について』と題する答申をとりまとめ、我が国の学術研究及び高度な人材養成の中核を担う大学院の充実と活性化を図ることを目的とした大学院の基盤整備と教育・研究の充実・向上に向けた重点的整備が強調されている。とりわけ、91年の答申『大学院の整備充実について』においては、TA制度の確立による大学院生に対する経済的措置の意味が説かれている。「大学院学生をいわゆるティーチング・アシスタント等として大学の教育研究の補助業務に従事させることについては、学部教育におけるきめ細かい指導の実現等の効用が認められるほか、ティーチング・アシスタント等に対して大学が経済的措置を講ずることは、大学院学生の処遇の改善にも寄与するものと考えられるため、その導入に係る具体的な支援措置について検討する必要がある」(大学審議会、1991:10)。

　こうした文科省や大学審議会の答申を分析して、TAの意味を解説した啓発的な報告として、赤塚義英1996「ティーチング・アシスタント (TA) 制度の充実について」、高等教育局大学課1997「ティーチング・アシスタント (TA)」、

清水一彦「少人数教育の実施とティーチング・アシスタント制度の充実」が挙げられる。赤塚は、文部省高等教育局大学課大学改革推進室に属する立場から、大学審議会や学術審議会においてTA制度が整備・推進された理由、ならびにTA制度の予算措置のあり方などに関して述べている。二つ目の高等教育局大学課の報告も、我が国のTA制度が大学院生の処遇改善に貢献することやTA制度の拡充を推進する予算措置の問題に言及している。清水は、大学における少人数教育実施の視点からTA制度の実態や課題を指摘している。

　自らの所属する大学のTAの事例紹介としての報告として、立教大学の総合教育科目においてTAを利用した授業の紹介が『立教大学研究フォーラム』において「エッセイ：TA制度の利用——全カリ講義の授業の場合——」とする共通テーマで、渡辺憲二2001「文学と社会・文学と人間」、沖森卓也2001「コミュニケーションとティーチング・アシスタント」の二人が簡単な実践報告を行っている。渡辺は、総合教育科目に属する前期科目「文学と社会」、後期科目「文学と人間」について、同じく沖森も総合教育科目の「コミュニケーション」におけるTA利用の意味と課題について報告している。九州大学のケースは、平成6年度に実施された全学共通教育カリキュラムの改訂、ならびに学生の学力向上を図る一手段としてTA制度が導入されている。山口忠志2000「九州大学における数学基礎教育の計画・運営」は、この経緯を報告したものであるが、とりわけTA制度に関してはTA制度導入の経過、実施形態、授業のコマ数、TAの人数、TA導入による成果、課題などを報告している。四ッ谷晶二2000「龍谷大学におけるTA制度」は、1989年に龍谷大学が大津市瀬田に理工学部と社会学部を開設した際に、大学院生に対する奨学金制度の充実を目的としてTA制度が導入された経緯を報告している。そして、同大学におけるTA制度のねらい、TA制度の実績、TAの業務内容、TA制度の問題点などが指摘されている。

　TA自身の体験報告としては、東京大学の「フランス語学フランス文学演習」におけるTA体験の報告がある。久木田英史1998「ティーチング・アシスタント報告」は、同大学の大学院博士課程に在籍する院生として、同大学の専修課程進学者に限定されたフランス語の授業におけるTA体験が簡潔に報告され

ている。久木田のように、TA自身がTAに関するレポートを執筆するケースは少なく、貴重な記録である。そこには、TAとしての授業の進め方、学生指導に関するTAとしての業務内容が報告されている。

メディア関係がTA制度に言及した書物として、産経新聞社会部編1995『理工教育を問う——テクノ立国が危ない——』が興味深い。同書の第二部は「大学院博士課程の貧困」と題して、国立大学・私立大学の理科系博士課程に在籍する10名近い現役院生の研究と生活に関する涙ぐましい実情が報告されている。いずれも、研究を継続する上での苦しい経済状況が報告され、その中でも、特にこうした若手研究者に対する我が国の経済的支援の貧困さを問題視している。こうした院生にとって、TAによる奨学金がわずかではあるが経済的支援になっていることが報告されている。しかしながら、後半のアメリカで大学院生活を送った研究者が経験したアメリカの大学院における奨学金制度の充実ぶりが紹介されるに及んで、我が国の若手研究者に対する貧困な経済的支援策の実態と無策な状態が浮き彫りになる。同じく、新聞や雑誌などのメディア関係に掲載されたTA制度に関する報告や言及は他にもあろうかと思うが、現時点で調査は行っていない。

(3) **各大学が刊行する報告書**

さらに、個人レベルではなく、各大学におけるTA制度のシステムを体系的に紹介した報告書が挙げられる。これらは、研究論文ではないが、我が国の大学教育の現場でTA制度の実態を紹介しながら、そのシステムの意義や問題点が指摘されている。今後のTA制度の研究を展開する上で、貴重な資料となりうるものである。

第一には、編者の所属する学部のFD委員会が平成12(2000)年度から毎年刊行している『FD委員会活動報告書』(日本大学文理学部)が重要な資料となる。たとえば、平成15年度の報告書におけるTA制度に関する項目を挙げれば、「第4章 TA制度について」(TA講習会の報告、TA制度の内規の改訂、TA申請の事務手続き、2003年度TA採用科目一覧、TA申請科目の原則)、「第5章 TAアンケート報告」(TAアンケートの実施方法、教員・TA・受講学生のTAアンケートについて)である。こ

の報告書に記載された内容は、同学部におけるTAの募集と審査方法、採用科目一覧とTA名、新規TAの講習会、前期と後期の学期末に実施されるTAアンケート（教員・TA・受講学生）の結果と課題の指摘である。とりわけ、教員・TA・受講学生の三者を対象にしたTAアンケートは、TA制度の効果や改善を図る目的で実施されており、他大学には見られない総合的なアンケート調査である。

このFD委員会に属する私は、上記で挙げた『FD委員会活動報告書』をもとに、同学部のTA制度の実態と課題をたびたび報告している。たとえば、「(財団法人) 大学コンソーシアム京都」が主催した2001年度の「第7回FDフォーラム」で報告した「TA制度導入による授業改善の試み──日本大学文理学部の事例──」『第7回FDフォーラム報告集──大学の教育力と学生の学習意欲の向上──』、2002年の東海高等教育研究所『大学と教育』に掲載された「ティーチング・アシスタント制度の導入──日本大学文理学部における授業改善の試み──」は、同学部におけるTA制度の採用と審査、養成、身分・待遇、評価などの諸制度を紹介しながら、TA制度導入による授業改善の成果を報告するものであった。また、2002年に日本大学本部総合企画部が主催したシンポジウム『学生の実態を踏まえた教育力向上への取組』においても、「大学における学力低下と学力向上策の模索──文理学部の場合──」と題して報告し、学部教育における教育力向上の有効策の一つとしてTA制度が有効であることを報告している。

筑波大学のFD関係の報告書にもTAの実態に関するいくつかの報告がなされている。筑波大学の教育計画室は、TA制度に関する意識調査を教員に対して実施し、筑波大学教育計画室1990『平成元年度　教育補助者に関する調査報告』を刊行している。同報告書は、筑波大学におけるTA制度導入の実態と結果を報告する目的で、教員とTAに対してアンケート調査を実施したものである。この調査は、当時としては最も早くTA制度の実態が調査対象となったという意味で、注目されるものである。『筑波大学　FDハンドブック』(2000年)には、安信誠二「TAの活用法」が掲載されているが、安信は、主に筑波大学の工学システム学類における講義、実験、演習科目におけるTAの活用方法の事例を紹介しながら、教官・学生・TAからみたTA制度の意義や有効性、TA

制度の運用上の配慮などについて指摘している。続いて、木村・真田は2003年度にも筑波大学の教官に対するアンケート調査（木村・真田2003「TA（ティーチング・アシスタント）の現状報告」『筑波大学におけるFD活動——「学群・学類授業参画プロジェクト」の実践——』（平成14年度筑波大学教育計画室活動事業報告書）を行っている。木村と真田は、筑波大学におけるTA制度の現状をアンケート調査によって解明し、「より良いTAのあり方を模索する」（木村・真田、2003:93）と述べている。この調査は、同大学におけるTA制度が発足10年を迎え、TA制度の改善に向けた基礎資料とするために、学内の52の教育組織に対して実施されたものである。同報告は、アンケートの質問項目とその集計結果（とりわけ、自由記述形式の問題点の指摘が詳細に報告されている）、資料（「TA制度運用に関する4専攻の内規」）が掲載されている。

さらには、京都大学が『京都大学自己点検・評価報告書』の中でTA制度に関する評価をしている。京都大学のTA制度は平成4年度から実施されており、平成6年度には「スタートしたばかりの制度であり、TAに従事する当事者及び指導される学生双方に対して、良い意味の教育的効果が期待出来るかどうかは今後の課題であるが、……」（京都大学、1994:49）という記述がなされている。先の日本大学文理学部や筑波大学のような『FD報告書』の事例、ならびに京都大学のような『自己点検・評価報告書』の事例は、他大学にも見られると思われるが、現時点では、全ての大学を調査しているわけではない。

(4) ＴＡの研修資料やハンドブック

論文形式の体裁はとられていないが、TAの研修資料やハンドブックとして刊行されている珍しい事例も2～3ある。北海道大学高等教育機能開発総合センターのメンバーが中心となって刊行している『TA研修会資料集』は、その一つである。北大は、本書の第2章でも述べるように、我が国では唯一のTAに対する本格的な研修制度を実施している大学である。北海道大学高等教育機能開発総合センターが雇用しているTAに対して、毎年学期初めの午前と午後に実施するものであり、こうした本格的な研修制度は他大学には例を見ない。『2002年度　TA研修会資料集』の内容は、TA制度全般——TAの役割、

注意事項、授業のタイプ別のTAの業務内容、授業外の業務内容など――、北大のコアカリキュラムの説明、大学教育の基礎――学習目標や授業設計、学習評価――、「書く力」をつけるための指導などの項目で構成されている。

　一方、編者の所属する学部のケースは、本書の第3章でも詳しく紹介しているが、2時間程度の新規採用TAに対するガイダンスが4月初旬に実施される。まずは、全体ガイダンスとしてTA制度の意味、注意事項、業務内容、禁止された業務内容、身分・待遇などに関する説明が1時間程度なされる。その後は、大規模授業・演習、実験、実習の授業別のガイダンスが1時間程度なされる。また、同学部では『TAハンドブック』が2005年3月に刊行されている。この『TAハンドブック』は、我が国では初めての事例となるものである。その目的は、「TAガイダンス（研修）の際に活用する」ことを目的とし、その内容構成はTA制度の意義や目的、TA制度成立の経緯、TAの「内規」、「業務および指導・管理基準」、TAの申請と採択の手順、TAの体験的報告、各種アンケート調査から見たTA業務の内容と注意点、トラブル防止法などとなっている。

⑸　**アメリカのＴＡ制度に関する研究、ないしは体験的報告**

　苅谷は、我が国では初めての本格的なアメリカのTA制度の全貌を実証的に解明した研究者であるが、その研究論文として挙げられるものが、1986「TA制度にみる日米大学教育比較考⑴・⑵・⑶」『IDE・現代の高等教育』である。苅谷は、「ここではアメリカの大学での教授法そのものについて論じるのではなく、アメリカでの大学教師の養成という点から彼我の大学教育についての比較考を展開したい」（苅谷、1986⑴：71）と述べている。そして苅谷自身が在籍したアメリカのノースウエスタン大学を事例とし、TAの業務内容、TAセミナーを詳細に報告しながら、大学院生が大学教師になるまでの過程から見た日米の大学の比較論を試みている。とりわけ、1988「ティーチング・アシスタント制度とアメリカの高等教育」は、注目すべき研究成果である。この論文は、アメリカのTA制度の実態を明らかにしながら、アメリカの高等教育の発展構造の特質の中でどのような役割を果たしているかを考察したもの

である。ややデータは古いが、アメリカのTA制度における歴史、1960～70年代の業務内容、勤務時間、給与、訓練プログラムなどの実態を考察し、我が国では初めての本格的なTA制度の研究となっている。

そして、上記の2論文をベースとして刊行されたものが、1992『アメリカの大学・ニッポンの大学――TA・シラバス・授業評価――』、1998『変わるニッポンの大学――改革か迷走か――』である。とりわけ、最初の業績は我が国のTA研究者が決まって引用する研究書であり、いわば我が国におけるアメリカのTA制度研究の入門書的な位置も占めている。苅谷は、「アメリカの大学は教育熱心である」（苅谷、2000:5）というスタンスの下に、シラバス、授業評価、サマースクールなどの問題とともにアメリカのTA制度における全般的な実態を紹介している。

1980・90年代における苅谷の研究が、我が国におけるアメリカのTA制度研究の先駆的存在であったとすれば、TA制度研究の第二世代として登場するのが若手研究者の和賀 崇である。和賀の研究は、やや苅谷の研究に依拠する傾向が見られるものの、その実証的な研究姿勢は評価される。和賀は、2002「アメリカの大学におけるファカルティ・ディベロップメントの発展に関する一考察――ティーチング・アシスタント制度の機能拡大に着目して――」において、アメリカの大学教員の育成過程におけるTA経験の重要性に着目しながら、アメリカのTA制度が「たんなる補助業務ばかりでなく、実際に授業を行うことも多く、大学が提供しているTA向けの訓練プログラムを受け、教授技術を身につける」（和賀、2002:47）と述べ、日本のTA制度との違いを強調している。

続いて和賀は、2003「アメリカの大学における大学教員準備プログラム――ファカルティ・ディベロップメントとの関連に注目して――」も発表し、アメリカの大学における大学教員準備プログラム策定の背景、経緯、実態などを解明している。その研究対象は、大学院生を対象とした大学教員になるための訓練プログラム――「将来の大学教員準備 (Preparing Future Faculty) プロジェクト」――であるが、その視点からTAの訓練プログラムについての言及もなされている。これまでの我が国のFD活動は、現職の大学教員におけるTeaching

に限定されてきた傾向が強いが、和賀は、「そこには、大学教員を長期的な視点に立ち、準備しようとする視点が存在しない。ティーチングを中心にした資質の議論を行うのであれば、大学教員がどのように準備されてきたのかを問う視点も必要になろう」(和賀、2003:84)という注目すべき見解を提示している。

和賀に続く研究としては、吉良直2005「アメリカのティーチング・アシスタント制度と訓練・養成の研究——北東部5大学でのインタビュー調査の比較考察——」も注目される。吉良は、2004年度にアメリカの北東部の5大学を対象にインタビュー調査を実施し、TAの訓練・養成制度の実態を実証的に解明しながら、現在のアメリカの私立大学や州立大学で実施されているTA制度の育成や課題に言及している。アメリカのTA制度に関する我が国初の本格的な学術調査であり、その先駆的な役割は高く評価されよう。

しかし、和賀や吉良の論文が登場する2000年以前の我が国のTA制度に関する文献は、その多くがアメリカの大学における体験的な紹介といったものが多かった。たとえば、アメリカの大学における体験的なTA制度の紹介として、瀬田資勝1995「アメリカの大学におけるティーチング・アシスタントの機能」、山本眞一1995「アメリカの大学教員養成システム」、上地宏2001「ティーチング・アシスタントと情報教育～姉妹校セント・トーマス大学の学生と教員へのインタビューを通して～」、木村英憲1987「体験的日米大学比較」などが挙げられる。瀬田は、TA制度がアメリカの大学で果たしている役割の多様な側面を紹介する。とりわけ、TAの教務補佐員としての役割、TA奨学金としての側面、TAの大学院教育の側面が詳しい。山本は、アメリカの大学における博士課程に在籍する院生の実態を紹介しながら、若手研究者に対する経済的支援策の形態に言及している。アメリカの大学においては、TA制度とは明確なteaching assistantshipであることが理解できる。上地は、在籍年は不明であるがインディアナ大学大学院博士課程に在籍した際に経験した研究と教育、ならびに姉妹校セント・トーマス大学の教員と学生たちにインタビューをしながら、TA制度の実情を分析している。木村は、1981年9月から86年3月までの間の4年半に及ぶニューヨーク州立大学ストーニィブルック校社

会学部博士課程に在学しており、その際に「TAをしながらかかわった体験を振り返りながら同校における教育の問題点」(木村、1987:50)を述べている。しかし、同校の大学の実態に関する報告であり、TAの給与に関する以外はTAに関する直接的な記述はない。

アメリカの高等教育に関する翻訳書で、TA制度に関して言及したものとしては、エブル1987『大学教育の目的』と1988『大学教授のためのティーチングガイド』が挙げられる。どちらも、大学教員としてのTeachingとLearningに焦点を当てて、大学教師の教授法、人間性、研究と学問、教員の養成のあり方などに言及している。とりわけ、大学院教育における後継教員育成の改善策の重要性を指摘しながら、大学院生がTAとしてもつ実際的な経験が、将来教えるための特別な準備になりうるという指摘を行っている点が注目される。エブルは、「大多数の大学院生が教育補助員としてもつ実際的な経験こそが教えるための特別の準備の主な形態」(エブル、1987:208)となると位置づけ、TA制度を導入しているアメリカの各大学の取り組みと問題点を指摘している。しかし、エブルが言及する大学教員の資質向上策や養成に関する動向は、主に1960～70年代のものであり、基本原理は今日でも理解できるものの、資料的な意味ではやや古い。

[注]

1 本書においては、TAは大学院生の場合に限定されており、学部生の場合は除外されている。名古屋文理大学のように学部生をTAとして配置している大学も存在するが、大学によっては、学部生の教育補助をスチューデント・アシスタント(SA)と呼んでいる。そうした事例を報告する論文や報告としては、田近一郎・本多一彦2002「平成13年度名古屋文理大学公開講座実施報告——学生補助者導入の試み——」『名古屋文理大学紀要』第2号、pp.175-179、赤堀由紀子「日本語クラスにおけるティーチング・アシスタントの活用——学内日本語教員養成コースと留学生日本語クラスの連携の試み——」京都橘女子大学外国語教育研究センター紀要、No.10、pp.5-23、日本大学文理学部FD委員会2001-4『FD委員会活動報告書』などが見られる。

また、TAを使って大学以下の学校段階における教育補助業務を実施する場合もあるが、本研究においては「TAを用いた大学教育の改善」に焦点をあてており、

これらの事例は混乱を避けるために研究対象から除外している。すなわち、本書においては、「TAとは大学院生であり、大学の学部・大学院教育における教育補助者」に限定している。

2 　北野、吉良、和賀の3名が2004年9月に訪問したシラキュース大学の場合は、すでに大学教員養成プログラムの一環として、TAの訓練プログラムや「将来の大学教員準備プロジェクト」を制度的に位置づけている。この問題に関する論文としては、和賀崇2003「アメリカの大学における大学教員準備プログラム－ファカルティ・ディベロップメントとの関連に注目して－」が詳しい。なお、アメリカのTA制度に関しては、現在のところ吉良直、和賀崇、北野の3名で学術振興会科学研究費基盤研究(C)を受領して共同研究を進めている段階であり、近い将来には一定の研究成果を刊行する予定である。

3 　編者自身は、2003年の夏にオハイオ州立大学、ヴァンダービルト大学、ボストン大学、ボストン・カレッジなどを対象にしたTA制度の実態調査を実施しており、これらの大学の事例を踏まえたアメリカのTA制度の概要を述べる。

4 　これらの一連の報告書の概要を簡単に紹介すると、『大学における授業の改善と支援体制の構築に関する研究』は、大学における授業改善を目的として、その制度的・組織的な試みを解明するものであった。次に、『大学教育におけるTA制度の実態に関する総合的研究』は、我が国の大学教育におけるTA制度の実態を解明するものである。最後の『日米のTA制度の比較研究』は、アメリカの大学におけるTA制度の実態を解明する目的で実施されたインタビュー調査(ヴァンダービルト大学、オハイオ州立大学、ボストン・カレッジ)の報告などが掲載されている。

# 第1章　大学教育の改革と教養主義の崩壊

[本章のねらい]　大学における「教養主義の崩壊」が叫ばれてから久しい。大学における「教養主義」は、一般大学においては1970年代頃から、エリート大学においては1980年代頃から崩壊の兆しが見えている。大学生の興味・関心は、大学本来の役割である「教養」と「学問」の教授・学習ではなく友人やクラブ・サークルを通じた「交際志向」に向かっている。大学生の多様化と学力低下は、今後も歯止めをかけることは困難である。本章は、大学生の「学習時間」と「読書傾向」を探りながら、大学における「学び」の意味を大学生の実態に即しながら考察し、大学教育の現状を検討したいと考える。

## 1　東大生の「学習時間」と「読書傾向」

(1)　大学生の「満足度」・「学習時間」

　18歳人口の激減による「大学冬の時代」の到来は、これまでの大学のあり方を根底から変革する要因になりつつある。こうした状況の中で、我が国の大学のあり方として、「研究重視型」大学か「教育重視型」大学か、それとも両者の融合を重視するかは、その大学独自の方針に委ねられると考えられるが、大学における教育改善が緊急かつ重要な課題であることは間違いない。

　まずは平成12年9月に内閣府政策統括官によって実施された大学生の満足度調査の結果から大学のあり方を検討してみよう。なお、前回調査は平成7年に実施されたものである。〈表1-1〉が示すように、高等学校から大学生までの在学者が学校生活に満足する度合いは、「満足である」と「まあ満足である」を合計すると、高校生が84.3%、短大・高専・専門学校が83.2%、大学・

大学院生が86.1%である。大学・大学院に対する学生の満足度は極めて高い。この調査結果は、現状の大学に何の問題もないことを示しているのであろうか。

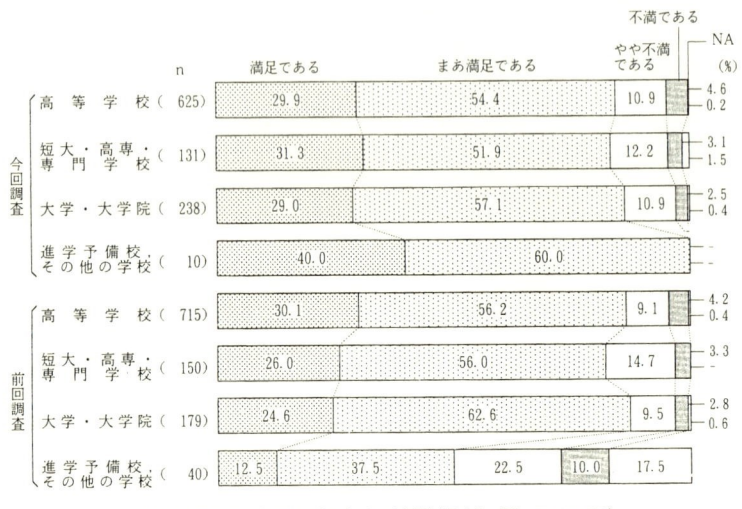

表1-1 高校生から大学生までの「学校生活」に対する満足度

(内閣府政策統括官（総合企画調整担当）編、2001:30)

しかしながら、この満足度は「学校生活」に関するものであり、恵まれた環境の中で自由を満喫する大学生にとって、大学での生活は満足度の高いものとなろう。現在の大学生の大学に対する期待の内容は、「学問」に対する期待ではない。大学生の期待は、友人、クラブ・サークルなどによる「人間形成」を目的とした「交際」に向けられ、自由な時間を過ごせる大学生活に満足している、と考えることができる。日本の大学は、「入学は難しいが卒業は簡単」と言われるように、さほど勉強しなくとも楽しい時間を過ごせる場所となっている。「勉強しなくとも卒業できる」ような大学の環境が、学生の満足度を高めているのではなかろうか。

次に示す統計〈表1-2〉は、学校以外の普段の学習時間に関する調査結果である。30分以下は、中学生で38%、高校生で52.8%、大学・大学院生で59.7

%である。大学院生が統計に加えられていることを差し引いても、大学生は、学校教育機関に属する児童・生徒・学生のうち最も日々の学習を怠っていることになる。これでは、日本の子どもは上級学校へ進めば進むほど勉強しなくなるという結果を招き、たんに若者や大学の危機というだけでなく、日本の将来それ自体の危機ともなっている。しかし、大学とは日々の勉強をしなくとも単位が取れて、卒業できる場所なのだろうか。

表1-2 小学生から大学生までの普段の「学習時間」

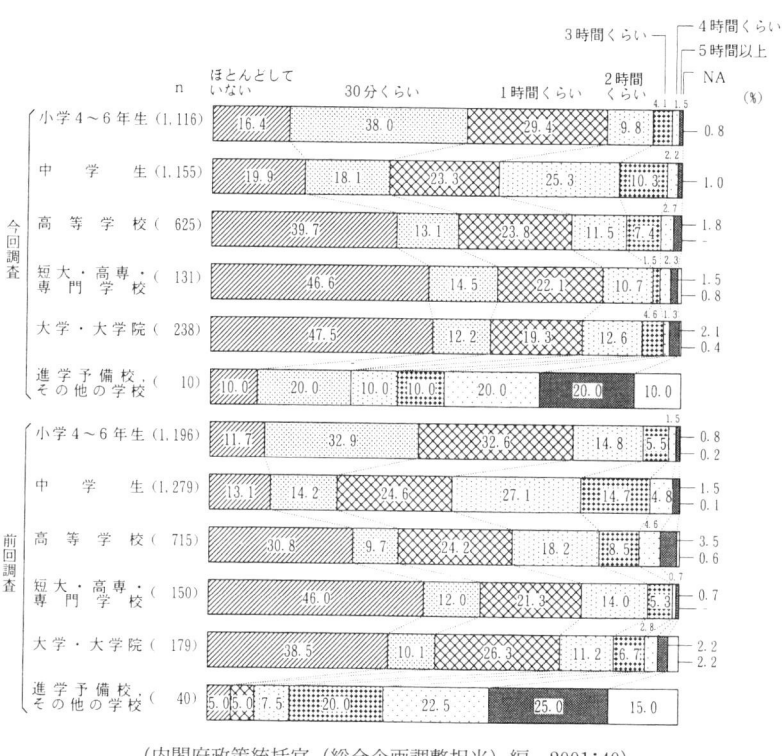

(内閣府政策統括官（総合企画調整担当）編、2001:40)

(2) 東京大学の学生の「学習時間」と「読書傾向」

次に、東京大学の「学習時間」と「読書傾向」を見てみよう。〈表1-3〉が示すように、平均的な東京大学の学生は、「大学での学習」が4.6時間、「自宅・

図書館等での学習」が1.6時間、「大学以外の教育機関での学習」が2.0時間となっている。〈表1-2〉の全国の大学生・大学院生の平均学習時間と東京大学の学生のそれを比べれば、その差は一目瞭然である。さすが、東京大学の学生と言うべきか。

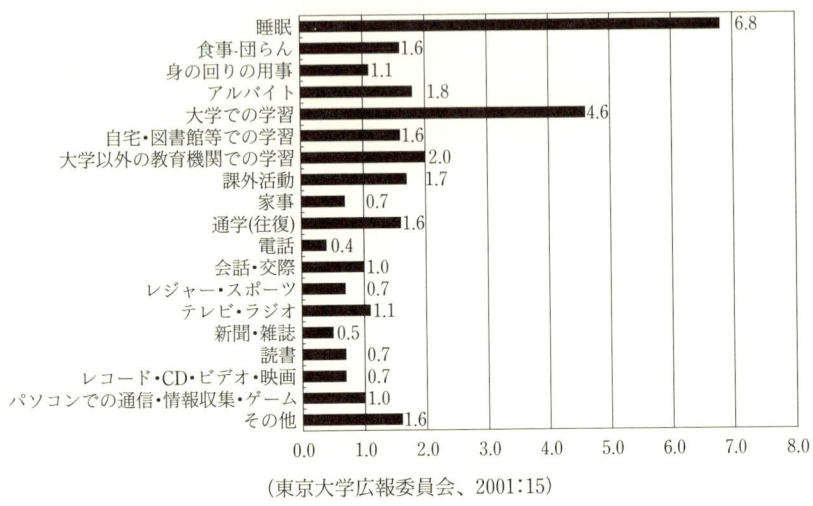

(東京大学広報委員会、2001:15)

　次に、東京大学の学生の「読書傾向」も見てみよう。東京大学の学生が毎月使う書籍代は、平均12,800円であり、その内訳は「勉学書」が6,900円、「教養書」は3,000円、「マンガ・コミック」が3,400円となっている（東京大学広報委員会、2001:17）。また、東京大学の学生が2000年に感銘を受けた本は、〈表1-4〉に示す通りである。しかし、この表を見ても「東京大学の学生だから」という特別な印象は受けない。東大以外の一般的な学生・社会人とあまり変化はなかろう。

表1-4　東京大学の学生の感銘本

| 書　名 | 著　者 | 全体 | 文科系 | 理科系 |
|---|---|---|---|---|
| 2000年調査（50回） | | 人 | 人 | 人 |
| ノルウェイの森 | 村上春樹 | 10 | 3 | 7 |
| バトル・ロワイアル | 高見広春 | 10 | 4 | 6 |
| アルジャーノンに花束を | ダニエル・キイス | 8 | 2 | 6 |
| 竜馬がゆく | 司馬遼太郎 | 7 | 2 | 5 |
| 深夜特急 | 沢木耕太郎 | 6 | 5 | 1 |
| 罪と罰 | ドストエフスキー | 5 | 3 | 2 |
| ねじまき鳥クロニクル | 村上春樹 | 5 | 1 | 4 |
| 脳を鍛える | 立花隆 | 5 | 2 | 3 |
| 坂の上の雲 | 司馬遼太郎 | 5 | 1 | 4 |
| 戦争と平和 | トルストイ | 4 | 3 | 1 |
| 沈黙 | 遠藤周作 | 4 | 3 | 1 |
| 天国まで百マイル | 浅田次郎 | 4 | 3 | 1 |
| ハンニバル | トマス・ハリス | 4 | 2 | 2 |
| 氷点 | 三浦綾子 | 4 | 1 | 3 |
| 無限論の教室 | 野矢茂樹 | 4 | 2 | 2 |
| アンダーグラウンド | 村上春樹 | 3 | 2 | 1 |
| 金持ち父さん　貧乏父さん | ロバート・キヨサキ、シャロン・レクター | 3 | 0 | 3 |
| 希望の国のエクソダス | 村上龍 | 3 | 2 | 1 |
| 五体不満足 | 乙武洋匡 | 3 | 1 | 2 |
| 進化と人間行動 | 長谷川寿一・長谷川真理子 | 3 | 1 | 2 |

（注）上位20位まで
（東京大学広報委員会、2001:46）

　また、東京大学の学生が好んで読む雑誌は〈表1-5〉に示すように、第2位に「少年マガジン」、第3位に「少年ジャンプ」のマンガ・コミック本が堂々と上位を占めている。実は、1970年の読書調査ではすでに東大では1位が『朝日ジャーナル』、2位が『少年マガジン』、3位が『世界』となって、堂々とマンガ・コミック本が上位を占めている。そして、京都大学でも同じ傾向が見られ、思想書や教養書は1976年以降の卒業生から下降し、「卒業年度が新しくなるにつれて、教養書、思想書が低落し、マンガ、趣味・娯楽本が増大している傾向がはっきりしている」（竹内、2003:226）。現状では、大学生の読書傾向を見る限りでは、東大や京大のエリート大学と他の一般的な大学の間に、顕著な差は存在しない。

表1-5　東京大学の学生がよく読む雑誌（上位20位まで）

| 雑誌名 | 順位 | 全体人 | 文科系人 | 理科系人 | 1989年調査(39回)位 |
|---|---|---|---|---|---|
| 週刊少年ウォーカー | 1 | 51 | 17 | 34 | — |
| 週刊少年マガジン | 2 | 44 | 16 | 28 | 8 |
| 週刊少年ジャンプ | 3 | 37 | 10 | 27 | 4 |
| non・no | 4 | 35 | 16 | 19 | — |
| SPORTS GRAPHIC NUMBER | 5 | 24 | 14 | 10 | — |
| Weeklyぴあ | 6 | 23 | 17 | 6 | 2 |
| MEN'S NON・NO | 7 | 21 | 12 | 9 | — |
| NEWTON | 8 | 19 | 2 | 17 | 26 |
| AERA | 9 | 17 | 13 | 4 | 3 |
| 日経ビジネス | 10 | 14 | 10 | 4 | — |
| NEWSWEEK（日本版含む） | 〃 | 14 | 7 | 7 | 5 |
| 週刊少年サンデー | 12 | 13 | 3 | 10 | 18 |
| smart | 13 | 12 | 3 | 9 | — |
| 週刊アスキー | 〃 | 12 | 1 | 11 | — |
| 週刊東洋経済 | 15 | 11 | 10 | 1 | — |
| 週刊文春 | 〃 | 11 | 9 | 2 | 16 |
| TIME | 17 | 9 | 4 | 5 | 12 |
| 週刊サッカーマガジン | 18 | 8 | 3 | 5 | 12 |
| ビッグコミックスピリッツ | 〃 | 8 | 2 | 6 | 1 |
| AN・AN | 20 | 7 | 4 | 3 | 9 |

（注）上位20位まで　　　　　　　　　　　　（東京大学広報委員会、2001：48）

(3) 我が国の大学における「教養主義」の崩壊

　次に、大学生の志向が「サークル・クラブ活動」を通じた「友人・仲間」との交際を望む「交際志向型」になっている事実を指摘しよう。1995年に竹内と筒井が行った大学生に対するアンケート調査「あなたの在学中の大学がどのような場所であると思うか」においては、「現代の大学生は人間形成の手段として従来の人文的教養ではなく、友人との交際を選ぶ傾向が強い」と分析されている (竹内、2003：238)。同じく、筒井らが1995年に調査した関西圏と首都圏の4大学 (有効回答数700) でも、大学を「学問の場」（学問志向タイプ）と考える少数派の学生は「教養」を「専門の基礎」と見なし、大学の授業や読書には比較的熱心であった。しかし、大学を「友人との交際の場」（交際志向タイプ）と考える多数派の学生は、授業にはあまり熱心ではなく、読書も消極的であるという傾向が指摘されている (筒井、1996：167)。

　以上の点から、我が国の大学生の平均的な学生像は、以下のようなものと

なろう。

> 日本の大学生における「大学に対する満足度」は9割近くに達しているが、そもそも大学生の大学に対する期待は、「友人との交際の場」（交際志向タイプ）であり、学習ではない。大学生の日々の平均的な学習時間は、30分以下であり、学習時間は、小・中学生と比べても極端に少ない。出席すれば単位が取得できる授業が多いということであろうか。大学生が好んで読む本は、「マンガ・コミック」・「趣味・娯楽書」である。

　とりあえず、上記の各統計表が示す結果をまとめると、上記のような平均的な大学生像が浮かび上がってくる。いずれにせよ、我が国の「人文学的教養主義」は、「学問志向タイプ」と「交際志向タイプ」のどちらにおいても危機的状況になりつつある。そして、その危機的状態は、やがて「専門主義」も含めた「知の体系」それ自体にも及ぶ可能性がある。

　我が国の戦後の新制大学の姿は、戦前から継承されてきた「教養主義」の伝統を守りながら、専門的な学問体系を重視する「専門主義」との「融合」（ないしは「妥協」）が模索されてきた過程であった。しかし、大学側が教育内容として提供し続けてきた「教養」は、専門学部・学科に属する教員側の「専門主義」の前に影を薄くするか、学生意識の変容によって、その意味や役割が大きく後退するに至っている。さらには、「大学生の学力低下」（基礎学力の低下）や専門的な学問体系・一般教養への学生の「無関心」（伝統的な学問の内容に対する無関心）などといった要因も絡み合い、大学教育は一層困難な様相を呈している。

　すでに多くの先行研究が指摘しているが、「70年代から80年代にかけて、日本の大学生文化から規範文化としての教養主義が大きく衰退した」（竹内、2003：226）とされている[1]。学生の興味・関心は、今や「友人との交際」を通じた仲間づくりに重点が置かれている。本章の課題を再確認すれば、大学生における「学習時間」や「読書傾向」の実態を解明しつつ、大学教育の質的改善の方向性を検討しようとするものである。

## 2 大学生における「教養主義」の崩壊過程

### (1) 「大学のレジャーランド化」現象

　ところで、「教養主義」とは歴史、哲学、文学などの人文系の読書を中心とした人格形成主義のことである。我が国の高等教育の歴史をふり返れば、戦前は明らかに「教養主義」が支配的であり、教養主義の本堂は旧制高校、奥の院は帝国大学文学部であった[2]。旧制高校生や大学生の間では、「寮や下宿では夜を徹しての人生論や哲学論議も盛んであった」し、「夏休みになると、大学図書館や書店で読むべき本を探し、それをもって帰郷した」(竹内、2003: 8)。しかし、今時の大学生の実態は「人生論や哲学論議」には無関心であり、「夏休み」はアルバイトや旅行が主なる関心事であろうか。大学生にとって、読書は無縁なものとなりつつある。かつての学生を魅了した「教養主義」は1970年代を境に急速に衰退し、そして、昨今では「大学生の学力低下」が声高かに叫ばれている。まずは、大学における「教養主義」衰退の社会的背景を確認することから始めたい。

　我が国の高等教育の状況を概観すれば、1960〜75年頃になると、文学部を中心とした高等教育の拡大化現象が見られ、我が国の高等教育を「エリート段階」から「マス段階」(15%以上の大学進学率)へと押し上げた。大学への進学率は、1963年で15.5%、70年で23.6%、75年で37.8%となる。1971年には、学歴別新規就職者において大卒が中卒を上回り、大卒が大量採用される時代に突入することになる。言い換えれば、「大衆的サラリーマン」が登場しただけでなく、我が国の産業構造の変化にともなう「専門知」や「技術知」の重要性が認識され、「実務インテリ」「設計型知識人」「エコノミスト」「システム・アナリスト」「経営官僚」などの専門的・実務的テクノクラートが脚光を浴びる時代を迎える(竹内、2003:208)。そして、この70年代後半以後の「新中間大衆文化」の構造と文化が我が国の「教養主義の終焉」を決定的なものにすることとなる。

　この大学生の大衆化を背景として勃発する60年「安保闘争」とその後の「大学紛争」は、間接的ではあるが大学における「教養主義」への批判を内包し、

「学問とは何か」「学者や知識人の責任とは何か」を厳しく問うた。竹内は、この大学紛争の意味を「あの問いかけは、大学生がただの人やただのサラリーマン予備軍になってしまった不安と憤怒に原因があった」（竹内、2003:208）と分析している。結果的には、大学における「教書主義」は、産業構造・社会構造の変容に敏感な学生からは、無用なものと見なされてしまう。大学生の大衆化は、大学における「レジャーランド化」を顕著なものとするが、そのことは1986（昭和61）年に「レジャーランド大学」なる用語が『現代用語の基礎知識』において初めて登場することからも理解される。竹内の研究を援用すれば、我が国における「教養主義」は1960年代後半から「かげり」が生じ、全共闘運動による教養人・知識人に対する糾弾と失望によって、一気に消滅の危機に瀕したと言えよう。

(2)　「教養主義」の崩壊から「知」の崩壊へ

　よく知られているように、1980（昭和55）年以降、我が国における読書傾向は、教養書や思想書が低落し、代わってマンガ・趣味・娯楽に関する本・雑誌の刊行が増大する。たとえば、マンガ本は小学生だけが読むものではなく、大学生やサラリーマンも読むものとなる。一方、出版界では角川文庫を契機とする「文庫本ブーム」（名作や古典ではなく大衆的な現代作家が執筆）が到来するが、逆に『中央公論』などのような総合雑誌の販売部数が極端に減少（70年代は10万部、90年代は6万5千部）し、読者層が大学生から一般の社会人に拡散するようになる[3]。そして、やがて現代の大学生は読書に対する興味・関心をなくし、代わって「パソコン」「ゲーム」「ケイタイ」などの「手軽な道具」が生活の必需品となる。彼らは、ポスト・モダン状況の中でサブ・カルチャーやメディア・リテラシーに関する興味・関心をいだき、そこに情報の意味を見い出している。今日の学生が大学に求めるものは、消費社会で生き抜くための資格証明としての「大卒の肩書き」や「資格・免許」、クラブやサークルに参加しながら磨き上げる「コミュニケーション能力」、そして、楽しく素敵な友達との出会いを求める「仲間づくり」である。若者としては、誠に健全な傾向ではあるが、あるべき「大学生の姿」としては、どうであろうか。

東大教授の石田が分析するところによれば、教養を含めた「知の崩壊」とは「知の回路の遮断が引き起こしている現象」であり、その遮断は「メディアの回路の遮断」(知それ自体の遮断)と「メッセージ回路の遮断」(知の送り手側の遮断)という二重の遮断を意味する。この二重の遮断によって、いままで教養が意味した「古典的知識の体系が社会と知の間に共有されなくなる」という。つまりは、文化的に蓄積されてきた「知の体系」は、私たちの日常世界を浸食する市場化によってズタズタに分断されていると同時に、「知」の担い手・送り手である教養人や知識人も現実から逃避し、そして過去に固執するようになる。「知は閉塞し、梗塞状態」となり、やがて死に至らしむ(石田、2002: 217)[4]。石田は「知のあり様と大学の存在そのものが危機である」という点を指摘しているが、編者自身もやや悲観的な見方に立っている。それは、次節の大学生の学習実態に危機感を感じるからである。

## 3　大学生の「学習時間」の実態

### (1)　アンケート調査の実施方法

　2004年に編者が所属する学部FD委員会が実施した大学生の「学習時間」と「読書傾向」に関するアンケート調査は、学部の2・3年生の学生を対象に実施された。この調査は、学部に在籍する文系・社系・理系の学生における「進学動機や大学へのイメージ」「学習意欲や学習内容」「読書傾向」をアンケート形式によって調査するものであり、合計26の質問項目で構成されている。アンケート調査の結果は、大学生が今何を大学教育に求め、何を期待しているかを示すものであり、未来の大学教育の改善に確かな指針となるものであろう。

① アンケートの調査の実施時期と調査内容
実施時期：2004年6月20日〜7月10日
調査の対象学科：文系・社系・理系の各2学科の2・3年生
アンケートの回収数：343名(アンケートは授業中に配布され、回収されてい

る。男女比は不明。)

　今回の調査に用いた調査内容は、以下の通りである。なお、回答は全て多項式選択と自由記述によって構成されている。

　　「A群：進学動機や大学へのイメージについて」（5項目）
　　「B群：学習意欲や学習内容について」（10項目）
　　「C群：読書傾向について」（11項目）

　なお、最後の26番目の質問項目は「大学教育に対する希望や要望」に関する項目を選択してもらい、「自由意見」を記入してもらった。

② 分析方法

　本アンケート調査における大多数の質問項目は、学生の「進学動機や大学へのイメージ」「学習意欲や学習内容」「読書傾向」を把握するものであり、多くの選択項目から1項目(場合によっては2～3項目)を選択するようになっている。また、選択項目以外の回答がある場合も想定して、大多数の項目には「その他」を設け、自由回答も設けている。このアンケート調査の結果は、単純集計され、各項目の比率が示されている。したがって、学科別、学年別、男女別、出身校別などの分析は行われていない。本調査の方法は、調査結果に基づく統計上の専門的な分析ではなく、その調査結果の意味を分析することに重点が置かれている[5]。以下、このアンケート調査の結果から、本章における課題である大学生の「学習時間」と「読書傾向」の分析を行う。

⑵　「交際志向型」の大学生の実態

　「問　大学は、現在あなたにとってどのような場所ですか？」

　この問いに対しての、回答は、〈表1-6〉のグラフに見られるように、どの回答群にも答えが分散している。割合としては、「学習・勉強の場」という回答に19％の回答率があり最も高かった。また、社会に出る前の準備期間の場所ととらえる回答である「将来の仕事に必要な知識・技能を獲得する場である」(13％)、「就職すればできなくなることをする場である」(10％)、「社会に出る前にのんびり過ごす場である」(11％)の合計は34％の回答率があり、学生のなかで高い意識といえる。

では、学生が実際に大学で何に熱心に取り組んでいたのかを、次の結果から調べていく。

「問　大学に入学以来、大学生としてあなたが最も熱心に活動した事柄は何ですか？」

この問で「学習・勉強」(19%)という項目への回答は2割弱にとどまっている。最も高い回答率を出したのは、「友人との語らい」(26%)、「サークル・クラブ」(26%)という項目であり、両項目とも26%である。また、これに「恋愛」(3%)の項目を足した人間関係に関する項目は、全体の半数以上である55%のポイントを示している〈表1-7〉。

表1-6　大学の位置づけ

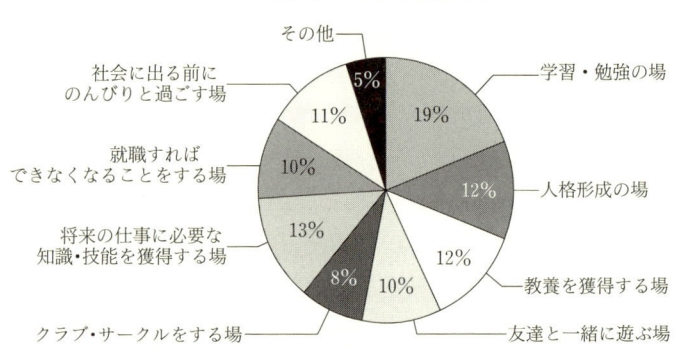

- 学習・勉強の場 19%
- 人格形成の場 12%
- 教養を獲得する場 12%
- 友達と一緒に遊ぶ場 10%
- クラブ・サークルをする場 8%
- 将来の仕事に必要な知識・技能を獲得する場 13%
- 就職すればできなくなることをする場 10%
- 社会に出る前にのんびりと過ごす場 11%
- その他 5%

表1-7　最も熱心に活動した内容

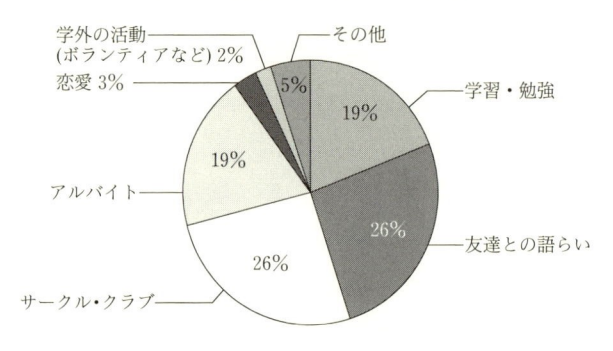

- 学習・勉強 19%
- 友達との語らい 26%
- サークル・クラブ 26%
- アルバイト 19%
- 恋愛 3%
- 学外の活動(ボランティアなど) 2%
- その他 5%

＊なお、すべての数値は小数点以下を切り捨てている。

〈表1-6〉の結果は、大学生の大学に関する考え方である。一方、〈表1-7〉の結果は、いわば大学生の大学における活動実態を示すものである。よって意識調査によると、学生は大学を学習する場であるととらえながらも、学生が大学で熱心に取り組んでいることは、友人との交際などを中心とした人間関係づくりだといえる。

次に、大学生の「学習意欲」や「学習内容」に関するアンケートの結果を分析したい〈表1-8〉。

「問　あなたは大学の授業に熱心に取り組んでいましたか？」

この問に対して、授業を語学、一般教養(語学を除く)、学科の専門科目、演習やゼミ、資格に関する授業、に分類し、それぞれ熱心に取り組んだ程度について、「とても熱心」「まあまあ熱心」「あまり熱心でない」「ぜんぜん熱心でない」の選択肢の中から回答してもらった。回答結果は次の通りである。

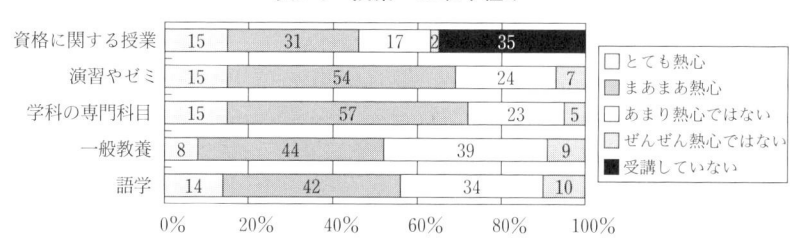

表1-8　授業への取り組み

| | とても熱心 | まあまあ熱心 | あまり熱心ではない | ぜんぜん熱心ではない | 受講していない |
|---|---|---|---|---|---|
| 資格に関する授業 | 15 | 31 | 17 | 2 | 35 |
| 演習やゼミ | 15 | 54 | 24 | 7 | |
| 学科の専門科目 | 15 | 57 | 23 | 5 | |
| 一般教養 | 8 | 44 | 39 | 9 | |
| 語学 | 14 | 42 | 34 | 10 | |

4つの回答群のなかで、「とても熱心」と「まあまあ熱心」を「熱心である」という項目として分析すると、「語学」、「一般教養」の授業における回答率はそれぞれ56％と52％であった。

それに対して「専門科目」、「ゼミや演習」の授業のように、専門に関係する科目については、それぞれの回答率は72％と69％と高いポイントを示していた。すなわち、学生が熱心に取り組んでいる授業は「語学」や「一般教養」の授業より、専門に関する授業であるといえる。

「問　あなたは、大学の授業のやり方で最も好きな形態は何ですか？」

この問に対して、13個の解答群の中から最大3つまで解答してもらった。「資

料を使う授業」に21％の回答率があり最も高いポイントだった。その他、「テキストを使う授業」が15％であり「教員の説明が中心の授業」が13％であり、これらが上位3つの項目であった。

また、その他については、自由記述にディベート形式の授業、劇をやる授業、ビデオを使った授業、少人数の授業などの記述があった。特に教育機器を使った授業については、自由記述でも多く取り上げられた。また「学校にやりたい授業がないため、あまりわからない」という記述もあった。

学生の授業への期待度は高いが、他方で学生が主体となって行われる学生参加型の授業に対する授業形態を、学生が望んでいないことが指摘できる。学生は、受身的で教員主導型の授業への期待度が高い、といえよう。

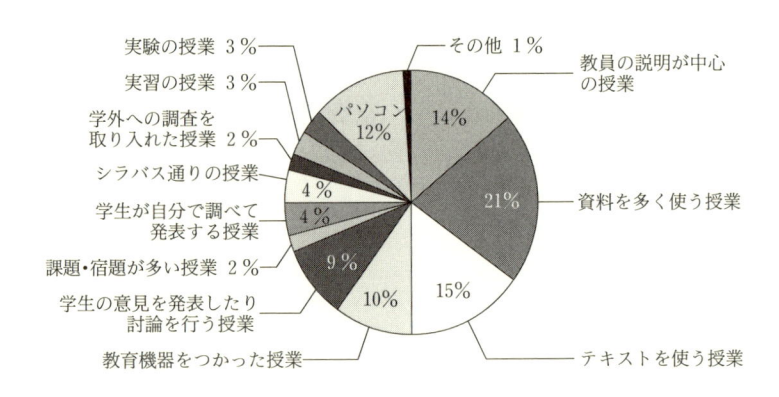

**表1-9　好きな授業形態**

| 項目 | ％ |
|---|---|
| 教員の説明が中心の授業 | 14％ |
| 資料を多く使う授業 | 21％ |
| テキストを使う授業 | 15％ |
| 教育機器をつかった授業 | 10％ |
| 学生の意見を発表したり討論を行う授業 | 9％ |
| 課題・宿題が多い授業 | 2％ |
| 学生が自分で調べて発表する授業 | 4％ |
| シラバス通りの授業 | 4％ |
| 学外への調査を取り入れた授業 | 2％ |
| 実習の授業 | 3％ |
| 実験の授業 | 3％ |
| パソコン | 12％ |
| その他 | 1％ |

(3) 学期中と休暇中の「学習時間」

次に、授業への準備時間、また長期休暇中の学習時間に関する結果を見てみよう。

「問　大学の授業に望む際の授業の予習・復習の時間は毎日どれくらいですか？」

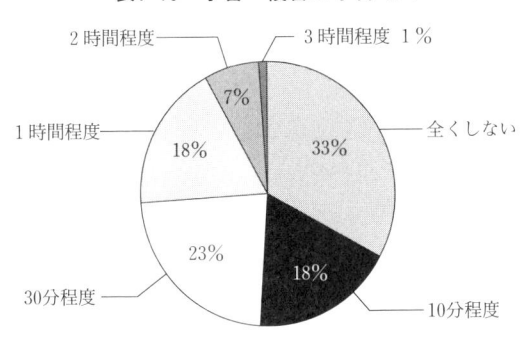

表1-10　予習・復習の学習時間

- 全くしない　33%
- 10分程度　18%
- 30分程度　23%
- 1時間程度　18%
- 2時間程度　7%
- 3時間程度　1%

「全くしない～30分程度」のポイントを合計すると74%であり、7割を超えている。「1時間～3時間程度」のポイントの合計は26%であり、平均時間は29.8分であった。

また、大学の休暇期間中の学習時間に関する調査は、以下のようなものとなった。

「問　大学の夏季・冬季の休暇期間中における学習時間は1日あたりどれくらいですか？」

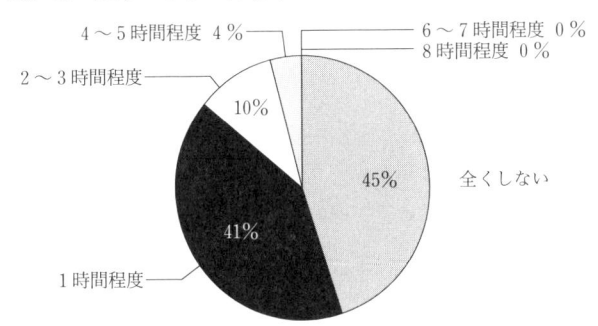

表1-11　夏季・冬季の休暇中における1日あたりの学習時間

- 全くしない　45%
- 1時間程度　41%
- 2～3時間程度　10%
- 4～5時間程度　4%
- 6～7時間程度　0%
- 8時間程度　0%

「全くしない～1時間程度」のポイントの合計は86%であり、8割を超えている。「2～8時間程度」の合計ポイントはわずか14%である。さらに「6

時間〜8時間程度」については0％であり、回答した者はいなかった。休暇期間中の学習時間の平均時間は51.8分となった。

　以上の結果により、学生の日々の授業に対する準備時間は平均で29.8分であった。1日に3科目の授業を受講していると想定した場合、1科目の授業に対する予習復習の時間は10分程度といえる。「好きな授業の形態」をたずねる質問でも「課題・宿題が多い授業」を好きな授業形態として回答に選んでいる学生は2％であった。同じく、大学の長期休暇期間における、1日の学習時間は平均51.8分であるという結果がでた。特徴的なのは、全くしないと答えた学生が45％いたことである。自宅学習や、休暇期間中の学習時間は極めて低い。

## 4　大学生の「読書傾向」の実態

### (1)　大学生の人格形成

　「教養主義」とは読書を通じた人格形成主義を意味するものでもあった。そして、そのような方法による人格形成や自己の内面形成というのは、すでに現代の大学においては規範文化ではないことは多くの先行研究によって指摘されている。しかし、それでは現代の大学生はどのような方法で人格形成をしようとしているのだろうか。また読書主義的教養が後退したとはいっても、どのような本を読んでいるのだろうか。本節ではこの点について〈意識調査〉から分析する。

　「問　大学在籍中に、あなたはどのような方法で人格形成（自己の内面形成）をしようと心がけていますか？」(以下、「人格形成の方法」と称す)

　この問に対して、「読書」と回答したものは、全体で約15％だった〈表1-12〉。この問の上位2つの回答は、「クラブ・サークル活動」(16％)、「友人とのつきあい」(45％)だった。この結果から、学生の多くは人格形成を人文的教養からではなく、友人との交際によって行おうとしていることがうかがえる。「その他」の回答で「いろいろな人達」と書いた学生に象徴的なように、今

や、学生が大学に求めるものはクラブやサークル活動に参加しながら磨き上げる「コミュニケーション能力」であり、気の合う仲間と一緒に過ごす場である。

このように、現代の大学生は人間形成の手段として従来の人文的教養ではなく、友人との交際を選ぶ傾向が強く、同時にかつての文学書と思想書を通じての人文的教養概念が解体しているといえる。意識調査の分析から、人格形成としての読書の割合は、先行研究の指摘する通り、低いことが明らかになった。

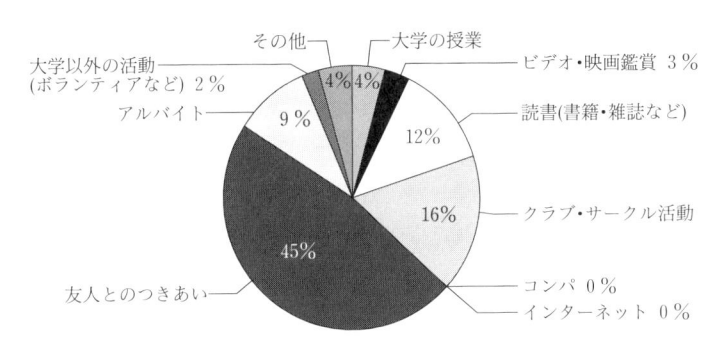

表1-12　人格形成の方法

- 大学以外の活動（ボランティアなど）2％
- その他 4％
- 大学の授業 4％
- ビデオ・映画鑑賞 3％
- アルバイト 9％
- 読書(書籍・雑誌など) 12％
- 友人とのつきあい 45％
- クラブ・サークル活動 16％
- コンパ 0％
- インターネット 0％

(2)　大学生の読書傾向

ところで、読書主義的教養が大学から後退した今、現代の大学生はどのような本を読んでいるのだろうか。次に、大学生の「読書傾向」を見てみよう。

「問　大学に入学して以来、あなたはどんなジャンルの本を読んでいますか。該当するものに最大2つまで選んでください」

この問に対して、教養形成に資すると思われる読書ジャンル（「思想書（啓蒙書・人生論なども含む）」、「純文学（日本・外国）」、「教養書（新書）」）は全体の25％〈表1-13〉だった。それに対して、とても読書とはいえないようなジャンル（「マンガ・コミック」、「趣味・娯楽書」）は、全体の約4割にも達しており、このことからも読書主義的教養が現代の大学生から後退しているという実態が明らかになった。

表1-13 読書ジャンル

| ジャンル | 割合 |
|---|---|
| その他 | 0% |
| 思想書 | 6% |
| 純文学(日本・外国) | 16% |
| 歴史小説 | 4% |
| 推理小説・サスペンス | 7% |
| SF小説 | 2% |
| ノンフィクション・ドキュメンタリー | 10% |
| マンガ・コミック | 18% |
| ビジネス書 | 1% |
| 趣味・娯楽書 | 17% |
| 教養書(新書) | 3% |
| 自分の専攻に関する専門書 | 5% |
| 授業の教科書 | 4% |

次に、〈意識調査〉から明らかになった学生の読書傾向の実態を、「感銘本」「週刊誌・雑誌」「友人との読書に関する会話」「新聞購読」という観点から分析することにしたい。

「問　大学に入学以来、最も感銘を受けた本で、かつ最後まで読み通した本は何ですか？　本の著者・タイトルを最大3冊まで記入してください」

この問を発したところ、学生の感銘本は〈表1-14〉のようになった。『世界の中心で、愛をさけぶ』『Deep Love』『ハリーポッターと賢者の石』などのベストセラーが入っている。

しかし、ここからは若者一般との差異はほとんど見られない。学生文化における読書主義的「教養主義」の実態とその没落過程を研究した竹内洋の『教養主義の没落　変わりゆくエリートの学生文化』(中公新書、2003)の帯に「読まなければならない本、というものがあった…。」とあるように、「教養主義」が大学キャンパスの規範文化であった1970年代前後までは、大学生の必読書とされている書籍があった。しかしながら、〈表1-14〉で明らかなように、学生によく読まれている感銘本のなかから〈大学生の必読書〉を見い出すことはできない。ドストエフスキーの『罪と罰』くらいである。

第1章　大学教育の改革と教養主義の崩壊　39

表1-14　学生によく読まれている感銘本　（　）内は人数

|   | 書　名 | 著　者 |
|---|---|---|
| 1 | 世界の中心で、愛をさけぶ(32) | 片山恭一 |
| 2 | Itと呼ばれた子(21) | デイヴ・ペルザー |
| 3 | 坊ちゃん(11) | 夏目漱石 |
| 4 | バカの壁(9) | 養老孟司 |
| － | Deep Love(9) | Yoshi |
| 6 | 罪と罰(5) | ドストエフスキー |
| － | ハリーポッターと賢者の石(5) | J・K・ローリング |

「問　大学在籍中に、あなたはどんな週刊誌・雑誌をよく読んでいますか？　週刊誌・雑誌の誌名を最大3つまで記入してください」

この問（回答は自由記述）では、学生のよく読んでいる週刊誌・雑誌のベストテンは〈表1-15〉のようになった。上位三誌のなかに『少年ジャンプ』『少年マガジン』のコミック系が二誌入っている。その他には『non-no』『mina』『an an』

表1-15　学生によく読まれている週刊誌・雑誌
（　）内は人数

|   | 書　籍　名 |
|---|---|
| 1 | 少年ジャンプ(41) |
| 2 | non-no(32) |
| 3 | 少年マガジン(20) |
| 4 | mina(11) |
| 5 | an an(9) |
| 6 | mini(7) |
| － | mens non-no(7) |
| － | 少年サンデー(7) |
| 9 | smart(6) |
| － | NUMBER(6) |

『mini』『mens non-no』など若者一般の人気雑誌が入っており、大学生としての独自性は見られない。また、『世界』や『諸君』などの総合雑誌を挙げた学生は一人もいなかった。

「問　大学在籍中に、あなたが毎日、最も好んで読んでいる新聞の記事があるとすれば、それは、どのようなジャンルですか？　最もよく読んでいるジャンルを1つ選んで○を付けてください」

この問で、「全く読まない」と回答した学生は全体の20％にも及んだ〈表1-16〉。また、学生が毎日、最も好んで読んでいる新聞の記事の上位2つは、「スポーツ全般」（30％）、「芸能」（14％）であり、下位3つは「経済・社説」（ともに3％）「政治」（1％）だった。

「問　あなたが新聞を読むとすれば、1日あたり、どれくらいの時間をかけて読みますか？　1つ選んで○を付けてください」

この問に対して、学生で一番多かった回答は、「10分」(53%)だった。次いで、「30分程度」(23%)、「全く読まない」(19%)という調査結果が得られた〈**表1-17**〉。以上の結果から、学生の多くは新聞の記事では「政治」「経済・社説」よりも「スポーツ全般」「芸能」を好んで読んでいることが明らかになった。また、新聞を読む時間は熟読するというよりは目を通す程度の時間であり、現代の大学生が新聞というメディアからは必要最低限の情報だけを収集していることを垣間見る結果となった。

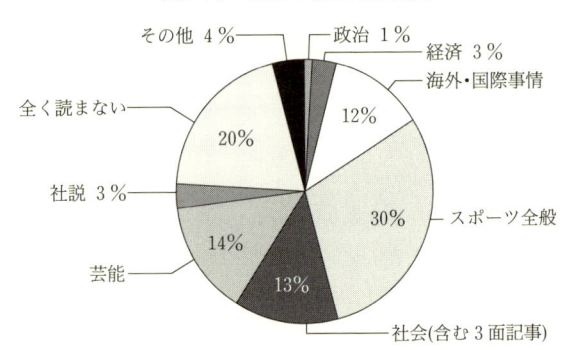

**表1-16　好んで読む新聞記事**

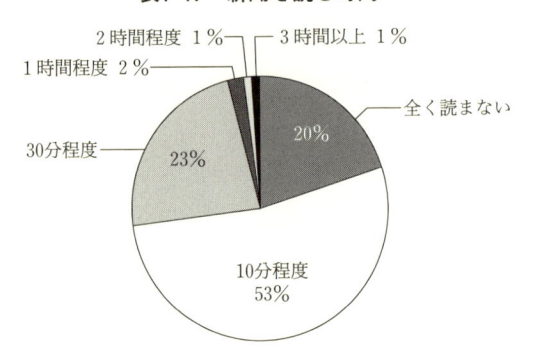

- その他　4％
- 政治　1％
- 経済　3％
- 海外・国際事情　12％
- スポーツ全般　30％
- 社会(含む3面記事)　13％
- 芸能　14％
- 社説　3％
- 全く読まない　20％

**表1-17　新聞を読む時間**

- 3時間以上　1％
- 2時間程度　1％
- 1時間程度　2％
- 30分程度　23％
- 10分程度　53％
- 全く読まない　20％

さて、2004年度に実施されたFD委員会によるアンケート調査の結果は、以下のような平均的な学生像を浮き彫りにするものとなった。すなわち、一般的な学生は「友人との語らい」「サークル・クラブ活動」（7割以上）などを中心とした人間関係づくりを大学において重視するが、同時に、学科専門科目を中心とした授業への興味・関心（7割）も高い。しかし、「語学」や「一般教養」に対してはあまり熱心に取り組んでいない。また、授業形態としては「資料・教科書」を使った「教員の説明が中心」の授業を半数近い学生が望み、いわば受け身的な授業への支持が高いといえよう。逆に、「意見を発表したり討論を行う」参加型の授業は1割程度の学生しか望んでいない。授業に望む際の予習・復習の平均時間は29.8分であり、夏季や冬季の休暇期間中の学習時間も51.8分であった。学科専門科目を中心とした授業への期待度・参加度は高いものの、学習時間は極端に少ない。出席すれば単位が取得できる授業が多いということであろうか。学生が好んで読む本は、「マンガ・コミック」・「趣味・娯楽書」が4割に達し、「思想書」や「純文学」は25％程度であった。それは日本の大学生の平均像を物語るものであろう。

〈宇内一文・吉江夏子〉

［注］

1 我が国の大学における教養の「危機」や「崩壊」を警鐘する著書・論文は多い。たとえば、本稿でも参考文献としている山崎正和1999「教養の危機を超えて──知の市場化にどう対処するか──」、山口健二1993「大学のマス化段階における大学生の読書行動の変容についての実証的研究」、石田英敬2002「教養崩壊の時代と大学の未〈特集〉大学──改革という名の崩壊来」などを挙げておきたい。

2 戦前（大正時代から終戦時）には「旧制高校生」には愛読書や必読書があり、「教養主義」のもとで文学・哲学・歴史関係の人文学系の古典が広く読まれていたし、昭和初期には多くの総合雑誌も登場し、教養主義の象徴となった。戦後になっても教養主義に対する信仰は衰えることなく、大学生の増加とともに『世界』（1946）、『展望』（1946）、『思想の科学』（1946）、『朝日ジャーナル』（1959）、『日本』（1958）、『自由』（1959）、『潮』（1960）、『現代の眼』（1961）、『現代の理論』（1959）などの総合雑誌が続々と刊行された。「総合雑誌の論説は一般教養だけでなく、専門の学問の入り口にもなった」（竹内、2003：18）。戦前から戦後の1950年

代までは、明らかに我が国では大学生の間に「教養主義」なるものが存在し、大学生が読むべき愛読書や必読書が自覚的に認識されていた。たとえば、昭和30年代は雑誌『世界』を必読書とするような知的雰囲気（旧制高校的教養主義の香り）が未だ立ちこめていた。また、マルクス主義的教養主義・教養主義的マルクス主義に代表される「プチ教養主義」も横行していた。

3　教育社会学者の山口健二の研究によれば、1964年に全国の書店で書籍を購入した者のうちで32％が学生（大学生と短大生）であった。しかし、1994年の大学生・短大生の書籍購入シェアは10.3％に過ぎない（山口、2001:158）。竹内は1994年と1964年の読書人口と短大・大学在籍者数を比較して、「大学生の書籍購入の実質的シェアは、8分の1以下に縮小してしまった」と指摘する（竹内、2003:221-222）。

4　現在、東大教授の石田が嘆くように、近頃では院生レベルでも教養は崩壊し、英文学専攻の院生が「ドストエフスキーって誰ですか」と真顔で質問し、一般学生に至っては「失楽園はお父さんが読むエッチな本」と考えているようである（石田、2002:215）。似たような話は他にもある。ヘルマン・ヘッセの『車輪の下』を本屋で探す学生が、「下巻ではなく、上巻はありませんか」と真剣に聞いたという実話などもある。すでに我が国の出版界は売れなくなった本を抱え瀕死の状態であり、紙ベースの本に代わって、パソコンや携帯で配信される「Eブック」の出現で、ますます読書離れが進んでいるという。

5　このアンケート調査を実施、ならびに分析する際に参考とした先行研究は、以下の通りである。竹内洋2003『教養主義の没落──変わりゆくエリートの学生文化──』中公新書、東京大学広報委員会2000「2000（第50回学生生活実態調査の結果」『学内広報』No.1227、pp.1-109、筒井清忠・吉田純他1996「現代大学生における教養の計量的分析」『京都社会学年報』京都大学、第4号、pp.163-176、山口健二1999「大学のマス化段階における大学生の読書行動の変容についての実証的研究」平成9・10年度科学研究費補助金（奨励研究A）研究成果報告書、pp.1-118、山口健二2001「読書文化の構造転換期としての70年代」『岡山大学教育学部研究集録』第116号、pp.157-165、柳井晴夫2004「大学生の学習意欲と学力低下に関する調査結果（中間報告）」平成15-17年度科学研究費補助金基盤研究B（1）『大学生の学習意欲と学力低下に関する実証的研究』pp.1-43．などである。

# 第2章　大学生の学力低下と大学改革

[本章のねらい]　「分数のわからない大学生」「読み書きのできない大学生」「数学や物理を学ばないままに理系の学部に入学する大学生」など、大学生の「学力低下」に関する指摘が現実のものとなりつつある。そして、一部の有名大学・人気大学を除いて、多くの大学では「受ければ合格」という大学全入時代を迎えつつある。政府・文部科学省の大学に対する政策は、これまでの「護送船団方式」・「親方日の丸」的な方策を一掃し、市場原理の導入によって、大学の自然淘汰を目論んでいる。大学を取り巻く環境は、日に日に厳しさを増している。本章は、こうした状況の中で、大学が真摯に取り組むべき課題は何か。避けることのできない大学改革の意味と課題を検討したいと思う。

## 1　大学全入時代の到来

### (1) 国民的課題となった大学生の学力低下

　我が国の大学入試は、周知のように18歳人口の激減により受験生は減少する一方であるが、進学率は毎年上昇している〈表2-1〉。たとえば、1998年の大学と短大の受験者数は99万3千人であり、受験者に対する入学率は77.7%であった。同じく、2003年には受験者数は85万5千人へと減少したが、入学率は81.5%に上昇している。

　〈表2-2〉は、(株)進研アドの足立寛が作成した1990～2001年までの18歳人口、新規高卒者、大学志願者の状態である。いずれにせよ、大学はすでに受ければ受かる時代になりつつある。

表2-1　大学入試の動向（平成6年～平成13年）

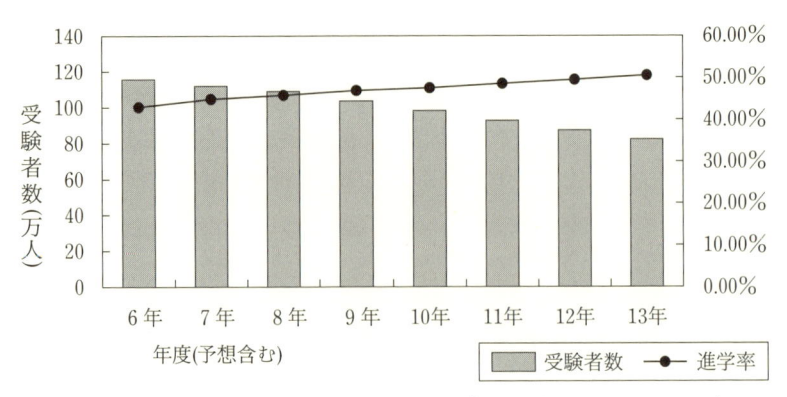

大学受験人口と進学率

（「東進オンライン：大学入試情報」、2005 [http://www.toshin.ac.jp/news/kiso/daigaku.html]）

表2-2　全体規模とシュミレーション

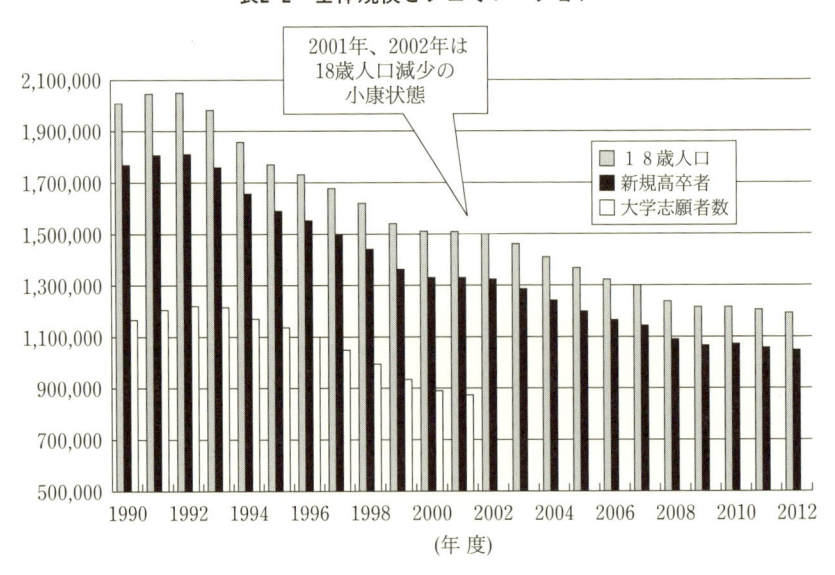

2001年、2002年は18歳人口減少の小康状態

（「平成14年度入試結果と今後の高校の変化に対する課題と対策」2002年）

　こうした競争率の低下は、必然的に学力下位層の入学者を増加させ、大学における補習（リメディアル）教育を余儀なくされる現象を生み出しつつある。

大学における学力低下問題は、たんに大学だけの問題ではなく、今や国民的な関心事にもなっている。しかし、このことは大学における「教養教育」や「専門教育」のあり方を、一層複雑で解決困難な問題に追い込む一因ともなっている。もちろん、「教養主義」や「専門主義」の崩壊と「学力低下」の問題は、その意味も内容も異なる。「学力」とは、定量化できるような基礎的能力を問題とするが、一方「教養は数値化できる能力の問題ではない。教養は文化が自己にあてがう価値や規範の問題」（石田、2002:216）であろう。しかし、大学生の「学力低下」と「知の崩壊」が異なるレベルの問題であったとしても、両者の問題が派生する源泉は同じである。すなわち、我が国の高等教育を取り巻く社会現象を背景としながら、70年代から学生文化としての「教養の崩壊」が始まり、近年では「専門的知識」への無関心も引き起こす。「体系化された知」への興味・関心の喪失は、必然的に「学力低下」も誘引する。

　前章でも指摘した「大学のレジャーランド化現象」から始まって「分数のわからない大学生」「読み書きのできない大学生」「数学や物理を学ばないままに理系の学部に入学する大学生」など、大学生の「学力低下」を指摘する声は、80年代から頻繁に聞かれるようになる。大学生が「日本語の読み書きができない」という指摘は、「教養崩壊」というレベルの問題ではなく、それ以前の小中学生における基礎学力の問題でもある。我が国の大学は、すでに「教養主義」の是非を問う以前の問題に追い込まれているのではなかろうか。こうした大学生の「学力低下」の問題を議論するには、まず「大学生の学力とは何か」を明確に定義する必要があるが、現状では学力の定義を行うことは難しい。かりに理系の場合においては学力の「定義」が可能だとしても、文系、社系の場合となると相当に困難と言わざるをえない。

　大学生の「学力」を一定の基準によって調査・研究したものが少ない以上、大学生の「学力低下」問題は、どちらかと言えば、ややムード的・感情的な言説が先行していると言えよう。しかしながら、いずれにせよ第1章でも述べたことではあるが、東京大学や京都大学、そして編者の所属する学部における学生の読書傾向の実態調査の結果を見る限りでは、大学生は「本は読まなくなった」「勉強はしなくなった」という事実は疑いようもない。

### (2) 大学生の「学力低下」の実態

　読売新聞社は、平成13年8月に全国の4年制大学670大学を対象に大学が抱える様々な問題に関するアンケート調査を実施した。479大学の回答結果を得られたが、そのうちで、大学生の学力低下の問題に関しては、以下のような内容が掲載された。『読売新聞』(2001.10.17)によれば、回答があった大学が指摘する大学生の学力低下の具体的内容として、以下のような項目が上位に挙げられている。

① 「積極的に課題を見つけ、解決しようとする意欲」(66.4%)
② 「論理的に考え表現する能力」(65.9%)
③ 「読解力や記述力などの日本語の能力」(62.1%)
④ 「英語力」(49.6%)
⑤ 「社会や理科の未履修科目が増えた」(31.3%)
⑥ 「データを分析する能力」(27.7%)
⑦ 「基礎的な算数計算の能力」(25.7%)

　また、学力低下による授業への影響としては、「支障がかなり出ている」(62大学：16%)、「少し出ている」(261大学：66%)と回答した大学が323大学(82%)にものぼっている。こうした学力低下の要因として挙げられる理由は、「進学の容易化による受験競争の緩和」「18歳人口の減少と進学率の上昇」である。こうした問題に対する対策としては、「各教員が工夫し、わかりやすく教える」「少人数クラスの授業を増やす」「大学院生をTAとし、きめ細かく教える」という回答が多かった[1]。
　一方、大学入試センターも1998(平成10)年12月に全国の国公立大学の95大学362学部長に学生の「学力低下」に関するアンケート調査を実施している(鈴木,2000:53-56)。回答数は、361学部であったが、この中で新入生の「学力低下が問題となっている」と回答した大学は、281学部(77.8%)に達している。その内容を詳しく見てみると、新入生の場合における「大学での学習が低下しているか」という設問に対しては、「必要な教科・科目の知識」(51.2%)、「論

理的思考力・理解力、表現力」(60.6%)、「関心・意欲」(54.9%)、「学力全般」(54.7%)という回答が上位を占めている。〈表2-3〉から〈表2-6〉までは、大学での「知識」「基礎的能力」「関心・意欲」「学力全般」に関する回答結果を示したものである。

表2-3 「大学での学習に必要な教科・科目の知識」

| | % |
|---|---|
| 上昇している | 0 |
| やや上昇している | 3.3 |
| 変わりない | 45.4 |
| やや低下している | 43.7 |
| 低下している | 7.5 |

表2-4 「大学での学習に必要な論理的思考力・理解力、表現力等の基礎的能力」

| | % |
|---|---|
| 上昇している | 0 |
| やや上昇している | 3.1 |
| 変わりない | 36.3 |
| やや低下している | 52.2 |
| 低下している | 8.4 |

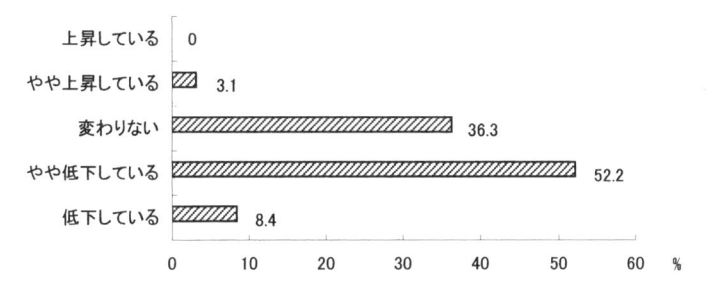

表2-5 「大学での学習に必要な関心・意欲」

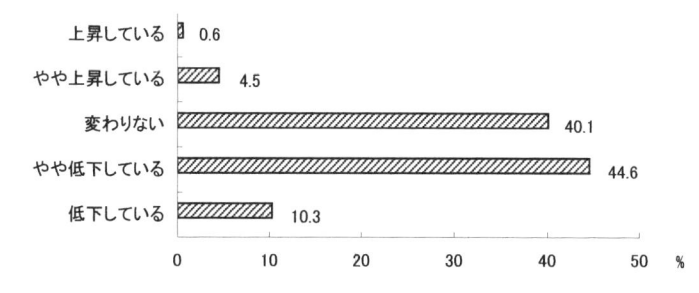

| | % |
|---|---|
| 上昇している | 0.6 |
| やや上昇している | 4.5 |
| 変わりない | 40.1 |
| やや低下している | 44.6 |
| 低下している | 10.3 |

表2-6 「学力全般について」

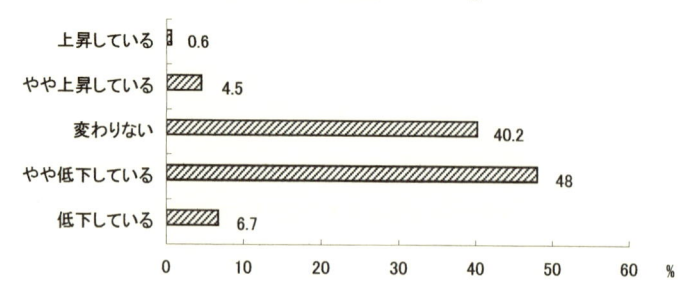

| | |
|---|---|
| 上昇している | 0.6 |
| やや上昇している | 4.5 |
| 変わりない | 40.2 |
| やや低下している | 48 |
| 低下している | 6.7 |

また、新入生の学力低下が「入学後のいつ頃から顕在化するか」という設問に対しては、〈**表2-7**〉が示すように、「専門的教育」(70.7%)、「教養的教育」(56.1%)、「入学直後」(20.1%) であった。このアンケート調査が示す結論は、大学生の学力低下は、大学入学後の2〜3年後から顕著になるということであり、専門教育が開始される時には、そのピークを迎えている。

表2-7 大学生の学力低下の時期

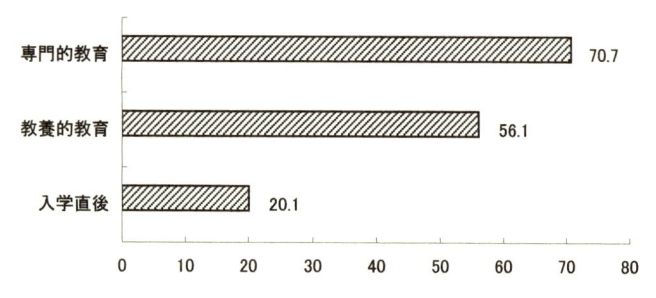

| | |
|---|---|
| 専門的教育 | 70.7 |
| 教養的教育 | 56.1 |
| 入学直後 | 20.1 |

要するに、学部の2年・3年次から専門的教育を行うとしても、その学力もないという状態である。学力低下の原因としては、「高校以下の教育が目標とする自主的に考え、表現する能力が身についていない」(64%)、「進学率の上昇と選抜手段の多様化」(55%)、「入試科目の軽量化」(52%) となっている(鈴木,2000:53-56)。

### (3) 大学入試の多様化と軽量化

　大学生の学力低下の要因として考えられる事柄は、第一には、上記の全国の大学における学部長に対するアンケート調査でも指摘されたように、大学入試の多様化と軽量化が真っ先に指摘される。たとえば、国立大学の場合には、1979 (昭和54) 年に開始された共通一次試験で受験者全員が5教科7科目を受験したが、平成2年度の大学入試センター試験に移行した際には、各大学が利用教科・科目を自由に指定できる「アラカルト方式」が採用され、5教科受験者が減少し、代わって4教科、3教科、2教科受験者の割合が増加した。また、個別大学入試でも試験科目は減少し、2教科が最も多く、次に1教科、3教科の順番になっている。もちろん、この傾向は多くの私立大学が大学入試センター試験に参入した結果によって起こった現象である。こうした入学試験の教科や科目の減少は、受験生の苦手科目の回避、ないしは受験科目ではない科目の切り捨て現象を引き起こし、少子化の問題とも重なって、ますます入試の「多様化」・「軽量化」が出現するであろう (荒井、2000：32)。

　第二には、「2006年度問題」と呼ばれる中学や高校で学ぶ教科内容の3割削減の影響を指摘する意見も目立つ。1998 (平成10) 年度に改訂された新学習指導要領で学んだ中学生・高校生が大学へ進学する2006年度以降、さらなる学力低下現象が顕著になるというものである(荒井、2000：34)。しかし、この「2006年度問題」も見方を変えれば、必ずしも「学力低下」を引き起こす要因とは言えない。なぜならば、選択科目の多様化と教科内容の精選と削減は、得意科目を十分に時間をかけて学ぶ学生、「総合的な学習の時間」の導入による多様な学習経験をもった学生、従来とは異なったタイプの学びのスタイルを身につけた学生の入学も予想される。「2006年度問題」を「学力低下」現象の象徴ととらえ、否定的な立場・被害者的立場だけに立つことなく、むしろ「多様な学力をもった学生」や「新しい学習観・学習意欲をもった学生」を積極的に受け入れる立場を取るべきではなかろうか。つまりは、「2006年度問題」とは大学側の意識変革や新たな対応を余儀なくさせる契機ともなるものである。

第三には、学生意識の多様化も挙げられよう。大学生が大学へ入学する目的は、すでに「大学のレジャーランド化」が叫ばれて久しく、勉強や就職だけでなく、大学生活をエンジョイしたいという意識もある。また、大学側の体制もそれを容認し、学生に対して厳しい学習を求めることがない。大学における学力低下の意味内容を特定することは困難であるが、その発生要因は複合的なものであり、多角的な検討が必要となろう。

## 2　避けて通れない大学改革

### (1)　大学冬の時代から大学氷河期の時代へ

　大学審議会の1998年度の試算によると、2009年度には大学進学の志願率は58.8%となり、入学者数と志望者数が同数になる「大学全入時代」を迎えることが予測されていた。

> 「わが国の18歳人口は平成4年度の約205万人を頂点として減少期に入っており、平成10年度は約162万人となっている。この傾向は今後も続き、平成12年度には約151万人、さらに平成21年度には約120万人となり、その後20年程度は120万人規模で推移するものと予測される。平成9年1月の本審議会答申「平成12年度以降の高等教育の将来構想について」（以下「将来構想」という）で示した試算によると、大学及び短期大学の臨時的定員を最低半数解消する場合、今後18歳人口が平成21年に約120万人規模まで減少していく中で、大学及び短期大学への入学者数も平成8年度から約10万人減少し約70万人（社会人、留学生約4.5万人を含む）となるが、進学率については18歳人口の減少が入学者の減少よりも急激であるため、8年度の46.2%（平成10年度実績48.2%）から58.8%（社会人・留学生を除く高卒進学率は55.1%）に上昇すると予測されている。また、この場合、全志願者に対する入学者の割合である収容力は100%になると試算されている。」

（大学審議会答申、1998：14）

この「大学全入」の試算は、1997年に文部省が当時の大学審議会に提出し、注目されたものである。上記の文章の要点は、我が国においては少子化は進行するものの、進学率は上昇するとの予想から、2009 (平成21) 年度には志願者数と入学者数がほぼ同数になると結論づけるものであった。大学の「2009年問題」は、全ての大学に間もなく大津波となって到来する。全ての大学を一気に飲み込み、生き残りのサバイバル・ゲームに敗北した大学は露となって消え去る危険性がある。

　たとえば、我が国の18歳人口は少子化にともない、1991年の206万人から2009年には121万人にまで減少することが予測されている。文部科学省が公表する2003年度の「学校基本調査」における「高等教育機関統計表一覧」によれば、全国の4年制大学は702校(学生数：約280万人)、短期大学は525校(学生数：約25万人)、高等専門学校63校(学生数：約5万8千人)である。『高等教育ビッグバン』の時代と呼ばれるように、すでに短期大学の7割以上が定員割れを引き起こし、地方の単科大学も不人気となりつつある。

　しかしながら、この文部省の予測に反して、大学・短大の進学率は1999年度、2000年度の49.1%をピークに伸び悩み、97年当時の試算で前提としていた2009年度の「現役志願率 (全高校卒業生のうちの大学や短大の志願者の比率) 60%突破」が成り立たなくなった。また、『読売新聞』(2004.7.23.)などが報じるところによれば、少子化にともなって大学・短大の志願者数が入学者数と一致する「大学全入時代」の到来時期について、文部科学省は「2009年度」としてきた従来の試算を修正し、2年早い「2007年度」になるとの見通しを中央教育審議会の大学分科会に提出している。もちろん、現実問題としては、国立や私立の人気校に志願者が集中することが予測されるので「全員入学」は困難であるが、逆を言えば、不人気な大学の定員確保は一層困難になる厳しい事態も予想される。経営難に陥り、廃校となる大学も続出することが予想されよう。

(2) 「遠山プラン」の登場

　こうした問題に対して、「自分の大学だけは生き残る」という願望や「自分

の大学とは無関係」という態度では、厳しい経済状態と確実に減少する18歳人口のマイナス要因に立ち向かうことは困難であろう。私たち大学人は、「昔はよかった」などという過去の思い出に浸ることなく、厳しい現実を直視しなければならない。文部省は、1991年に大学設置基準を弾力化し、いわゆる「大学設置基準の大綱化」によって、規制緩和を行った。大学の個性や自主努力で運営できるようにしたものだが、そのとき文部省から「大学がつぶれることもある」という声が出て、閉鎖する大学の学生救済策も検討された。それは一つの"大学ビッグバン"であり、それを契機として大学改革の波が押し寄せたことになる。大学を取り巻く厳しい環境の変化は、政府の経済構造改革のスローガンの下で、郵政、福祉、医療、年金などとともに、国・公立大学の「法人化」政策、ならびに大学の統合・再編として現実化している。2001年6月10日に遠山敦子文部科学大臣は、①統合・再編による国立大学の大幅な削減、②法人化による民間的経営手法の導入、③第三者評価の導入による競争原理の強化などの具体案を提示している（産経新聞、2001.6.10.）。

　①の「統合・再編による国立大学の大幅な削減」とは、政府の「民営化路線」を具現化したものであり、文部科学省も統合・再編を強力に推し進めて国立大学の数を減らすという政策的な背景が存在する。たとえば、山梨大学と山梨医科大学、図書館情報大学と筑波大学などはすでに合体し、京都大学と京都工繊維大学、宮崎大学と宮崎医科大学の統合などが進んでいる。文部科学省が2001年6月11日に打ち出した「大学の構造改革方針」（遠山プラン）により、九州内でも大分大と大分医大など3組6校が統合ですでに合意書に調印している。また、全国の国立大学でも国立大学・短大計101校のうち、14組28校が近隣大学との統合に合意、8校が統合前提の懇談会を設置している。公立大学も東京都立大学、横浜市立大学などにおける再編計画も進行している。

(3)　「21世紀COEプログラム」の概要

　「遠山プラン」の前記③の具体策として打ち出された「21世紀COEプログラム」にもふれておく必要があろう。この趣旨は、現在、日本学術振興会の

ホームページ上において、以下のように述べられている。

「21世紀COEプログラムは、「大学の構造改革の方針」(平成13年6月)に基づき、平成14年度から文部科学省に新規事業として「研究拠点形成費補助金」が措置されたものです。

我が国の大学が、世界トップレベルの大学と伍して教育及び研究活動を行っていくためには、第三者評価に基づく競争原理により競争的環境を一層醸成し、国公私立を通じた大学間の競い合いがより活発に行われることが重要です。このプログラムは、我が国の大学に世界最高水準の研究教育拠点を形成し、研究水準の向上と世界をリードする創造的な人材育成を図るため、重点的な支援を行い、もって、国際競争力のある個性輝く大学づくりを推進することを目的としています。本会では、この補助金の審査及び評価に関する業務を行うため、21世紀COEプログラム委員会を設け、この補助金に関する審査・評価を行うこととしています。なお、その際、大学評価・学位授与機構、日本私立学校振興・共済事業団及び大学基準協会の協力を得て行うこととしています。」(日本学術振興会、2004)

このCOEプログラムに対しては、平成15年度の予算額が334億円、平成16年度が367億円、平成17年度が382億円も用意され、平成15・16年度の2年間に85大学246件に補助金が交付されている。その際の基準は、①「当該分野における研究上、優れた成果を上げ、将来の発展性もあり、高度な研究能力を有する人材育成機能を持つ研究教育拠点の形成が期待できるもの」であり、②「学長を中心としたマネジメント体制による指導力の下、個性的な将来計画と強い実行力により、世界的な研究教育拠点形成が期待できるもの」、③「特色ある学問分野の開拓を通じて創造的、画期的な成果が期待できるもの」、④「21世紀COEプログラムで行う事業が終了した後も、世界的な研究教育拠点としての継続的な研究教育活動が期待できるもの」に対して重点的な支援を行うとされている[2]。

### (4) 「特色ある大学教育支援プログラム」

さらには、「21世紀COEプログラム」に加え、同じく2003年度から各大学の「教育の格づけ」にもなる「特色ある大学教育支援プログラム」も実施されている。このプログラムは、大学教育の改善に資する様々の取り組みのうち、特色ある優れたものを選定し、選定された事例を広く社会に情報提供することで、今後の高等教育の改善に活用するものである。これにより、国公私立大学を通じ、教育改善の取り組みについて、各大学及び教員のインセンティブになるとともに、他大学の取り組みの参考にもなり、高等教育の活性化が促進されることを目的とするものである。このプログラムの予算額は、平成16年度が31億円、平成17年度が33億円であった。大学基準協会のホームページ上に掲載されたプログラムの「趣旨及びねらい」は、以下の通りである（大学基準協会、2004）。

> 「(1)個性輝く大学づくり、国際競争力の強化、教養教育の充実等が求められる中、大学における教育の質の充実や世界で活躍し得る人材の養成は、重要な課題であり、各大学における教育面での改革の取組を一層促進していく必要があります。(2)本プログラムは、大学教育の改善に資する種々の取組のうち、特色ある優れたものを選定し、選定された事例を広く社会に情報提供することで、今後の高等教育の改善に活用します。(3)本事業により、国公私立大学を通じ、教育改善の取組について、各大学及び教員のインセンティブになるとともに、他大学の取組の参考になり、高等教育の活性化が促進されることが期待されます。」

このプログラムへの申請に対する選定などは、(財)大学基準協会を中心に運営される「特色ある大学教育支援プログラム実施委員会」において実施され、平成15年度の応募・採択の状況は、応募が664件、採択80件、平成16年度が応募534件、採択58件となっている。

そして、「21世紀COEプログラム」や「特色ある大学教育支援プログラム」以外にも、大学改革を推進するプログラムが続々と創設され、学部・大学院

の改革に対する補助金政策が展開されている。平成15年度の予算配分額も明示すれば、「現代的教育ニーズ取組支援プログラム」(30億円)、「大学教育の国際化推進プログラム」(24億円)、「法科大学院等専門職大学院形成支援プログラム」(18億円)、「地域医療等社会的ニーズに対応した医療人教育支援プログラム」(7.5億円)、「魅力ある大学院教育イニシアチブ」(30億円)、「大学・大学院における教員養成推進プログラム」(5.5億円)である。これらの資金配分の結果、ますます大学間格差が広がり、大学の優劣を明確なものとする。なぜならば、いかなる改革にも一定程度の財政的な裏づけが必要であり、資金が潤沢な大学は着々と教育改革を推進できる。一方、財政的基盤の弱い大学の改革は「絵に描いた餅」で終わる可能性が高い。

いずれにせよ、政府・文部科学省の大学に対する政策は、これまでの「護送船団方式」・「親方日の丸」的な方策を一掃し、財政支援という名目の下、高等教育における競争原理の導入によって、大学の自然淘汰を目論むものと言えよう。

## 3 我が国の高等教育の現状と課題

### (1) 我が国の高等教育の現状

我が国の大学制度は、1949 (昭和24) 年の新制大学の発足にともない一般教育が導入され、教養人の育成をめざしたが、今や「一般教育の理念は空洞化し、その内容は形骸化している」(関、2000:12)と指摘されている。そして、学生が志向する「趣味・娯楽としての知識」と大学教員が志向する「専門的な知識」の間をつなぐ手段も方策も欠如していたために、ますます教員と学生の距離は遠いものとなる。こうした状態を誘引した理由を、関 正夫2000『21世紀の大学像』を援用しながら、まとめてみよう。

第一には、大学教育の水準を一定程度維持する目的で制定された「大学設置基準」に基づく国家の制約と保護の枠組みであり、このことが大学における自主性を奪い、国家への依存体質を増幅させた、と指摘される。大学の自主的な個性的な改革は、長い間先送りされてきた。

第二には、我が国の大学は学問の専門分化と高度化を重視し、その社会的な効用性を高めてきたが、逆に、その思想性や文化性が軽視されてきた。とりわけ、その社会的な効用性の重視は確かに科学技術の開発による経済・産業の発展に貢献したり、現実社会で必要な資格や免許の付与となったが、そのことは社会的効用性の低い人文・社会科学の地位を相対的に低下させることともなった。大学における思想性・文化性が軽視された要因である。

　第三には、我が国の大学が「専門性重視」の方向へと突き進む理由は、日本の大学の特徴である専門的な学問によって組織される学科組織という［19世紀的な］伝統的な研究・教育組織が制度化され、維持されてきたからであろう。大学教育の総合化、国際化、学際化などという理念が声高に叫ばれても、各大学の基本的なあり方は、学科組織や学問分野を基盤にした「専門分化」に基づく研究・教育体制の構築であった。言い換えれば、学生の能力や関心が考慮されたわけではない。大学が教授しようとする「専門的な学問体系」が最優先とされてきたわけである。

　今や、大学にとって何が大切な教育なのか、何が「教養教育」として重要なのか、定義そのものが困難となった。しかし、天野郁夫が指摘するように、大学における一般教育や教養教育を形骸化させないための方策は、「知の体系や社会構造の変動・発展、さらには価値体系の変化や学生たちのニーズに応えるべく、たえずその内容を問い直す」(天野、1995:11)ことである。学生のニーズや興味・関心に私たち大学教員が無関心であればあるだけ、学生の興味・関心は、豊かな消費社会の浸透とともに、自身の身辺問題に注がれ、健康、利殖、趣味、資格、娯楽などへと傾いていく(山崎、1999:45)。そして、大学の教養教育や専門教育に興味・関心を示さない学生がますます多数を占め、まじめに勉強しようとする「少数派の学生」を片隅に追いやることになる。

　(2)　**大学改革の課題**
　我が国の大学教育を取り巻く現状を考慮する時、大学改革の断行は急務の課題といえるが、大学の組織的・学問的な問題が大きな障壁となることが予想される。

第一には、「大学設置基準の大綱化」に基づいて、大学教育の自由化・弾力化が大幅に認められたわけであるから、思い切った大学改革を進めることである。しかしながら、我が国の学部・学科組織の現状からすれば、この問題の解決は容易ではないことも自覚すべきであろう。たとえば、新たな「知の再編」をめざして将来的に学科組織を改編することは、学問それ自体の改変を引き起こし、事実上、困難である。かりに、大学院の修士・博士課程で「高度な研究」をめざし、学部段階は「教育を徹底する」というやり方は可能である。この点は、各大学における学科組織を考えると「大きな学問の再編」をともなう大学院研究科の組織改革を断行しない限り、既存の大学院の拡張は逆にマイナス要因になりかねない。また、教員組織の問題として大学院担当と学部担当という教員間の優劣をつけるためには、能力主義の導入を図る必要性にも追い込まれる。「平等主義的」な教員組織を改めることは容易なことではない。

第二には、学科組織や大学院などの研究上の問題点はとりあえず棚上げにし、学生の「教育を重視する」方向へと転換することは可能であろう。しかし、悲しいかな現状では「大学教育のあり方を研究する」などという発想はきわめて乏しく、教育は研究の「妨げ」か「必要悪」程度にしか認識されない。そして、教育の対象となる学生は、細分化された高度な専門的知識の教授を理解できるような一定の能力の持ち主であるだけでなく、専門的な学問内容に畏敬の念を持ち、従順に、黙々と授業を受けるような「学生像」が求められる。少なくとも「優れた研究をしていれば、予定調和的に優れた教育ができる」（関、2000:22）などという「研究・教育予定調和説」が未だに支配的である。

大学の学科組織から導かれる教育理念は、細分化された高度な専門的研究の成果を学生に教授するか、ないしは学生も研究のプロセスに参加しながら、高度な専門人が育成されるという神話に貫かれたものである。言い換えれば、「研究至上主義」の絶対化・神話化である。しかし、「研究・教育予定調和説」が幻想であることは誰の目にも明らかであろう。学生は、いまや昔の大学生が持っていた知識に欠けるだけでなく、そもそも学生はそうした細分化され

た高度な専門的知識に興味がない。理想を求め、過去を振り返る教員と、現実を楽しむ学生の乖離は決定的であり、その距離を縮めるには相当な制度改革と教員個々人の努力を必要とする。

## 4 カリキュラム改訂と大学改革の方向性

### (1) カリキュラム改訂の理念

現在、「大学設置基準の大綱化」により、大学教育の大幅な自由化・弾力化は各大学の自由裁量として認められ、多くの大学が教育の制度や内容に関する諸改革を打ち出し、特色ある大学教育の確立に努力している。編者が所属する学部の場合も、1997年から開始されてきたカリキュラム改訂議論の成果を継承しながら、2000年度には総合教育科目や学科専門科目などの大幅な改訂を実施した。このカリキュラムの改訂の際には、以下のような課題が指摘されている[3]。

> 「①カリキュラム改訂を行う際の「理念」や「方向性」が必ずしも十分ではなかった。このことは、学部の教育方針として「教養」と「専門」をどのように統合・調和させるのか、学習内容の「コア科目」と「選択科目」をどのように調整し、統合するのか、などの問題解決が不十分であったということである。言い換えれば、学部の教育方針として「教養をそなえた専門人の育成」なのか、「専門性をそなえた教養人の育成」なのか、「学ぶべきコア科目を中心とした学習内容の連続性と深化」（＝専門化・高度化）なのか、「学生の興味・関心に基づく自由選択による学習内容の幅の拡大」（＝総合化・学際化）なのか、といった明確な理念の提示が不十分であったことを意味する。前回の改訂ではカリキュラムの総合化・学際化が目指されたとはいえ、具体的には、総合教育科目に関する履修状況を調べ、どの学年で、どの程度の単位を履修しているかを検証する必要がある。
> 
> ②「総合教育科目」はⅠ群（伝統的学問体系）、Ⅱ群（現代的、学際的、総合

的学問体系)、Ⅲ群（学科専門科目に基づく学問体系）とされたが、こうした科目群配置の有効性の検証がなされていない。たとえば、「学際的な科目群」の「学際」の理解が必ずしも十分ではない。とりわけ、学生の履修状況から見た結果の検証が必要である。」

　筆者の所属する学部のカリキュラム改訂は、総合Ⅰ群に見られる「伝統的学問体系」とⅡ群における「現代的、学際的、総合的学問体系」の融合へと進む方向性が提示されている。しかし、同時にカリキュラム改訂の理念そのものには「迷い」が見られ、確かな方向性が見えない。明確な方向性がなければ、いかなる努力も迷走するだけである。他大学における実情も似たようなものではなかろうか。
　一般教育のカリキュラム構成の原理としては、「専門に対する前専門の教育」「専門に対する非専門の教育」「専門分化に対する学際的あるいは総合的な教育」の三つの考え方に分類される。しかし、第1章でも指摘したように、大学生の学習時間や読書傾向のアンケート調査によっても明らかとなった学生像とは、大学を「友人との交際の場」（交際志向タイプ）と考えている若者たちというものであった。今の大学は、こういう学生が圧倒的多数を占めるという事実が存在している。交際志向型の学生は、大学の授業や読書には消極的であった。また、大学を「学問の場」（学問志向タイプ）と考える学生でも「教養」を「専門の基礎」と見なしている（筒井他、1996：167）。私たちは、こうした学生の実態を把握し、明確な対策や方策を検討する必要に迫られている。

### (2)　大学改革の方向性

　「大学において〈人文知〉の基盤が失われれば、………大学は市場とテクノロジーが席巻する場所へと頽落することになる」（石田、2002：218）。大学教育における「教養主義」がその基盤を喪失し、何が「教養」なのかが見えない今日、大学を取り巻く市場化と情報化は、ますます大学教育の意味を変容させている。たとえば、電子メディアの普及は学生から活字文化を奪い、情報や知識は、インターネットから手軽に得られる状況を生みだしている。しか

しながら、過去を振り返れば、いつの時代にも「情報」は知識よりも優位な立場を占めてきた。古くは写本から印刷本が生まれ、単行本よりは文庫本が読まれ、文庫本よりは新聞や雑誌が読まれ、新聞や雑誌よりはテレビのニュースが好まれてきたように……。「変化のポイントは、知の性質の中で永遠性よりも新しさが勝ちを占め、脈絡よりは断片性が強められ、知がより多く時事的な好奇心と実用性に訴えるようになったことであった」(山崎、1999:50)。わかりやすく言えば、古い情報、役に立たない情報、論理の難解な情報は、いつの時代にも一般の人間の興味は引かない事態が発生してきたのである。

　こうした現状を認識すれば、未来の大学教育のあり方に対する具体的な対策も立案可能となろう。つまりは、学生が興味を持つ断片的な情報に脈絡を与え、知の統一性へと導く教育システムを構築することが重要であろう。知の体系化もまた、人類が普遍的に試みてきた営みであり、それが学問の大系となって存立しているからである。大学教育は、この学生の情報収集力を活用し、学生自らが知の体系化を試みるような支援システムを構築することである。たとえば、卒論の発表会、ゼミ同士の討論会・発表会、授業内での学生の発表など、学生の優れた情報収集能力をいかす様々な機会をつくり出すことは可能であろう。そして、学生の学習への動機づけ、教育機器などを用いたわかりやすい授業、討論や発表などの学生主体の授業、課題・宿題の出る授業、予習・復習の必要な授業など、ある意味では、高校まで当たり前であった方策が大学にも導入される必要がある。

## 5　学習活動への支援策の構築

### (1)　大学における教育の「質の向上」

　全国の大学における「教養主義の崩壊」、ないしは「学力低下」問題は、大学における「教育」が重視されなければならないことを意味する。このことは学問体系を「コア化」し、重点化を図った上で、「教育の質的向上」をめざす方策を検討することである。2004年6月にベネッセが実施した全国の156大学に在籍する大学生1万4,600人に対する大学生の満足度調査においても、学

生が満足する大学の特徴は、①ICU・津田塾大学などの少人数教育重視型、②東京外国語大学、関西外国語大学などの外国語大学、③北里大学、東京家政大学など資格に直結する学部を持つ専門大学であった（石渡、2004：36）。

　このベネッセの調査が示す大学改革のヒントは、多彩な教育機能を持つ「百貨店型大学」ではなく、重点化された特色ある教育機能を持つ「専門店型大学」を選択することが良策であることを示している。他大学とは異なるコア・カリキュラム、少人数教育、充実した免許・資格コース、活発なゼミ、多彩な海外実地研修、卒論の全学発表会など、何らかの課題を重点的に取り組んだ特色ある教育体制を構築すべきである。そして、どのような特色ある教育システムを構築しようとも、それを担当し、指導する者は大学教員であることも自覚すべきである。大学教員の資質向上策も大学全体で取り組むべき課題である。なぜならば、大学における教育の質的向上策を推進する際に、個人ベースの努力では限界があり、大学の教職員が一体となった組織的・制度的な取り組みが必要だからである。

　この点、教職員の資質向上をめざすFD (Faculty Development) 活動は有効な戦略の一手段となろう。FD活動とは、大学の教職員における専門的な能力開発という側面を担っているものであり、決して「教育・授業の改善」だけに特化されるものではない。大学における「教養主義の崩壊」「学力低下」という現象をくい止める組織的方策の一つとして、FD活動も有効な手段となろう[4]。

　大学におけるFD活動とは、教員や学生・院生にとって望ましい教育・研究環境の改善を行いながら、その支援体制の構築をめざすものである。しかし、そうした試みは各大学の個別の事情や独自の教育理念などに基づいてなされるべきものであり、日本の各大学で見られるような「横並び」式の時流や流行に乗った安易なFD活動は慎むべきであると考える。A大学にはA大学独自のFD活動があっていいわけで、他大学で実施されている内容を安易にまねる必要もない。

　私が具体的に提言したいことは、日本の大学でも「教育」を重視する未来の若手教員を育てるシステムを構築し、大学院博士課程の早い段階から、教

員養成を行う何らかの方策を講じることである。優秀な大学院博士課程の院生を一定の教員養成プログラムに従って訓練し、将来の優秀な若手教員を育てる経済的・教育的支援を構築すべきである。第8章でも述べるように、アメリカの大学には、そうした若手教員や院生を育てるプログラムの事例が存在する。参考とすべきであろう。

### (2) 学習支援活動構築に関する3つの提言

最後に、本章の結論として、学生に対する学習支援活動の構築に関する3つの提言を行いたい。第一の提言は、大学生の「教養崩壊」「学力低下」を指摘する際に、これらの問題をムード的・感情的に理解することを避け、学生の実態把握を大学側が多角的に実施すべきであるということである。正しく現状を知ることがなければ、対策も改善策も的はずれなものとなるからである。また、これらの問題を大学側・教員側の被害者意識的な発想から取り組むべきではない。大学側・教員側の被害者意識だけでは、たんなる「犯人探し」で終わる可能性がある。私たちが取り組むべき課題は、「教育の質的向上」という根源的で、前向きな方策の構築である。

第二の提言は、大学における「研究重視」・「教育重視」の発想から、さらに一歩前進して、教育の質的向上をめざした「学生の学習活動への支援策」の組織的構築を具体的に検討することである。アメリカの大学には、どこの大学にも必ず「教育と学習の支援センター」が設置されている。大切なことは、大学教員が学生の「学習活動」を重視し、その学習を支援する取り組みを開始することである。大学自身が自らの責任を自覚し、この問題を解決する努力、ないしは改善する努力を行うべきではなかろうか。

第三の提言は、大学における「豊富な人的資源」の活用である[5]。大学内には多くの教職員、学生、院生が存在する。この豊かな人的資源を活用すること、立場・学年を越えた相互交流などを促進することこそ、大学が活性化するだけでなく、相互の知的交流が生まれることになろう。たとえば、学生の主体的な調査・研究の奨励、成果発表会などによるゼミ同士の知的交流、大学以外の諸機関との交流など、様々な方策が考えられる。第4章以下でも述

べるTA・SAの活用も重要である。また、若い優秀な博士課程の院生を未来の大学教員として養成するシステムの構築も必要となろう。我が国の多くの大学において、これまで検討されてきた事柄は、カリキュラム改訂や教室環境の整備などの「人的資源」以外の方策の整備であった。授業改善の視点を学科や学年の枠を越えた「学生間の交流」、「教員－学生」による「調整」と「参加」に基づく授業の構築、TA・SAの活用による授業改善など、「人的資源」を活用する方策を提言したい。大学こそ、多彩で豊富な人的資源を抱える「宝船」だからである。

### (3) 大学における「人的資源の活用」

我が国の高等教育は、1960年代後半から始まる高等教育の大衆化の中で、学生のニーズや大学成員の多様化、それにともなう学力の低下現象などを誘引し、大学の教育機能の充実と向上が急務の課題となった。いまや、大学を取り巻く環境は「大学氷河期の時代」を迎えつつあり、18歳人口の激減と「2006年問題」に象徴されるような大学生の学力低下と大学進学者の全入時代を間もなく迎えようとしている。しかし、一部に警鐘を発する意見は見られるものの、大学全体を見渡せば、危機意識は未だ薄い。この危機意識の欠如の最大の理由は、大学教員の興味・関心が研究におかれ、教育におかれていないからであろう。もちろん、近年の大学改革を概観すれば、こうした傾向への対策として、多くの大学で学士教育課程の改革、一年次の導入教育の実施、「学生の自主的な学び」に対する学習支援の構築、GPA評価制度や学生による授業評価制度の導入など様々な取り組みがなされている。

これらの諸改革を実施する際の「キーワード」は、大学における「教育機能の改善」——大学の授業の多様化・多角化・高度化などに対応して、いかに大学教員が学生のニーズに合わせた授業改善を行い、その「質的向上」を図るか——であろう。大学が研究だけでなく教育も重視しようとすれば、やはり、新しい「知の生産」に向けた体制づくり、組織づくりを必要としよう。21世紀に向けた「新しい学力」、ないしは「優れた人材づくり」の試みを積極的に推進する必要もあろう。たとえば、知識蓄積型の19世紀型学力観から問

題解決型の21世紀型学力観への転換は、大学の授業も多様なものへと転換することが必要となろう。大衆化され、ユニバーサル型となった大学教育は、学生も必然的に多様化する。大学は、こうした多様化した学生のニーズに対応することを回避することはできない。大学改革の試みは、今からでも決して遅くはない。

　そして、大学教育の質的向上をめざす試みの最大の要因として本書が注目する事柄は、教員、大学院生、学生という大学における「人的資源」を活用することである。この人的資源の活用こそ、我が国の大学の全てが所有する貴重な人的資源を有効に活用しながら、かつ、人と人との交流に教育的価値を見い出す試みである。たとえば、我が国の大学における教養教育が1970年頃には崩壊したと指摘する教育社会学者の竹内　洋は、大学における人的交流の意味と重要性を以下のように述べている。「教養主義が敗北・終焉し、同時に教養の輪郭が失われているが、そうであればこそ、いまこそ、教養とはなにかをことのはじめから考えるチャンスがやってきたのだともいえる。大正教養主義はたしかに書籍や総合雑誌などの印刷媒体とともに花開いたが、それとともに忘れてはならないのは……教師や友人などの人的媒介を介しながら、培われたものであったことである」(竹内、2003:245-246)。すなわち、大学教育の本来のあるべき姿も教員、大学院生、学生など、人的な交流に基づく「人格の形成」ではなかろうか。一流の大学とは「研究」を重視するだけでなく、「教育」も重視する大学のことである。肝に銘じたい。

[注]

1　最新の全国の大学教員に対する大学生の学力低下に関する意識調査では、その改善策として、「TA等を導入し学習指導の密度を高める」ことを有効とする回答は、「少人数授業の増加」「必修科目の増加、履修の順次性の強化などの（カリキュラム改善）」に続いて３番目の位置を占めている。この調査は、全国の大学教員２万５千人（有効回答：11,481人）を対象にして、2003年12月から2004年２月にかけて実施されたものの中間報告である（柳井、2004:25）。

2　平成15年度は、３月に日本学術振興会に対して国公私立大学から５分野（医学系、数学・物理学・地球科学、機械・土木・建築・その他工学、社会科学、学際・

複合・新領域）に611件の申請があり、21世紀COEプログラム委員会（日本学術振興会を中心に、大学評価・学位授与機構、私立学校振興・共済事業団、大学基準協会の4機関により運営）において審査が行われた。その審査結果が、7月17日の本委員会に報告され、了承されている。その審査結果によれば、医学系－35件、数学・物理学・地球科学－24件、機械・土木・建築・その他工学－23件、社会科学－26件、学際・複合・新領域－25件、合計133件が採択されている（高等教育局大学改革官室、2003）。1件あたり、年間1～5億円程度を原則として5年間継続的に交付され、事業開始2年経過後に中間評価、期間終了時に事後評価を実施することになっている。なお、平成14年度は申請件数は163大学464件であり、採択件数は50大学113件であった。

3　ここで挙げられた課題は、当時の学務委員長山口守の指摘を参照としたものである。詳しくは、山口守「1999～2001文理学部カリキュラム改定の経緯、展望、課題」『平成13年度FD委員会活動報告書』（文理学部FD委員会）を参照してもらいたい。なお、その他の課題としては、以下の点が指摘されている。①「専門教育科目の卒業に必要な単位数」を必要最小限に止め、学部段階では専門教育の縛りを緩やかにして、大学院段階で高度な内容を教育する。しかしながら、この点に関する学部全体の共通認識が形成されておらず、必ずしも統一性が見られない。②「外国語科目の能力別クラス編制」は、英語を中心に実施され、TOEFL やTOEICなどの資格に結びつく教育も実施され、一定の成果は見られる。しかしながら、その成果は他学部・他大学と比較しても未だ十分ではないばかりでなく、他の外国語における実施状況も不十分である。

4　編者の所属する学部のFD活動は、主に教育改善を目的として、平成15年度においては、以下のような活動を展開した。第一には、TA・SA制度の充実による授業改善の試みである。第二には、FD活動や授業改善活動などに対する補助金を設け、各教員の主体的・独創的な活動を支援したことである。第三は、「FDカフェ」を開催し、教授方法や教材開発に優れた成果を挙げている教員の報告を聞き、意見交換を行ったことである（日本大学文理学部『2003年度FD報告書』）。

5　たとえば、授業を支える要因を挙げてみれば、そこには「教育目標」「人的資源」「物的資源」の三つの側面が存在する（大学セミナーハウス、2000：43）。「教育目標」とは、大学が掲げる理念や建学の精神であり、それを具現化するカリキュラムや授業科目の目標である。「物的資源」とは、設備や施設などのハードウエアに相当する。「人的資源」とは、「授業という活動プログラムの性格を決めるソフトウエア」にあたるもので、学生の学習意欲や価値観（知識・適性・興味・関心など）の特性、教員の教え方の優劣、学習成果を公正に評価する技術、助手やティーチング・アシスタント制度などが挙げられる（大学セミナーハウス、2000：43）。

# 第3章　大学の教育改善とFD活動

[本章のねらい]　大学の教育・授業の改善を具体的に考えるとすれば、私たちは、学生の学力の実態や興味・関心を探り出し、いくつかの対処方法を検討することになる。たとえば、入試制度のあり方を再検討し、多様な学生を選抜すること、新入生の大学教育への動機や関心を高める導入教育を充実させること、大学教育の内容としてのカリキュラムや教材のあり方を再構築することなどである。また教授方法の改善、教室環境の改善にも着手することもあろう。

しかしながら、上記の様々な改善を有効なものにするためにも必要不可欠な事柄が、教員の資質の向上や意識改善の問題である。一般的には、このことをFDという。本章は、大学教育の改善とFD活動の意味や内容を考えたい。ただし、FD活動の「流行」に乗った安易な導入は避けたいと思う。それぞれの大学が、それぞれ固有の問題を抱えている以上、FD活動も、それぞれの大学の「独自のあり方」があろう。

## 1　FD活動の導入と活発化

### (1)　FDとは何か？——導入の経緯と活発化

「ファカルティ・ディベロップメント」(Faculty Development) ＝「大学教員の資質開発」は、文部科学省が定義するところによれば、「教員が授業内容・方法を改善し、向上させるための組織的な取り組みの総称である」とされ、具体的な例としては、「新任教員のための研修会の開催、教員相互の授業参観の実施、センター等の設置など」を挙げることができる(文部科学省、2004:5)。1998

年10月26日に当時の文部大臣に提出された大学審議会の答申『21世紀の大学像と今後の改革方策について』によると、第2章の「大学の個性化を目指す改革方策」の一つの試みとして「教員の教育内容・授業方法の改善」を挙げている。その後には、「ⅳ）組織的な研究・研修の実施」も述べられている。少し長いが引用しておこう（大学審議会答申、1998：30）。

> 各大学は、個々の教員の教育内容・方法の改善のため、全学的にあるいは学部・学科全体で、それぞれの大学等の理念・目標や教育内容・方法についての組織的な研究・研修（ファカルティ・ディベロップメント）の実施に努めるものとする大学設置基準において明確にすることが必要である。なお、個々の授業の質の向上を図るに当たっては、シラバスの充実等の取り組みが重要である。

### （ア）　組織的な研究・研修の実施

「カリキュラム編成、履修や単位認定の取扱い等の制度的な改革も重要であるが、真に教育の質の充実を図るためには、教員自身が教育者としての責任をこれまで以上に自覚し、自己の教授能力の向上のために不断の努力を重ね、学生の学習意欲を喚起するような授業を展開していくことが必要である……。そのような組織的な教育体制の構築の一環として、個々の教員の教育内容・授業方法の不断の改善のため、全学的あるいは学部・学科全体で、それぞれの大学の理念・目標や教育内容・方法についての組織的な研究・研修（ファカルティ・ディベロップメント）を実施することが重要になっている。一部大学でこうした取り組みが緒についたところであるが、大学全体としてはいまだ不十分な状況にある。このような取り組みを行うことは、教育研究の不断の向上を図るために大学が本来的にその責務として行うべきものであり、各大学の一層の取り組みを促すためにも大学設置基準において各大学はファカルティ・ディベロップメントの実施に努めるものとする旨の規定を設けることが必要である。」

しかしながら、我が国の大学におけるFD活動は地道な努力を続けている大学が多いとはいえ、FD活動それ自体の意味が正しく理解されているとは言いがたい。むしろ、しばしば「FD活動＝学生による授業評価の導入」と同一視され、教員に対する評価活動と誤解されがちである。大学審議会が指摘するように、FD活動とは、もともとは大学授業の多様化・多角化・高度化などに対応して、いかに大学の教員が学生のニーズに合わせた教育・授業改善を行い、その質的向上を図るかを目的とするものであった。FD活動は、狭義の意味では「教員の資質能力の向上」であり、具体的には教授法・教授技法の開発である。授業の目標や内容を含めたシラバスの作成、授業の展開方法、評価の方法、板書の取り方、声の出し方、資料の配布など授業に関する様々な事柄を含むものである。換言すれば、FD活動とは大学授業のあり方に苦悩し苦慮する個々の教員に対して、教育・授業改善に関する情報・アイディアを収集し、大学における教育・授業の改善と支援体制を組織的・制度的に構築することである。

我が国のFD活動の問題に詳しい筑波大学の清水一彦によれば、FD活動は、その多様性を特色とし、一般的には「教員の資質能力の向上と訳される場合が多い」が、「大学の管理運営から組織、研究・教育内容、教育方法など広範囲にわたって使用される」という。そして、今日のアメリカの大学におけるFD活動にはFD（Faculty Development）だけでなく、ID（Instructional Development）、OD（Organizational Development）、CD（Curriculum Development）という概念も存在し、授業開発、組織開発、カリキュラム開発などの意味も含まれている（清水、2000:1）。我が国のFD活動も、清水が指摘するように、将来的には、こうした広がりを期待できるかもしれない。

### (2) 全国のFD活動の傾向

文部科学省が2004年度に発表した「授業の質を高めるために具体的な取り組み状況」において指摘されている内容は、「セメスター制の採用」「少人数教育」「シラバスの作成」「TAの活用状況」「学生による授業評価」「単位の上限設定」「厳格な成績評価の実施」（GPAの導入）「FDの実施」などである。とりわ

け、全国の大学においてFD活動に取り組んでいる大学（＝ファカルティ・ディベロップメントの実施状況）は、平成13(2001)年度には409大学(約61％)、平成14(2002)

**表3-1　ファカルティ・ディベロップメントの実施状況**

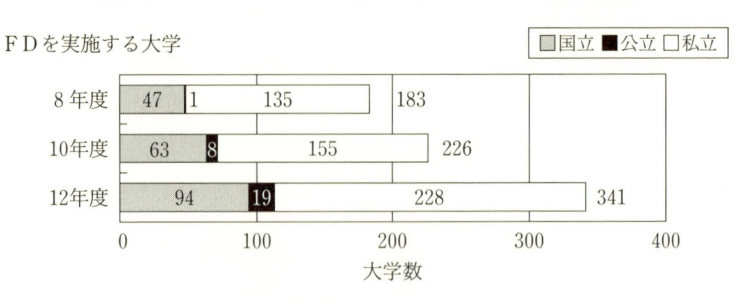

FDを実施する大学　　　　　　　　　　　　□国立　■公立　□私立

| 年度 | 国立 | 公立 | 私立 | 計 |
|---|---|---|---|---|
| 8年度 | 47 | 1 | 135 | 183 |
| 10年度 | 63 | 8 | 155 | 226 |
| 12年度 | 94 | 19 | 228 | 341 |

大学数

（文部科学省、2004：16）

**表3-2　ファカルティ・ディベロップメントの内容（大学数）**

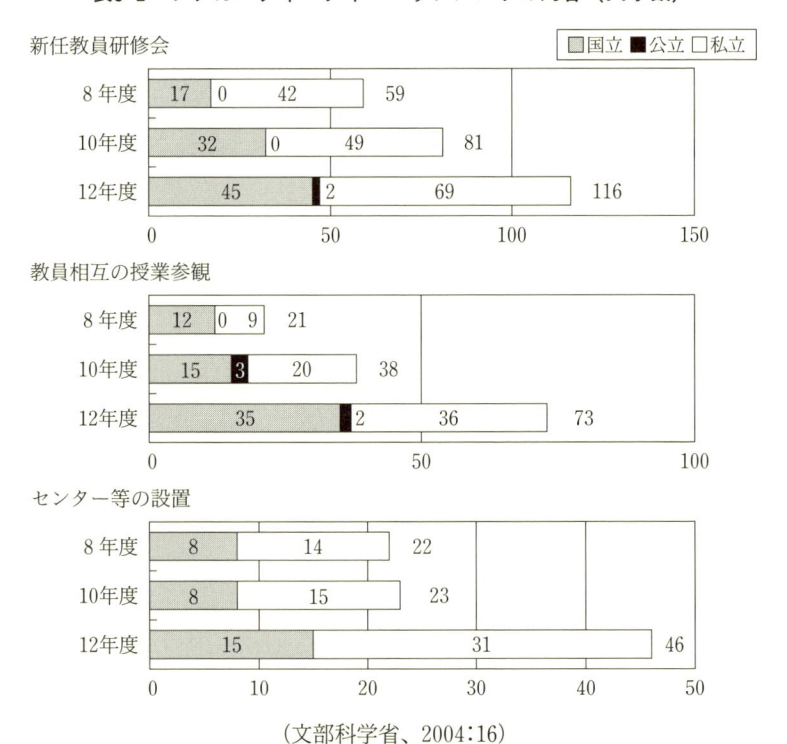

新任教員研修会　　　　　　　　　　　　□国立　■公立　□私立

| 年度 | 国立 | 公立 | 私立 | 計 |
|---|---|---|---|---|
| 8年度 | 17 | 0 | 42 | 59 |
| 10年度 | 32 | 0 | 49 | 81 |
| 12年度 | 45 | 2 | 69 | 116 |

教員相互の授業参観

| 年度 | 国立 | 公立 | 私立 | 計 |
|---|---|---|---|---|
| 8年度 | 12 | 0 | 9 | 21 |
| 10年度 | 15 | 3 | 20 | 38 |
| 12年度 | 35 | 2 | 36 | 73 |

センター等の設置

| 年度 | 国立 | 公立 | 私立 | 計 |
|---|---|---|---|---|
| 8年度 | 8 |  | 14 | 22 |
| 10年度 | 8 |  | 15 | 23 |
| 12年度 | 15 |  | 31 | 46 |

（文部科学省、2004：16）

年度には458大学（約67％）に達している。

　たとえば、《ファカルティ・デベロップメントの取組事例》として「東京電気大学」の事例が特別に紹介されている。同大学は、「教育の面」では、学生による授業評価を実施していること、FD活動を積極的に進めて教育効果を格段に向上させた教員を対象にして「教育賞」を設けていること、「研究の面」では、過去５年間の研究業績を対象にした５年ごとの大学院教員の資格審査が行われていることが紹介されている。また、「社会との連携の面」では、TLOに関連した「発明賞」が設けられている。「管理運営の面」では、教員、事務員のマネージメントへの参加が行われている、というものである。

## 2　FD活動の事例

### (1)　我が国のFD活動の実際的展開

　筑波大学の清水一彦によれば、我が国に初めてFDという言葉を持ち込んだのは、国際基督教大学の学長でもあった原一雄であったと言う。清水は、「原氏は、わが国のFDの生みの親でもあるし、また育ての親といってもよい」（清水、2000:2）と評価する。そして、我が国の大学において先駆的な役割を果たした大学として国際基督教大学と筑波大学の名前を挙げている。

　清水は、自らが所属する筑波大学におけるFD活動の取り組みを紹介している。筑波大学は、早くから教育開発室が創設され、入試、カリキュラム、教授法と評価などの問題を全学的に調査・研究し、大学の充実・発展をめざした。また、医学部などでは新任教員に対するセミナーやワークショップの開催、学生の授業評価なども実施されている。さらには、1990年頃から、教員採用や昇進人事の際に教員の教育・研究業績評価の試みが実施されたり、併せて教育に対する抱負や計画の提出も義務づけている。

　清水は、こうした筑波大学における先駆的なFD活動の事例を紹介し、これまでの各大学における実践例の反省などから、大学改革の重要なポイントは教員個人の自発性に任せた自己研修ではなく、「大学として組織的にどのように教員の資質向上のための開発プログラムを実践していくかが重要となって

くる」と指摘する（清水、2000:2-3）。そして、その好例が昭和59年に東海大学で創設された教育研究所であるという。いずれにせよ、清水が指摘するように、我が国の個別の大学におけるFD活動の実態は、先駆的な大学が牽引車となって、全国の大学に波及したと考えられる。そうした意味では、国際基督教大学、筑波大学、東海大学などの試みは高い評価が与えられるべきである。

次に、編者自身が全国の大学におけるTA制度の実態調査（2002〜2003年）を行った際に、同時に聞き取り調査をした各大学のFD活動の実態も紹介しておきたい。紙幅の関係で各大学の取り組みを紹介することはできないが、北海道大学、国際基督教大学、東海大学、龍谷大学、佛教大学、中京大学、京都大学、広島大学など、いくつかの大学において、その大学独自の注目すべきFD活動を展開している。本節では、その中でも極めて先駆的で組織的なFD活動を実施している北海道大学と東海大学の事例を紹介しておきたい。

(2) 北海道大学のFD活動

北大のFD活動の中心機関は、1995（平成7）年に設置された「北海道大学高等教育機能開発総合センター」である[1]。同センターが作成した『北海道大学FDマニュアル』（2000年）は、同センターの高等教育研究開発部が中心となって展開されたワークショップ方式のFD活動をマニュアル化したものである。

北大のFD活動の主なる内容は、第一には、新規採用のTAに対する「TA研修会」である。北大のTAの研修制度は、平成9年から開始されているが、我が国では前例のない一日を費やすTAの研修制度である。この北大のTA研修の内容については第4章で言及することとする。第二には、新任研修としての「新任教官研修会」である。第三には、ベテラン教員に対する研修としての「北海道大学教育ワークショップ」である。この教育ワークショップは、1泊2日で実施される研修であり、学内外から40名程度が参加する。ミニレクチャー、グループ作業、全体発表・討論を繰り返し、これらを通じて具体的プロダクトを創出するというものである。第四には、その他として「高等教育に関わる国際ワークショップ」「全学教育シンポジウム」も実施されている（北海道大学高等教育機能開発総合センター、2000:30-31）。

### (3) 東海大学のFD活動

東海大学は、我が国の大学の中では比較的早期に全学的なFD活動を展開してきた私学の代表的な存在である。以下、東海大学教育支援センターが中心となって実施しているFD活動の代表的な試みを紹介する[2]。

第一には、1993年から実施されている卒業単位124単位の厳格化である。すなわち、東海大学の学生は「卒業単位を124単位」とし、「124単位以上は履修してはならない」とされ、大学設置基準における1単位45時間の学習内容を守ることを教員・学生に対し義務づけている（安岡、2002:27）。言い換えれば、「単位の安売りをしない」ということである。

第二には、同じく1993年にシラバス制度を導入し、授業の概要を記したシラバス［1］と授業に出席する学生のみに配るシラバス［2］が作成されている。とくに、シラバス［2］には授業の詳細な内容、予習や復習の内容、成績評価の仕方などが詳細に記されている。

第三には、学生による授業評価である。この点が東海大学の最も注目を集めたFD活動ではなかろうか。東海大学の授業評価は、①授業改善のための情報を得ること、②教員に対する評価ではなく、先生方が良い授業を実施していることを証明する手段であると、位置づけられている。

第四には、セメスター制の実施である。

そして、第五には、組織的教育体制の構築である。1996年から、東海大学では大学評価委員会において検討を開始し、大学の授業目標を明確化し、問題発見解決型の人材の育成を実施している。この問題発見解決型人材の育成をするための手段としては、単位制の充実が図られると同時に、学生の学習意欲や自己学習能力を育成することを授業の目標としている。また、教育に対する組織の責任体制の構築もめざされている。たとえば、授業の内容がシラバスと相違しないか、成績のつけ方は公正かつ適切か、職員との連携は適切かなどが検討対象となっている。

東海大学におけるFD活動の特徴は、たんなる教員の能力開発ではなく、その目的が「大学教育を改善すること」に重点化され、「学生を良くすることが大学を良くすることである」という組織的な試みが貫徹されている点であろ

う。FD活動の本来の意味を考える時、東海大学の試みは注目に値するものであろう。また、TA制度に関しても1997年から各学部・研究科で2時間から半日程度のTA研修会が実施されている（北野、2004:37）。

## 3　FD活動の実践的事例

### (1) FD委員会の発足

　編者の所属する学部のFD活動は、平成12年度にFD委員会として正式に発足し、FD講演会、TA制度の改善、シラバスの改善、文部省科学研究費受給の対策講習会、遠隔授業のアンケート調査などを実施した。本学部のFD活動は、他大学の先進的な活動と比較しても、ようやく産声をあげた赤子のような状態である。しかしながら、独自の活動を展開してきたという意味では、注目に値する活動内容であると考えられる。

　我が国のFD活動に対する理解は、多くの教職員の間にも広く普及してきたといえるが、未だFD活動が「大学の教育活動だけを対象にしたもの」という誤解も存在する。FD活動は、大学の教職員における専門的な能力開発という側面を担っているものであり、決して「教育・授業の改善」だけに重点化されるものではない。当然のことながら、教員の「研究環境の改善」もまた重要な委員会活動の対象となる。「大学教員が教育において創造の主体になるためには、研究における創造の主体であることが前提である」（大学セミナー・ハウス、2000:17）と断言されているように、優れた研究者であることが優れた教育者の前提条件なのである。

　しかも、FD活動は教員個人の能力開発を中心としながらも、大学全体が組織的に取り組むべき課題でもある。なぜならば、教員個人が優れていることも重要ではあるが、大学全体のカリキュラム構成が優れていること、教室環境が整えられ、教育機器などが十分に整備されていることも重要だからである。本学部のFD活動の特色は、FD活動のあり方を大学の教育・授業改善の問題と深く関連づけるために、大学教育の改善と支援体制をどのように構築するべきかを検討することであった。以下は、平成13年のFD委員会の発足以

来、本学部のFD活動が取り組んできた事業内容の簡単な紹介である。

## (2) TA・SA制度の充実

　第一には、TA・SA制度の充実と改善である。平成13年度から、「TA資格の拡大」「野外実習」におけるTA・SA制度の導入を決定した。「野外実習」におけるTA・SAの導入は、野外実習系の科目の充実を促進するものである。また、SAを実技や技術系の科目に導入し、その改善を図ることも行った。また、昨年と同様に「TA講習会」を実施したが、本年度は、新規採用のTAに対する「全体ガイダンス」を実施したのち、「講義科目、演習科目、実験・実習科目」の3タイプに区分し、それぞれTAの経験者による体験談も交えながら、個別のガイダンスも実施した。

## (3) 新任教員ガイダンスの実施

　第二には、新任教員に対するガイダンスの実施である。このガイダンスは、平成15年度から、学部の新任教員に対する「研究・教育支援ガイダンス」として実施されたものである。このガイダンスの趣旨は、新任教員として着任した教員（助手以上）に対して、学部の研究や教育に関するシステムを説明し、日頃の疑問に答えようというものである。講師は、学務委員長と教務課長が担当し、研究費、サバティカル、海外出張費などの使い方、ならびに教務関係を中心とした事務的な問題に関する話題を提供した。

　具体的な内容としては、「教育・研究支援体制」と題して、海外学術交流基金による海外学術交流、海外研修（長期、中期・短期など）、海外での学会発表、ならびにサバティカル制度や国内の学会出張などの種類や手続きに関するものである。「教務関係の支援体制」と題して、大学の年間の行事日程、休講の措置の仕方、学生の授業出席、資料等の印刷、試験の実施方法と評価の仕方、図書館の利用方法などに関する説明などもなされた。最後に、参加者が自由に質問や意見を出した。

(4)「FD活動・授業改善活動の補助金」による活動

　FD活動・授業改善活動を支援する目的で、平成15年1月16日に「FD活動・授業改善活動などに関する申し合わせ」が教授会決定された。この補助金は、FD活動や授業の改善活動などに取り組む際に必要となる諸経費を学部が負担し、その活動を支援することを目的としたものである。補助金の募集は、平成15年度から毎年2月に行われ、補助金は1件あたり30万円以内とし、補助金を得た申請代表者は当該年度の3月末日までに、具体的な成果の内容を報告する義務を負うものである。実は、この事業のアイディアとなったものは、京都の龍谷大学における「FD・教材等研究開発」の取り組みであるが、さらに本学部独自の工夫も加え、積極的な活動を展開している[3]。その独自の試みとは、次の②の成果報告会の開催である。

① 「FD活動・授業改善活動に関する申し合わせ」に従い、補助金の成果をレポート形式で『FD活動報告書』に掲載する。補助金による成果は、当該年度の2月末日までA4版（40字×40行）を3〜5枚程度（ワード文書）でFD委員会に提出してもらう。未提出の場合には、補助金の返還を求める。
② 成果の提出前の2月初旬に「FD活動・授業改善活動の成果報告会」を企画し、成果報告（途中経過でも可）は、各自の成果を15分程度の発表形式で報告する。ただし、成果発表会における発表は、あくまで任意であり、義務とはなっていない。

　この報告会は、平成15年度の補助金を申請・受領した15件のうちの11件の研究代表者による報告会であり、補助金を受領した目的、意図、課題、方法、成果などを報告するものである。これらの研究成果の報告は『平成15年度FD委員会活動報告書』（日本大学文理学部FD委員会）に掲載されているので、是非、一読願いたい。

(5) FDカフェの開催

　最後に、「FDカフェ」の開催（年2回）である。FD委員会では、国際基督教大学などの先駆的な事例なども参照しながら、FDカフェを企画した。FDカ

フェとは、大学教育・授業の改善を目的として、研究活動や教材開発に優れた成果を上げている先生方の報告を、お茶を飲みながら気軽に聞き、意見交換を行う会である。平成15年度は7月と12月の2回開催した。初めての試みであったにもかかわらず、30名程度の参加があり、学生の教育指導に関して活発な意見が交わされた。

大学の教育・研究改善の責務を果たすべきは教職員個々人であり、様々なFD活動は、その補完的な役割を担うものにすぎない。どのように組織や制度を改善しようとも、教職員の意識が改善されなければ、大学の教育・研究改善も進歩しないであろう。FD委員会の役割は、こうした教員や学生・院生にとって望ましい教育・研究環境の改善を行うことであり、その支援体制の構築こそを本来の役割にしたいと考える。

## 4　教育改善の試みと「人的資源」の活用

### (1) 授業評価制度の実施状況

ところで、FD委員会の活動内容として一般的に見られる傾向が「授業評価制度」の導入である。しかし、授業評価制度の有効な活用方法とはどのようなものであろうか。先に挙げた文部科学省の「授業の質を高めるための具体的な取組」として挙げられているものの中に、「学生による授業評価」がある

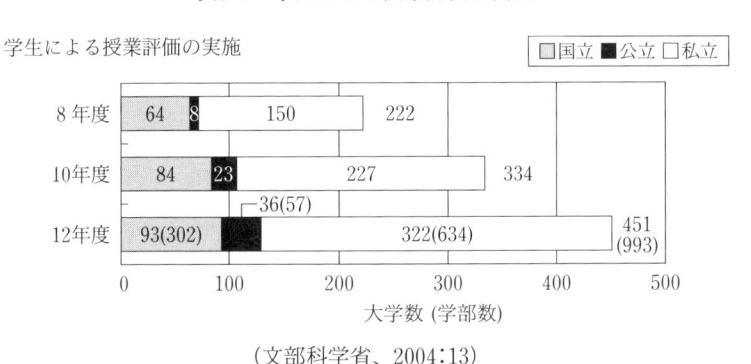

**表3-3　学生による授業評価の実施**

学生による授業評価の実施　　□国立 ■公立 □私立

| 年度 | 国立 | 公立 | 私立 | 計 |
|---|---|---|---|---|
| 8年度 | 64 | 8 | 150 | 222 |
| 10年度 | 84 | 23 | 227 | 334 |
| 12年度 | 93(302) | 36(57) | 322(634) | 451(993) |

大学数 (学部数)

(文部科学省、2004:13)

（文部科学省、2004:3）。2002年度現在で、全国の国公私立大学451大学（約84%）が学生による授業評価を実施している〈表3-3〉。

とりわけ、日本の大学において急速に普及した学生による授業評価は、約7割にも達している。たとえば、文科省は授業評価の取り組み例として、聖徳大学が平成7年度から「学生による授業アンケート」を全学的に実施していることを紹介している。同大学は、平成9年度より前・後期の年2回、授業開始日の早目の時期に実施し、授業にフィードバックしている。また、授業アンケート結果の考察として冊子も刊行している。

しかしながら、こうした授業評価の効果に対する検証は十分になされているのであろうか。授業評価を実施するための多大な労力と時間に見合うだけの効果はあるのだろうか。授業評価を実施する多くの大学は、その集計を外部の専門業者に委託していると思うが、その集計された結果は、どのように活用されているのだろうか。私自身は、授業評価それ自体に反対しているわけではない。授業評価を実施し、効果を上げるための諸条件の整備、授業評価の結果の公開、その有効な活用が行われていれば賛成である。しかし、教室内の教育機器すらもなく、学生数も200名を超えている場合や、授業評価の結果が非公開である場合、それから毎年、同じ評価が実施されるだけで、何らの対策も取られない場合など、その実施方法や活用システムが不十分な現状では、期待されるような成果は得られないのではなかろうか。そこで、本書では、学生による授業評価に代わって、大学における「人的資源」の活用を提言したいと思う。

(2) 授業改善の試み

これまで述べてきた各大学のFD活動の取り組みの具体的な事例からも理解できるように、我が国の大学教育は、ようやく近年になって「教育軽視」から「教育重視」への転換が図られ、大学の教育改善を目的とした諸改革が断行されるようになってきた。我が国の大学教育の改善を目的とした諸改革の特徴や傾向は、①学生のニーズに合わせたカリキュラムの改訂と再構築、②授業で用いる教材・テキストの開発、③様々な教育機器による教授方法や技

法の改善、④少人数クラスの導入による授業形態の改善、⑤討論や発表形式を導入した授業過程の改善、⑥シラバスの緻密化による授業計画の改善、⑦授業評価、授業アンケートなどによる授業評価システムの導入、⑧公開授業の開催、⑨教室の環境改善などが挙げられる。

　こうした大学の授業改善を目的とした諸改革は、多様な試みがなされ、一定の成果が見られるものの、最も根源的で大切な問題は「誰のための授業改善か、何のための授業改善か」という問いかけに答えることではなかろうか。確かに、上記の様々な試みは「少しでもよい授業を行いたい」という発想から生まれたものではあるが、いかにカリキュラムやシラバスを整備し、教室環境を整え、最新の教育機器を導入しようとも、あるいは学生による授業評価を導入して、教員の授業を点数化しようとも、結果としては、必ずしも学生が満足する「よい授業」が行われるわけではない。

　我が国の学校教育現場は、小・中学校であろうと大学であろうと、その教室内の諸制度には、法的な規則や規制－「物理的な規則」（黒板、机、椅子など）、「時間的な規則」（始業と終業時刻や時間割など）として一定条件を満たすべきもの－が定められている。また、カリキュラムやシラバス、そして最近では学生による授業評価も多くの大学で導入され、教室環境や学生が学ぶ条件整備はどこの大学でも、あまり大差ない。

　やはり、授業改善の問題として重要な事柄は「教授－学習過程」の改善であろう。この点でも、様々な教育機器による教授方法や技法、少人数クラスの導入による授業形態、討論や発表形式を導入した授業過程などを改善する試みが多くの大学で実施されている。しかし、「一人の教員」が「多くの学生」を指導するという伝統的な教授スタイルであろうと、「プログラム学習」や「問題解決（発見）学習」であろうと、教師と生徒の「教授－学習過程」とは教師と生徒が織りなす１回限りの再生不可能な教育的営みである。教室内の出来事は、いつでも予測不可能な出来事の連続であり、矛盾や不合理なことが多発する。思いもかけない意見や提案があったりもする。しかし、それが人を教育するということであり、多くの学生が集まる教室空間の正常な姿であろう。教育とは、物理的・環境的な改善も必要だが、それだけで決して十分な

成果が得られるわけではない。

### (3) 我が国の教室文化

　我が国の学校教育は法的規則や規制以外にも、教室内を規定する特有の「隠れた学校文化」(=「潜在的カリキュラム」)も存在する。たとえば、偏差値で「輪切り」にされた学生集団。本当は、もっと偏差値の高い大学への進学希望であったが、浪人を避けて入学した学生。大学に進学した理由は特になく、「周りのみんなが行くから……」という入学動機しか持たない学生。とにかく、数学や理科が嫌いだから「文系」に入学した学生。とりあえず、就職に有利だから「経済学部や法学部」を選択した学生。大学入学の消極的な理由ばかりを指摘したが、今の日本の大学生の率直な進学動機ではあるまいか。すなわち、日本の学校教育において教室内の環境や雰囲気を決定づける最大の要因は、物理的な問題でも時間的な問題でもなく、教室に様々な期待と不安を抱いて集まってくる異なる学生集団の存在ではあるまいか。こうした様々な状況や問題を抱える学生によって成り立つ空間が教室であり、「葛藤と妥協」「喜びと苦悩」「成功と挫折」が混在した「ディレンマ」の場である(佐藤、1995:16)。しかし、大学の授業は学生個人の具体的な生活経験とは無縁な体系化された知識を学ぶ場である。ディレンマは、いわば教室(学校)の内側と外側の境界領域、ないしは両者の狭間で生じることになる。伝統的な教師であればあるほど、学問とは「高度に抽象化された知識の体系」と考え、教室内の活動は全て学習活動に集約されるべきものと考えてはいないだろうか。

　大学の教室空間を構成する人間関係は、「教員-学生」の関係である。この関係性は、「教える者-教えられる者」「管理する者-管理される者」という具合に区分される。こうした関係性を規定する教室内の制度やシステムは、教員による学習の強制・命令、学生に対する日常生活や人生における教訓や訓話などであり、教員による管理や監視に基づく教育関係は、教員の人格や専門的知識に基づいて教育する方法とは言えない。我が国特有の教室文化は、「皆と同じことを皆でする」(=同質性)ということであり、抜け駆けや造反は許されない。ひたすら教員の講義をノートし、試験で再生することが「良き

学生、優れた学生」である。学生が教員の授業内容を批判することも許されない。我が国の教室文化の本質は「受容」と「従属」を構築することであり、学習者の逸脱を許さない。そろそろ「教員－学生」の関係性も「強制」と「受容」の関係から、「調整」と「参加」の関係へと再構築すべきではなかろうか。

### (4)　「人的資源」への注目

さて、授業改善の視点を「学生の側に立った授業」、「教員－学生」による「調整」と「参加」に基づく授業を構築することに絞った際に、私たちは、星の数ほどもある多くの授業改善の試みの中から、どんな要因・要素に注目したらよいのであろうか。授業を支える要因を挙げてみると、そこには「教育目標」、「人的資源」「物的資源」の3つの側面が存在する(大学セミナーハウス、2000：43)。この3つの事柄をいまさら説明する必要もないが、「教育目標」とは、大学が掲げる理念や建学の精神であり、それを具現化するカリキュラムや授業科目の目標である。「物的資源」とは、設備や施設などのハードウエアに相当する。「人的資源」とは、「授業という活動プログラムの性格を決めるソフトウエア」に該当するもので、学生の学習意欲や価値観（知識・適性・興味・関心など）の特性、教員の教え方の優劣、学習成果を公正に評価する技術、助手やティーチング・アシスタント制度などが挙げられる（大学セミナーハウス、2000：43)。次章では、このTA制度の意味や実態について検討したいと考える。

[注]

1　北海道大学の「北海道大学高等教育機能開発総合センター」は、1995（平成7）年に創設され、全学教育部、入学者選抜企画研究部、高等教育開発研究部、生涯学習計画研究部によって組織されている。同センターのFD活動の中心は、「高等教育のあり方に関する研究」を担当する高等教育開発研究部が担い、活発な活動が展開されている（北海道大学、2002：10-13）。なお、同センターの小笠原昌明先生には様々なFD活動に対するアイディアやご助言を頂いた。

2　東海大学の教育研究所は、1993（平成5）年から全学で組織的な授業評価制度を導入し、教員の授業改善に大きな成果を上げている。その授業評価の結果は、

広く公開され、個々の教員の授業改善に役立ち、学生からも授業に関する高い評価を得ている。この他に、FDの組織的研修や大学院教員の3年ごとの再審査なども実施され、活発なFD活動が展開されている。なお、同研究所所長・教育支援センターの安岡高志先生には様々なFD活動に対するアイディアやご助言を頂いた。

3 龍谷大学では、2002（平成14）年4月に設置された「大学教育開発センター」が中心となって活発なFD活動が展開されている。とりわけ、FD活動の中心機能を担う機関として設置された同センターにおける「教育活動支援機能」の中心的事業が「教材開発への支援」である（龍谷大学大学教育開発センター、2002:4）。そして、その成果は、毎年『FD・教材等研究開発報告書』として刊行されている。龍谷大学の初代センター長であった田中昌人先生には様々なFD活動に対するアイディアやご助言を頂いた。

# 第4章　我が国のTA制度の現状と課題

[本章のねらい]　前章でも述べたように、大学には教職員、院生、学生など豊富な人的資源がある。この「人的資源」の活用や人的交流の活発化こそが大学教育の改善につながる重要なキーワードではなかろうか。また、我が国の大学教育のあり方は、依然として「一人の教員」が「多くの学生」を指導するという伝統的な教授スタイルを保持したままである。この点、複数教員制やアシスタント制の採用は、我が国の大学教育における伝統的な教授スタイルを根底から変革する可能性を秘めている。

とりわけ、もともとはアメリカで開始されたと言われている「教育助手」(Teaching Assistant)制度(以下、「TA」と呼ぶ)は、大学の授業を効果的に改善するきわめて有効なシステムの一つと考えられる。本章は、我が国のTA制度の実態を解明し、TA制度の現状や問題点を把握したいと考える。なお、本章における大学名は紙幅の関係で略称を用いることとする。

## 1　大学教育の改善とTA制度

### (1)　TA制度の意義

我が国の場合、TAという名称を使ってTA制度を導入した最初の大学は、昭和43年のICUが最初である。ICUの場合は、「非常勤助手」(Part-time Teaching Assistant)という名称で大学院博士課程の在籍者が採用されている。また、東海大でのインタビュー調査でも、昭和44年に「教育補助学生制度」という名称で、事実上のTA制度が創設されていることが判明した。龍谷大は、平成元年に瀬田学舎開設による理工学部設置の際に、実験・実習科目にTAを導入して

いる。また、広島工大も同年に「非常勤教育補助員」という名称で、TA制度を導入している。国立大学では、筑波大が昭和62年に「教育補助者（TA）」を設け、「英語の授業の活性化を図り、学生により高度の語学的訓練を施す」ことを目的として、一般教育の英語に限定して「試行的TA」が導入されている（筑波大学教育計画室、1990:1）。その際のTAは、英語学、もしくは英語教育学専攻の大学院生であった。

　他大学でも類似の事例が存在する可能性はあるが、現時点では未確認である。いずれにせよ、これらの大学が我が国では比較的早期にTA制度を導入した大学と言えよう。TA制度の導入による大学の授業改善の試みは、最近になって我が国の大学でも多くの事例が存在するが、このTA制度の研究やTAの導入による授業改善の効果と問題点を解明した本格的な研究は皆無に等しい[1]。

　京都大学教育学研究科に属する子安や藤田らは、1996年に実施したTA制度に関する調査において、TA制度の運用と大学の教授システムの改善の密接な関係を指摘している。「この制度がティーチング・アシスタントという名称を用いる以上は、大学の教授システムの改善の中にそれを位置づけることが不可欠である。それ故、TA制度は大学の自己点検・評価の項目の一つにもなりうるのである。すなわち、TA制度がどのような教育効果をあげているかということが真先に問われねばならないのである」（子安・藤田、1996:79）。

　ところで、苅谷によれば、TAとは一般的に「授業、学生からの質問への応答、成績評価、実験・実習の指導、試験の実施・監督などの形で大学院生が学部レベルの教育を手助けするパートタイム・ジョブの総称、ないしはその担い手をさす」（苅谷、2000:9-10）と定義づけられている。アメリカの大学に起源を持つ「教育助手」（Teaching Assistant）制度の意義は、以下の4つのことが指摘される。

　第一には、大学教員の指導・管理のもと、大学の授業改善に何らかの形で貢献すること、第二には、TA自身も大学の授業に参加し、教授能力を磨きながら、将来の大学教員になるための訓練や準備の機会を提供するという、いわば大学教員の「教員」養成システムの一環であること、第三には、大学院生に対する財政援助的な側面を担っていること（報酬は賃金ではなく、むしろ授業

料の免除や奨学金として支給される)、第四には、大学の財政面からすればTA制度はコスト削減に貢献していること、である(苅谷、2000)。アメリカの大学においてTA制度が設立・普及した理由はいくつか考えられるが、この点については、第8章で改めて検討する。本章では、我が国の大学におけるTA制度の導入による授業改善の効果や問題点を解明することとする。

(2) 我が国におけるTA制度の開始

　我が国のTA制度は、大学・大学院における制度改革、ないしは教育内容や方法の改革といった文脈から提起されたものである。たとえば、昭和63年の臨時教育審議会の第二次答申では、大学改革の一環として教育内容の改善や教育方法の多様化・多角化が求められ、大学における対話・討論方式の導入、実験・実習などの多様化、ニュー・メディアの活用を促進させる条件整備などが提言されている。そして、こうした教育内容や方法の改善を目的として、初めてチューター制やティーチング・アシスタント制を導入することが指摘されたが、とりわけ、大学院生によるTAは「研修的雇用の場を与え、大学院生活の活性化を図ることが重要である」(臨教審、1988:111)と述べられた。2000年に発足した教育改革国民会議においても、大学教育における少人数教育の実施とTA制度の充実が指摘されている。教育改革国民会議報告書では「大学にふさわしい学習を促すシステムを導入する」と提言され、具体的な提言として、「自ら調べ考えるよう、きめ細やかな授業を行うために少人数教育を推進する。大学院生等を学部学生の学習指導などの教育補助業務に従事させるTA(ティーチング・アシスタント)制度をさらに充実する。あわせて大学教員の教育力の向上を図る」(教育改革国民会議、2000:9)と述べられている。

　一方、平成3年の大学審議会答申『大学院の整備充実について』においては、TA制度の確立による大学院生に対する経済的措置の意味が説かれている(大学審議会、1991:10)。

　　大学院学生をいわゆるティーチング・アシスタント等として大学の教
　　育研究の補助業務に従事させることについては、学部教育におけるきめ

細かい指導の実現等の効用が認められるほか、ティーチング・アシスタント等に対して大学が経済的措置を講ずることは、大学院学生の処遇の改善にも寄与するものと考えられるため、その導入に係る具体的な支援措置について検討する必要がある。このような支援措置によって、ティーチング・アシスタント等の導入の促進が図られ、教育研究機能等充実に資するとともに、大学院学生が安定して勉学に専念できるようにするための処遇の改善にも寄与することが期待される。

(3) **TA制度の普及状況**

こうした提言を受けて、平成4年度から文部省は国立大学の博士課程を設置している大学院に対して、「高度化推進特別経費」の予算措置を実施し、その一部としてTA経費を計上している。また、私立大学の場合も、平成4年度からTAに対する予算措置がなされ、この制度は、やがて国公立・私立を問わず拡大されることになる。〈表4-1〉にも示されているように、平成9年度は4万1,199名、平成11年度は5万2,262名のTAが文部科学省の補助の対象となっている。また、前章でも挙げた文部科学省の2004年度に発表された『授業の質を高めるために具体的な取組状況』の中でも「TAの活用状況」が報告されている。

文部省は、こうしたTA制度の普及を促進する特別予算の配分を各大学に行いながら、同じくTA制度の実施細目も規定し、各大学に通達している〈資料-1〉。文部省通達『ティーチング・アシスタント実施要領』(文部省通達、1995)を以下に引用しておくが、各大学(とりわけ、国公立大学)は、この「実施要領」に従ってTAに関する内規や実施要領を定めているケースが多い。

　　ティーチング・アシスタントに教育補助業務を行わせるに当たっては、本制度の運用についての大学全体としての明確な共通認識を形成しつつ、適宜、実施細目を策定するとともに、①事前における当該業務に関する適切なオリエンテーションのほか、②担当教官による継続的かつ適切な指導助言、③ティーチング・アシスタント従事者等からの意見聴取の仕

**表4-1 ティーチング・アシスタント（TA）の活用状況**

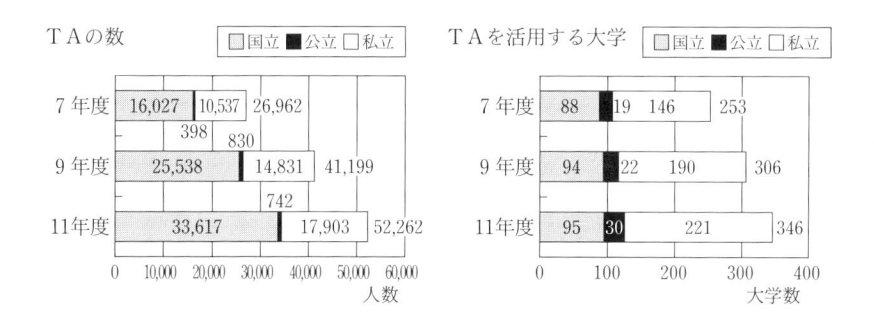

TAの数　　□国立　■公立　□私立

| 年度 | 国立 | 公立 | 私立 | 計 |
|---|---|---|---|---|
| 7年度 | 16,027 | 398 | 10,537 | 26,962 |
| 9年度 | 25,538 | 830 | 14,831 | 41,199 |
| 11年度 | 33,617 | 742 | 17,903 | 52,262 |

TAを活用する大学　□国立　■公立　□私立

| 年度 | 国立 | 公立 | 私立 | 計 |
|---|---|---|---|---|
| 7年度 | 88 | 19 | 146 | 253 |
| 9年度 | 94 | 22 | 190 | 306 |
| 11年度 | 95 | 30 | 221 | 346 |

TAの職務内容（平成11年度）　□国立　■公立　□私立

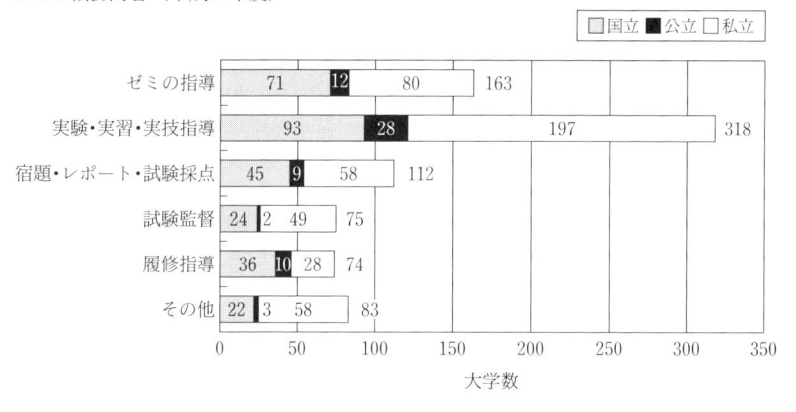

| 職務内容 | 国立 | 公立 | 私立 | 計 |
|---|---|---|---|---|
| ゼミの指導 | 71 | 12 | 80 | 163 |
| 実験・実習・実技指導 | 93 | 28 | 197 | 318 |
| 宿題・レポート・試験採点 | 45 | 9 | 58 | 112 |
| 試験監督 | 24 | 2 | 49 | 75 |
| 履修指導 | 36 | 10 | 28 | 74 |
| その他 | 22 | 3 | 58 | 83 |

（文科省、2004：2-3）

組みの確保、④教育的効果を高めるための工夫等を行い、指導教官による恣意的な雇用や単なる雑務処理に終始することなく、本制度の目的に照らした円滑な運用がなされるように、留意すること。

そして、大学審議会が平成12年に文部科学省に提出した『グローバル化時代に求められる高等教育の在り方について（答申）』における「教員の教育能力や実践的能力の重視」では、社会の多様な要請に応え、質の高い教育を提供するためには大学教員の教育能力や実践的能力を重視する必要性があることも認めている。TA制度に関しては、「将来の大学教員としての指導力を育成す

る観点から、大学院生がティーチング・アシスタントとして授業の補助を行う機会などを活用する」(高等教育局、2001：44)と述べられているだけでなく、大学教員の資質向上を目的としたFD活動の一環として、大学の授業内容や方法の改善に対する組織的な取り組みとしても期待されている。

## 2　TA制度に関する「インタビュー調査」の概要

### (1)「インタビュー調査」の概要

　本節以降では、我が国のTA制度の実態解明を目的として、全国の4年制大学（24大学：20大学4学部）に対して実施したインタビュー調査の結果を報告する。インタビュー調査の対象となった大学は、TA制度を導入している全国の4年制大学であり、北は北海道から南は九州まで、各地区から国・公立大学と私立大学のバランスに配慮しながら、3～4大学ずつを選択した[2]。インタビューも、全て編者が担当した。1回のインタビュー時間は、おおむね2時間程度である。インタビューに応じて頂いた方は、各大学において実際にTAを授業で使っている教員、ないしはTA制度を管理している事務職員である。両者から回答を得られた大学もあった。

1）調査期間：平成14年10月～平成16年6月
2）調査対象の大学：
(北海道地区) 北海道大学・小樽商科大学・北海道教育大学
(東北地区) 東北大学教育学部・東北学院大学・日本大学工学部（郡山）
(関東地区) 東海大学・ICU・日本大学文理学部・筑波大学
(東海・北陸地区) 名古屋工業大学・中京大学・富山大学
(京都地区) 京都大学・同志社大学・龍谷大学
(広島・大阪) 広島大学教育学部・広島工業大学・大阪市立大学
(九州地区) 九州大学・福岡大学・九州産業大学・九州工業大学・大分大学（FAX回答）

（合計24大学：20大学4学部）

**(2) インタビューの質問項目（質問項目は、各大学で共通に実施）**

①正式の規程（内規）はあるか

②TAの発足年

③TA設置の理由

④TAを管理している委員会、ないしは責任機関

⑤TAの資格

⑥本年度のTAの人数（学部ごと、学科ごと、専攻ごと）

⑦TAの任用手順と方法

⑧TAの勤務時間と給与システム

⑨TAの業務内容

⑩TAの禁止された業務内容

⑪TAの授業、就職、研究活動への妨げにならないような配慮はあるか

⑫TAの過重労働、セクハラ防止策はあるか。その他、何かトラブルの事例はあるか

⑬TAの資質向上プログラム（講習会）のようなものはあるか

⑭授業改善の効果や結果を計る方法はあるか

⑮TA制度の問題点や改善点は何か

⑯他の授業改善の試み


　なお、各大学に対するインタビュー調査はテープで録音したが、その記録は、各大学から提供された資料とともに、東海大とICUに関しては北野秋男2004『日米のTA制度の実態に関する比較研究』、それ以外は北野秋男2003『大学教育におけるTA制度の実態に関する総合的研究』に収録されている。ただし、九州大と筑波大は、これらの記録を収録したあとの2004年2月以降に実施されたので上記の刊行物には掲載されていない。また、これらの大学の半数程度を取り上げて、〈資料-2〉において、「各大学のTA制度の比較一覧表」を作成した（ただし、大学名は掲載しないこととした）。併せて参考にして頂きたい。本章後半は、このインタビュー調査の記録と資料を分析しながら、我が国の4年制大学におけるTA制度の実態と課題を解明するものである。

## 3　TA制度の目的

**(1) TA制度に関する「内規」の有無**

　各大学におけるTA制度に関する規定は、国・公立大学の場合には、おおむね平成4年の文部省が制定した『TA実施要領』に基づいて「TA実施規程」(京大)、「TA実施要領」(北大、広島大)、「TA実施要項」(小樽商大、東北大、名古屋工業大、九州工業大、大分大)、「TA取扱要項」(北海道教育大、富山大、大阪市立大) などの名称で、全ての大学において制定されている。京大の「TA実施規程」は、巻末の〈**資料-3**〉に全文が掲載されている。国・公立大学におけるTA制度に関する規定は、平成4年以降が一般的である[3]。

　また、こうした規定以外にも、「非常勤講師及びTAのあり方について」「北海道大学全学教育科目TAの選考等に関する暫定要項」(北大)、「TA実施に関する申し合わせ」(小樽商大)、「大学院教育学研究科TA実施要項に関する了解事項」・「TA任免等の取扱について」(東北大)、「TA実施要領」(富山大、九州工業大)、「TAの任免及び給与等の取扱にについて」(広島大)、「大学院工学研究科TA選考等に関する取扱要領」(九州工業大) などを別途制定し、TA制度の運用を規定している大学も多い。

　文部省は、平成4年に「TA実施要領」によって、TA制度の「目的」「職務内容」「身分」「任用等」「給与」「実施細目等」に関する規定を定め、これを各大学にも通知している。国・公立大学のTA制度の内規は、この文部省からの通知を参考として、TA制度に関する規定を新規に制定するか、ないしは改訂を行っている。

　一方、私立大学の場合も「(TAに関する)内規」(同志社大、日大工、日大文理)、「TAに関する規程」(東北学院大、ICU、福岡大、九産大) といった名称を用いる大学が多い。TAという名称は使っていないものの事実上のTA制度を規定したものとしては、「授業補助者に関する取扱要領」(中京大)、「本学大学院生を非常勤教育補助員として採用する場合の取扱い」(広島工業大) などが存在する。また、「内規」や「規程」以外にも「申し合わせ」(福岡大)、「内規に関する取扱」(日大工)、「業務及び指導・管理基準」(日大文理) を別途制定し、TA制度の運用

を規定している大学も存在する（日大文理は〈資料-4・5〉参照）。しかしながら、TA制度の弾力的運用に配慮している龍谷大のように、「申し合わせ」はあるものの正式な規定を設けていない大学も見られる。

(2) TA制度の目的と配置

　国・公立大学のTA制度の「目的」は、平成4年の文部省通達『TA実施要領』に従って、優秀な大学院生を対象として、「教育的配慮のもとに教育補助業務を行わせ、学部教育におけるきめ細かい指導の実現」「将来教員・研究者になるためのトレーニングの機会の提供」「手当支給により、大学院学生の処遇の改善の一助とする」ことが挙げられている。TAの配置は、各大学の事情により、「学部教育」に限定されるか、「修士課程」にまで拡大されている。TAが配置される科目の範囲は、文部省の規定に従って、一般的には「実験・実習・演習等」に限定された「教育補助業務」となっている。TAを配置する科目が限定されている理由は、文部省のTA補助金が「実験・実習・演習等」に限定されたためである。結果的には、理系の実験・実習・演習科目にTAが多く採用されることになる。

　しかしながら、北大の場合には、平成7年から開始された一般教育科目の「演習」（150コマ、1コマの学生数20名以下）、及び平成11年から開始された「大規模授業」（500名規模の授業に3名のTA）などの「全学教育科目」にもTAが配置されている。北大の場合は、補助金の対象とならないTA経費を、文科省からのTA経費の一部、ならびに学内の大学院各専攻科、学内共通経費などで補っている。京大のTAも、理系が圧倒的に多いものの、文学、教育学、法学、経済学などの各研究科からも広く採用され、各学部でTAが雇用されている。また、専門学科以外の実用英語、一般教養科目のPC関係の授業、理系の教養科目にもTAが配置されている。こうした幅広い科目に対するTAの採用は、他の国・公立大学でも一般的に見られるが、文系の授業でもTAの採用は、あくまでも実験・実習・演習科目に限られ、「講義科目」には採用されていない。

　一方、私立大学の場合は、国・公立大学と比べるとTAを配置できる科目の範囲が広い。日大文理の場合は、理系・文系に限らず、教員（専任・非常勤）か

らの申請があった科目の中から必要と認められた科目にTAが配置される。たとえば、文系の演習・講義科目、100名以上の大規模授業（10コマ以内）、3泊4日を限度として史学や地理の野外実習などにも認められている。同志社大の場合は、全体で722名(実人数)のTAのうち工学研究科で330名採用されているものの、残りの400名近いTAは、いわゆる文系から採用されている。ただし、大学院を持たない学部の語学、一般教養、保健体育などではTAは採用されていない。

ICUの場合は、「演習・実験・実技」などの補助以外に「社会科学研究所」や「教育研究所」などの7つの研究所とFD委員会にもTAが配置され、研究所の研究補助やFD関係の日常業務を担当している。中京大の場合は、学部・教養部の授業科目においても、当該科目の授業時間中に補助者を従事させることが「有益」であり、かつ「より教育効果が得られる場合」にTAを配置することを認めている。実験・実習・演習科目では「履修者が40名以上」などという規定も設けられている。

## 4 TAの業務内容

### (1) TAの業務内容

TAの業務内容は、国・公立大学の場合は、文部省の規定に従って「実験・実習・演習等」に限定された「教育補助業務」となっている。この教育補助業務は、理系だけでなく文系各学部の専門科目にも適用されるが、一般教育科目には適用されないケースがほとんどである。TAの業務時間は、授業時間中だけに限定されている大学と授業開始前（準備や打ち合わせ）と終了後（後片づけや質問の受付）の業務も認められている大学が存在する。北大の場合は、一般教育科目の「演習」や「全学教育科目」にTAが配置され、出欠確認、授業中の質問の受付、小テスト・感想文の点数の入力などの業務を担当している[4]。

小樽商科大ではTAの採用数は15名と少ないものの、2時間連続のPC関係の指導の一部をTAが単独で担当している。こうしたケースは、アメリカでは一般的であるが、日本の大学では極めてまれである。東北大教育の場合は、39

名のTAが主に博士課程の院生から採用されている。したがって、TA業務も専門的な内容が多くなる。たとえば、専門科目の英語講読の授業における補助業務は、英語訳の添削や構文の指導など高度な内容となっている。その他には、校外における学校調査、PC関係の実習補助などである。また、広島大教育は、TAの業務内容は科目によって異なるが、「レポートの採点と評価」「授業内・外における学生の質問への応答」「資料の印刷及び資料・課題の作成」「PC実習の補助」などである。

　一方、私立大学の場合は、文科省からの半額補助を受けながらも、自らの経費でTA制度を運用し、国・公立大学よりも幅広い業務内容を規定している大学が見られる。東海大は、PC関係の授業、留学生の日本語の授業、体育実習などにもTAが配置されているだけでなく、「プログラム相談員」の名称で、コンピュータ室のアシスタントとして719名ものTAが配置されている。ICUの場合は、前項で挙げた7つの研究所に21名のTAを配置し、シンポ、公開講演会の準備、紀要の刊行の補助などを担当している。同志社大の場合は、TAの業務内容を(1)「演習・実験・実習その他の授業の教育補助」、(2)「学生に対する学習上の指導および相談」、(3)「その他教育上必要と認める教育補助業務」と規定し、TAは学部・大学院の修士課程を対象に文系・理系の区別なく配置されている。業務内容は、討論指導、小テストの採点などである。

　龍谷大の場合は、高大一貫教育のケースにTAを配置して高校生の指導を行う。こうした事例は、東京学芸大のように附属中学でのPC関係の授業でTAが指導するケースでも見られる。また、龍谷大はTA以外に「教育補助員」という形で、一般の大講義科目において、出欠管理やレポートの整理などを行う者を時給1,000円で雇用している。福岡大の場合も、TAを「指導教授のもとで、主として学部の授業(卒業論文、演習、実習、実技、リポート採点等の補助を行う者)」と定め、特定科目に対する補助業務に限定しない点に特色がある。

(2)　TAの禁止された業務内容

　TAの業務内容に関する何らかの規定を設けている大学がほとんどであるが、逆にTAが「やってはいけない禁止された業務内容」を規定している大学

は数少ない。多くの大学は、禁止事項を明記せず、一般常識の範囲内で対応している。実は、この問題はTAの管理を「誰が、どこの部署で行うか」という問題と無縁ではない。すなわち、TAの業務内容の管理が一元化されている大学では、TAの業務内容をチェックできる体制にある。しかし、多くの大学ではTAの採用は事務課が行っても、TAの業務内容は大学院の各研究科や担当教員に一任されているケースがほとんどである。ましてや、TA制度の効果や問題点、TAの業務内容をチェックする体制ができていなければ、TA業務の制限や過重労働に対する目配りは不可能となる。

しかしながら、TAの「禁止された業務内容」を明記している大学も存在しないわけではない。東北大教育は、TAの「代講と成績評価」を禁じているが、この禁止事項の趣旨は、TAとはあくまでも「授業時間内の補助者」であるという原則を確認するものであり、TAの定められた業務内容以外の補助を禁止している。日大文理は、「シラバスの作成・授業計画」「教室内の規律・秩序維持」「定期試験の監督と採点」「成績判定」「授業の代講及び補講」「その他授業にかかわらない業務」の6項目を禁止事項として挙げている。同学部は、FD委員会がTAの任用審査、講習会、ならびにTAによる授業改善の効果と問題点をチェックする「TAアンケート」を教員・TA・受講学生に実施している。このアンケートによって、TAの業務内容に不適切なものがないか、TAが過重労働になっていないか、TAが教員の研究補助や雑務まで課せられていないかを点検している。事実、これまでも1件ずつではあるが、「TAが教員の代講を行う」「教員の研究補助をさせられた（過重労働）」「関係のない科目のTAをやらされた」などの記載があり、速やかにFD委員会が対処し、問題の解決にあたっている。

(3) 過重労働やセクハラへの配慮

「教員－TA」の関係は、TAの側に立てば、立場的には弱者になる。研究指導上の関係以外に、「教員－TA」の新たな関係性を構築することは、同時に過重労働やセクハラ問題を生み出す可能性も存在する。しかしながら、各大学に対する調査では、この点に関するトラブルの事例は全く存在しなかった。

過重労働の問題に関しては、多くの国・公立大学ではTAの業務時間に一定の制限を設けている。たとえば、京大は「TAは、時間雇用職員（常勤職員の1週間あたりの勤務時間の4分の3を超えない範囲内で勤務する非常勤職員）とする」と規定し、しかも、実際の業務時間も週20時間を超えないように配慮されている。他の国・公立大学の場合も同じであり、「週10〜20時間を超えない」ように制限されている。また、私立大学の場合も、上限を「週3コマ以内」とする大学が多く、TAの過重労働に対する一定の配慮が見られる。1週あたりの勤務時間が多い大学は、東海大の6コマ、九産大の5コマであるが、両大学とも「TAからの苦情は特にない」との回答を得た。

セクハラ問題に関しても、トラブルの事例は全くなかった。この問題に関しては、ほぼ全ての大学で、全学的な組織として「人権問題対策委員会」（同志社大）や「セクシャル・ハラスメント防止委員会」（福岡大）が設置され、適切な対応が行われている。何らかの相談室や相談窓口も設置して、随時対応している大学もある。たとえば、福岡大は相談員の連絡先を公表し、電話、Eメール、手紙などで自由に相談できる体制を構築し、TAが何らかのトラブルに遭遇した場合に、即座に対応するシステムを採用している。

その他、TAの就労中の災害や事故に関しても、多くの大学は保険に加入し、適切な対策が講じられている。また、日大工ではTAの研究、学業（授業出席）、就職など、TA以前の大学院生本来の本務を優先させる規定を明記し、一定の配慮を行っている。同じく日大文理でも、授業担当教員に対して「学業、学会（研究会）参加、就職活動等に支障がないように配慮する」ことを求めている。

## 5　TAの資格・待遇・研修制度など

### (1) TAの資格・待遇など

国・公・私立大学ともに、TAの資格は「内規」において「修士課程と博士課程に在籍する（優秀な）大学院生程度」となっており、特別な条項が存在しない場合が多い。「優秀な」という言葉も入っていない場合が多い。しかし、

積極的にTAの「資格」を規定している大学も見られる。京都大学大学院工学研究科は、「TAの募集及び選考基準」において、TAに応募できる者は大学院生であること以外に、「その所属する専攻の学問分野において優秀な成績を有し、かつ教育的指導力を有すると判断される者、TAの業務が自己の学業の進展を妨げないと判断される者」という条件が加えられている。また、筑波大ではTAの条件として「当該研究科で実施する中間評価の審査に合格し、又は修士の学位を取得してる者」を掲げ、成績に関する明確な規定を設けている。

　一方、私立大学の場合は、日大工が大学院生であること以外に、「学業成績・人物が優れていること。学部学生の教育指導に熱意があり、指導能力があること。健康であること」の3条件が内規に明記されている。日大文理の場合は、優秀な成績と人物であること、専門的な知識と教育指導力を備えていること以外に、「事前講習等でTA業務に関する指導を受けていること」を条件としている。講習会への参加を「資格」に掲げている大学は、他に例を見ない。

　正規に在籍する大学院生以外にTAを採用している大学としては、日大文理、中京大、龍谷大、広島工大などが挙げられるが、在籍する院生の絶対数の不足を理由として、他大学の院生を採用するケースも見られる。中京大は大学院研究生を、日大文理は大学院研究生と研究所の研究員も採用している。類似の条件は、日大工や九産大でも見られる。

　給与などの待遇面は、国からの補助金を受給している国・公立大学の場合は、全て時給制に統一されている。修士課程は1,100～1,300円程度、博士課程は1,200～1,400円程度である。また、1コマ90分の授業を2時間と見なして、それぞれ2時間分の時給が支払われる。逆に、給与が低い大学は1コマ(90分)で大阪市立大が2,100円、九産大が2,000円である。私立大学の場合、同じ時給制でも国・公立大学よりは、わずかに高めである。同志社大は、1コマ90分で博士課程の院生が3,500円、修士課程が2,500円である。比較的高額な大学はICUの70分で4,500円(ただし授業準備、授業後の質問などにも対応する)である。また交通費も別途支給されている。龍谷大は、90分授業で4,500円となっている。龍谷大は、授業以外の業務(授業の準備やレポートの整理)には別に時給制で860円支払われる。同じく一般教育の大講義における「教育補助員」

(出欠の管理やレポートの整理)は、時給1,000円が支払われる。

　こうした時給制以外に、福岡大は週3コマで月額3万円(9ヵ月間で年額27万)、日大工は、1コマあたり月額5千円、週3コマが基準で月額1万5,000円(年額24万円以内)などのように、月給制を採用している大学も見られる。また、日大文理の場合は、平成16年度から1科目につき月額1万円の月給制(半期科目で6万円、通年科目で12万円支給)を取っているだけでなく、1ヵ月1万円のTA奨学金(半期6万円、通年12万円)もTA全員に別途支給している。奨学金も合わせれば、1コマ担当で年額24万円、2コマ担当で36万円(給与が24万円、奨学金が12万円)となり、日本の大学の中では最も高額となる(ただし、平成18年度からは同学部のTA給与は改訂されている)。こうした大学の事例は、TAの待遇改善を目的として、奨学金としての側面を充実させることを意図するものである、と言えよう。

　一般的には、国・公立大学は国の規定もあって、ほぼ同じ給与が与えられているが、私立大学と比較すると半額程度という大学も見られる。もちろん、学生数や業務内容・仕事量の大きな差があるので、当然と言えなくもない。

### (2)　TAの研修制度

　TAに対する任用条件の一つとして、「教育的指導力」を指摘する大学は多いものの、TAの資質向上を目的とした研修制度を実施している大学はまれである。多くの大学は、科目担当教員にTAの指導を全面的に委任し、TAの研修を大学全体の制度としてシステム化していない。しかしながら、この点における北大の試みは注目に値する。北大は、平成7年に「高等教育機能開発総合センター」が設置され、同機関が主体となってTAの研修制度を平成9年から開始している。北大のTAに対する研修制度は、「実施要綱」において「TAに教育補助業務を行わせる場合は、事前に当該業務に関する適切なオリエンテーションを行い、その円滑な遂行に留意するものとする」と規定されている。

　平成14年度における研修内容は、〈資料-9〉にもあるように、午前の部がセンター長による「北大の全学教育」について、2名の教員による「北大教育の基礎について」・「私のTA体験」について講演がなされている。続いて、パ

ネル討論「TAの可能性－果たして理想へ近づけるか」によって、主にセクハラ問題に関する議論もなされている。午後の部は、TAを「一般教育演習」（グループ学習の実際）・「講義」（論文指導の実際）・「情報」（情報処理教育）・「実験」（実験指導とTAの役割）・「語学」（語学教育のポイント）といった授業のタイプ別に分け、それぞれのグループごとに課題が決められ、TAによる討論が実施されている。以下は、この研修会に参加したTAの意見である（北野、2002:286）。

「研修会の後半はグループ討論になるので、グループ内の時間内で決められた討論をして、それを発表することになります。私がやった討論の内容は、ある感想文の添削について、ここが良くて、ここが良くないというのを、グループ内で「どういう添削がいいのだろう」という内容を討論しました。12〜13名のグループで構成される論文添削は、同じ論文をわたされて、短い時間でざっと一読します。そして、「誤字・脱字の観点から5点満点で点数をつけなさい」とか、「起承転結がしっかりしているか」などが求められます。最初は自分なりに点数をつけて、その後にグループで「この論文は何点くらいが妥当なのだろう」という討論をしました。」（2002年11月1日、北大の修士課程2年のTAに対するインタビュー）

この研修会で各グループに共通する学習課題は、「感想文の添削とコメント」と「レポートの評価とコメント」であり、最後に総合討論でグループごとの作業の成果がOHPを使って発表される。また、各グループでは教員や学生との対人関係、服装・言葉使い、セクハラ、TAの指導・業務内容に関する事柄も話し合われている。参加者は、全学教育科目に配置される110名のTAである。

北大以外の大学では、東海大が年度初めに、大学全体と学部ごとに実施される半日程度の研修会への参加を義務づけている。先述したが、日大文理はTAの採用条件の一つに「事前講習等でTA業務に関する指導を受けていることと」と明記し、4月初旬にTAガイダンスを新規採用のTAに限って2時間程度実施している。名古屋工大の場合は、事前指導としての「オリエンテーショ

ン」を4月と10月の年2回実施している。この際には、各大学院の専攻主任・専攻副主任・担当教員全員及びTAが一堂に会し、TA制度の趣旨や指導要領が説明されている。その他にも、事務的なガイダンスやオリエンテーションを実施している大学として、北海道教育大、中京大、富大などが挙げられる。こうしたTAに対する何らかの研修制度は、多くの大学で実施されていない点を考慮すると、上記の各大学の取り組みには重要な意義が認められる。TAの研修制度の実施は、TAの資質向上には不可欠なものであろう。

## 6 TAの任用システムとチェック体制

### (1) TA制度の管理機関

　TAの管理機関とは、大学全体のTA制度を統括し、TAの任用や何らかのトラブルが発生した際に対応可能な責任機関を意味する。北大の「高等教育機能開発総合センター」は、各学部や研究科で任用するTA以外の「全学教育科目」に配置されているTAを管理している。同センターの主なる役割は、全学教育科目におけるTAの任用と研修会の実施である。ただし、センターが採用しない各学部のTAは人事課が管理するが、任用のシステムは各学部や研究科に任せられている。日大文理の場合は、FD委員会がTAの管理・監督を行っており、TAの募集、申請書類の点検、新規採用のTAに対するガイダンスの実施、教員・TA・受講学生に対するTAアンケートの実施、TA制度に関する様々なトラブルの処理などを担当している。

　しかしながら、北大や日大文理におけるようなTA制度の管理機関は、多くの大学では存在していない。多くの大学が採用するシステムは、TAの採用・任用を決定する目的で、学部や大学院の研究科の責任者で構成される何らかの機関（大学院研究科長や学部長などで構成される委員会）を設置するものである。これらの機関は、TA任用の任務が終われば、その後の運用に関する役割は事務課が担当することになる。事務課は、TA制度の予算の管理・TAの募集・給与の支払い・報告書の受理などを行う。九産大の人事課は、TAとの面談を学期開始時・終了時に実施し、TA制度の効果や問題点の把握に努めているが、

こうした事例は他大学では見られない。

　要するに、我が国のTA制度を管理する責任機関は、一部の例外を除けば、多くの大学ではTAの管理・運用などに関する統括的な機関は存在していない。おおむね各学部や研究科の責任者、ないしは委員会に委任されている。

(2)　**申請時のチェック体制**

　TA任用の際に多くの大学が採用するシステムは、各学部や大学院の研究科・専攻科単位で募集し、予算に基づく募集人数の枠内で各学部や大学院で調整を行い、決定するというものである。とりわけ、国・公立大学の場合は、文科省にTA予算を申請し、認められた予算内でTAの募集枠を決定している。しかも、募集後のTAの選考は科目担当教員の希望や推薦を学部や大学院単位で一括して決定するシステムであり、TA申請時にTA導入による授業改善の具体的な内容や効果を点検する体制は見られない。ただし、富大の場合は、申請時に「TAの業務内容」や「TAを必要とする理由」を明記し、人事課が点検する体制が取られている。また、大阪市立大も申請時に「TA業務内容計画書」によって、TAを必要とする理由や授業内容の記載が求められ、それを事務課が点検する。その後、大学院委員会によるTA選考の際に、この計画書の記載が利用されている。

　一方、私立大学の場合は、独自のシステムを採用しているケースが見られる。東海大は、主任教授名でTAの業務内容、授業運用形態、授業効果を記入した「申請書」を、同志社大は〈資料-6〉にもあるように、TA採用を希望する教員が授業計画に基づいた教育補助業務の内容及びスケジュールを記入した「申請書」を提出する。両大とも、この際にTAの業務内容とTAを必要とする理由も明記し、TA候補者名簿が作成される。日大文理の場合も、TA採用を希望する教員がTAの業務内容やTAを採用することによって期待される効果や改善点などを記入した「申請書」を提出する〈資料-7〉。

　同志社大では、この「申請書」が適切か否かは、学部長・研究科長、教務部長が点検しており、その内容に従ってTA採用の決定がなされる。日大文理の場合は、FD委員会が一括して審査し、申請書の記入内容、前年度のTAアン

ケートの提出状況、受講者人数などを考慮して採用科目の原案を作成する。その後、学務委員会の審議を経て教授会決定される。TA採用の予算額が決められており、それを超える場合が多いので、少なからず不採択となる科目も出る。また中京大の場合は、TA申請時に「授業計画書」(授業計画の概要、授業補助者の職務内容)の提出が求められ、教務課が点検し、不適切な計画書や前年度と同じ内容のものは再提出となる。継続申請の場合には、前年度にTAが提出した「実績報告書」も点検され、TAの業務内容が適切であったか否かも点検されている。二重のチェック体制となっている点に注目したい。一方、TAを希望する教員からヒアリングを実施している大学が九産大である。各教員がTAを申請するシステムは他大学と同じであるが、文系の科目に限って、教務課が担当教員からヒアリングを実施し、TAの必要性を確認している。

　TA募集の際に、TAの業務内容やTAの配置による授業改善の必要性や効果を申請し、その申請内容を点検することには重要な意味がある。なぜならば、TAの配置が授業改善を目的とするものであれば、TA募集の際に、その点が明確化されることが望ましい。また、その内容の有効性によってTAが採用される必要性もあろう。

## 7　TA制度の評価システムと課題

### (1) TAの評価制度

　TA導入による授業改善の効果や結果を計ることは、「教員が授業改善を図る努力をしたか」「TA業務が適切に実施されたか」などに関する説明責任を求めるものである。日大文理の場合は、前後期の学期末に教員、TA、受講学生の3者に対してアンケート調査が実施され、多角的・重層的な点検体制がとられている[5]。詳しくは、第5章を参照してもらいたい。広島大教育の場合は、年度末にTAと教員が氏名を記載し、「TA実績報告書」を提出している。この報告書の前半部分は、TAが「業務報告」(授業におけるTAとしての改善点、学生に対する印象、評価及び学生のTAに対する反応等)を、後半部分は、教員がTAに対する「評価」と「得られた成果」を記載する。とりわけ、「評価」は「下調べの

程度」・「教示情報の適切さ」・「学生への態度」・「学生の理解度」の４項目に関して、１〜５段階まで評価するようになっている。日大文理では、この広島大の事例を参照して、平成17年度から同じく「実績報告書」の提出を求めている〈**資料-8**〉。教員のTAに対する厳しい評価システムであると言える。同じく、九州工大も教員・TA・運営委員の３者から「TA実績報告」が提出されるが、広大のような評価制度は実施されていない。

　東北学院大は、平成13年度からTAとの年間契約が終了した際に、教員が「TA活用状況報告書」を記載し、研究科長に提出することになっている。この報告書は、指導教員がTAの氏名と担当科目名を記載し、「内容・成果について」「今後の対応・その他」という２項目を設け、前半部分ではTA導入による授業改善の内容と成果について、後半部分では問題点の指摘などを記載するようになっている。同志社大の場合も、教員が「TA実績報告書」を学部長・研究科長に提出し、「TAに指示された業務内容、TA利用による授業効果、TAの任務の遂行状況など」を記載することになっている。その他、大阪市立大は、教員が「TA業務内容報告」によって「事前に行った研修等」「実施した業務」の２項目を記載する。

　上記のような教員が報告書を提出する形式ではなく、TAからの報告や意見を求める大学が北大、中京大、名古屋工大、福岡大である。中京大は、年度末にTAが授業補助に関する「実績報告書」を提出し、これを次年度におけるTA任用の判定資料に活用している。名古屋工大は、TA従事者、ならびに受講学生から意見聴取を行うシステムを採用している。とりわけ、受講学生からはTAに関するアンケート調査を実施している。福岡大は、TAが「業務報告書」を３カ月ごとに記載し、指導教員の承認印を得て、事務当局に提出する。北大は、TA研修会での討論やアンケートによってTA導入による授業改善の効果や結果を図る方法を導入している。TAの意見や考え方を直接聞くことができるという点では、注目すべき方法である。九産大も学期終了時に人事課の職員がTAと「面談」を行い、その効果や問題点の把握に努めている。

## (2) TA制度による授業改善と問題点

最後に、インタビュー調査の結果から得られた我が国の大学におけるTA制度の問題点や改善点を指摘しておこう[6]。

第一の問題点は、TA予算の増額や採用枠の拡大である。現在、国・公立大学においては、理系の実験・実習・演習科目に限定してTAが採用されている。この問題に対しては、多くの大学が文系の大規模授業や演習科目、さらには一般教育科目などにおける必要な科目への「TA制度の拡大」、ならびに予算の増額による「TA採用枠の拡大」を望んでいる。また、TAを採用できる教員が専任教員だけでなく、非常勤講師への拡大を望む声も多い。しかしながら、院生の絶対数が不足しているという問題点の指摘もある。

第二の問題点は、TA業務の明確化である。TAの業務内容が不明確であれば、TAに対する業務内容の範囲は拡大することも予想される。結果として、過重労働の問題も誘発する。TAの業務内容が明確になっていれば、過重労働やセクハラの問題なども未然に防止できよう。

第三の問題点は、TAの給与や待遇面の改善である。「TAの給与が安い」と言う声は、大学の教職員だけでなく、TAからも聞こえてくる。

第四の問題点は、TAの資質向上を目的とした研修会などの実施である。こうした研修会を通じて、TAとしての心構え、対教員・対学生に対する関係性の構築の仕方、討論・論文・レポートなどの指導方法、禁止された業務内容、トラブル対処法などを学習すべきであろう。

第五の問題点は、TA制度の評価システムの確立である。多額の予算を配分してTA制度を導入しても、明確な評価基準がなく、その成果や結果を評価できない現状に対する反省から、教員やTAからの報告書や評価を求める声が高い。教員からの評価は当然のこととして、むしろTAや受講学生からの評価も必要であろう。

第六の問題点は、大学全体のTA制度を統括するシステムの構築である。TAの給与や事務的な手続きは事務課に委任するとしても、TAの募集と任用時における点検制度、TA導入の結果に対する評価や検証などを行う機関の必要性は高い。

第七の問題点は、TA経験を大学教員を任用する際の「教育業績」や「履歴」として評価するという点である。すでに、我が国の大学の中にも、大学院生から助手や講師に採用される場合には、TA経験の有無を「教育業績」として評価する大学が存在している。TA制度は、大学教員の養成にとっても有効なシステムであることが認識されるべきである。

### (3)　TA制度の問題点と危険性

　本章では、我が国の4年制大学に対するインタビュー調査をもとに、現在の各大学におけるTA制度の実態と課題などを検証した。TA制度の意義として、大学院生に対する経済的支援、大学教育の質的向上、教員としての訓練機会の提供などが挙げられるが、いずれにせよ、TA制度は大学教育の組織的・制度的な改善を意図する試みであることは明白であろう。しかしながら、今のところ大学の授業改善の責任は、教員側にありTAにはない。TA制度の導入は、大学教員の意識改善と伝統的な教授スタイルの革新を促す契機となる可能性は秘めているものの、TAの役割は「大学の教育機能を助ける」(苅谷、1986(1):72)補完的なものに過ぎない点も忘れるべきではない。

　本章の調査内容からも明白なように、我が国のTA制度の課題や改善点は多い。同時に、我が国のTA制度の本格的な導入が平成4年から開始されたとすれば、現状は、ようやく10年間の試行錯誤を終えた段階でもある[7]。TAの身分や待遇などの条件面の整備も重要ではあるが、より根源的な問題は、TA制度を導入する理由の明確化であろう。言い換えれば、「何のためにTA制度を導入するのか」という問題である。たとえば、近い将来に迫っている大学財政の劣悪化は、TAが専任の職員に代わる便利なパートタイム・ジョブとして位置づけられる危険性も存在する。

　今後、我が国のTA制度が発展するためには、TA制度が大学教育の改善に大いに貢献するものとして認知される必要があろう。そうでなければ、かつてアメリカでみられた「TA＝知的皿洗い」という、TA制度の誤用や形骸化を招くであろう[8]。

# 第4章 我が国のTA制度の現状と課題

[注]

1 TA制度の本格的な研究は、我が国の場合には皆無に等しい。ただし、苅谷剛彦2000『アメリカの大学・ニッポンの大学——TA・シラバス・授業評価——』、河井正隆2000「大学院生の教員トレーニングに関する事例的研究——Teaching Assistant制度からの考察——」らの研究は注目される。

2 インタビュー調査は、インターネットのホームページ上でTA制度に関する情報を公開している大学、ないしは筆者の事前の電話調査で回答を得られた大学が対象になっている。なお、関東地方の大学は数の多さから判断しても、今後、別な機会に改めて調査したいと考えている。なお、日大文理は編者の勤務する大学であり、インタビュー調査は実施していない。

3 平成4年の文部省が制定した『TA実施要領』は、本書の巻末〈資料－1〉に収録しているので、参照してもらいたい。

4 インタビューはしていないが、京都大学のTA制度を紹介した子安・藤田の研究によれば京都大学教育学研究科の場合は、TA業務は幅広いものになっている。具体的な科目名などは不明であるものの、TA業務として「授業で使用するスライド・VTR等視聴覚機器の設営と操作、講義資料類の印刷・配布、TAを担当する院生自身の研究報告や資料紹介、卒業論文のデータ収集や分析の指導・援助、心理テストの実習に関する資料整理、社会調査実習におけるコンピュータ等の電子機器の操作指導の補助および統計プログラム、表計算プログラムの使用法に関する指導の補助、ゼミの受講生に対し必要な基礎文献の紹介、討論の補助、論文の作成の基本の教授」が挙げられている（子安・藤田、1996：79）。

5 日大文理のTA制度の評価システムは、教員、TA、受講学生の3者からアンケート調査や授業評価を実施するものであり、他に例を見ない。アンケートで集約された問題点は公開され、次年度の改善目標とされている。詳しくは、北野秋男2002「ティーチング・アシスタント（TA）制度と大学の授業改善——日本大学文理学部の事例を中心に——」を参照されたい。

6 京都大学教育学研究科におけるTA制度の改善点として、以下の4つの項目が指摘されている。①TA一人あたりの年間支給金額を増額するとともに、採用期間を授業期間全体にまで拡大する、②申請はTA自身が行う、③TAの採用基準の明確化、④TA業務に関する研究室単位での合意（子安・藤田、1996：82）。

7 我が国のTA制度は、おおむね政府・文科省が主導・推進してきた。これまでの臨教審や大学審議会の答申を要約すれば、我が国のTA制度の目的としては、TAの研修的雇用、大学院生活の活性化、学部教育における指導の充実、大学院生に対する経済的支援、将来の大学教員の養成などが挙げられる。詳しくは、平成3年

と平成12年の大学審議会答申が参考となる。
8 　かつて、アメリカでもTAが「便利な雑用係」（＝知的皿洗い）という時代があった。（苅谷、1988：162）。詳しくは、苅谷の論文を参照してもらいたい。我が国のTA制度も、アメリカの歴史的な教訓を肝に銘じるべきであろう。

# 第5章　TA制度の運用システムの事例研究

[本章のねらい]　本章は、編者が所属する学部におけるTA制度の実態を詳細に紹介するものである。日本大学文理学部のFD委員会は平成12年度に発足し、その時から、TA制度の充実に向けた努力を行っている。

　他大学には見られない本学部のTA制度の特色は、第一には、TAを希望する教員であれば、専任・非常勤を問わず募集し、文系・理系の区別なく採用してきたことである。一種の公募制である。第二には、TAを希望する教員は、個々にTAが必要な理由と授業改善の「ねらい」を書類として提出し、それをFD委員会が一括して審査を行うという、審査体制の確立である。第三には、TAの新規採用者に対して、4月初旬のガイダンス期間に「TAガイダンス」を実施し、TAの資質向上を図っている点である。第四には、TA制度の有効性や問題点を解明するために、教員、TA、受講学生の3者に対してアンケート調査を毎年実施し、授業改善の説明責任を求めると同時にFD委員会によるチェック体制を機能させている点である。以上のような取り組みは、他大学の参考となりうるものである。

## 1　TA制度の運用システム

### (1)　TA制度の導入と授業改善

　編者の所属する日本大学文理学部におけるTA制度は、平成8年度から理系7学科と心理学科の実験・実習関係の科目だけを対象に導入されたが、平成12年4月にFD委員会が発足したことを契機として、TA制度も大幅な改革・改善が行われた。この改革の内容は、TAの人件費を学部で負担すること、TA制

度を文系・社系の各学科の専門科目、及びコンピュータ・リテラシー（1年生必修科目）などのコンピュータ科目に導入することであった。平成13年度は全227科目、121名のTAが採用された。平成14年度は、全224科目、約130名のTAが採用されている。

現在、本学部のTA制度は、〈資料-4・5〉にもあるように、『内規』と『業務及び指導・管理基準』によってTA業務の内容が規定されている。とりわけ、TAの業務としては『業務及び指導・管理基準』によって、①授業時間前の授業準備・打ち合わせ、②授業時間内における指導、③授業終了後の学生指導が求められている。一方、『業務及び指導・管理基準』によって禁止されているTA業務とは、①シラバスの作成・授業計画、②教室内の規律・秩序維持、③定期試験の監督と採点、④成績判定、⑤授業の代講及び補講、⑥その他、授業にかかわらない業務となっている。

### (2) TA制度の実態

本学部のTA制度の特色は、すでに「本章のねらい」でも指摘したように、他大学には見られない独自のシステムが採用されている点にある。すなわち、TA制度の運用上の個別の問題に対処するのではなく、FD委員会が中心となって最初から可能な限り組織的にトラブルの発生を未然に防止する方策を実施している。

FD委員会において最も議論したTA制度の運用上の問題点は、教員と比較して弱い立場にあるTAの保護と万一何らかのトラブルが発生した場合の処理の仕方であった。たとえば、教員が大学院生の意志を確認しないままに一方的にTAを採用する場合や、ある学科の教員が他学科の院生を採用する場合に起こると予想される学科間のトラブル、教員がTAに授業を代講させる場合、TAに対する過重労働やセクハラがあった場合、TA本来の業務とは関係ない仕事を教員が押しつけた場合など、多くの問題点が議論された。

しかし、こうしたTA制度に関するトラブルは今のところ最小限に押さえられている。その理由は、学部独自のTA制度の運用の仕方にある。TA制度の『内規』と『業務及び指導・管理基準』の適切な運用が、TAに関するトラブルの

発生を未然に防止するものとなっている。TA制度運用の最も難しい点は、TA制度が大学における授業改善にどのように貢献したのかを客観的に検証する指標を確立することである。

### (3) 教員・TA・受講学生に対するアンケート調査の実施

　他大学には見られない本学部独自のTA制度の一つに、教員、TA、受講学生に対する「アンケート調査」がある。このアンケート調査は、授業改善の結果と効果に関する説明責任を教員とTAに求めただけでなく、受講学生に対しても、TAの導入が授業改善に効果的であったか否かをアンケート調査するものである。

　こうしたアンケート方式によるTA制度の分析に関する先行研究としては、京都大学や筑波大学の教員に対するアンケート調査の事例が挙げられる。たとえば、京都大学では平成7年に大学院生が在籍する部局の「教官」(589名の教授と695名の助手)を対象とした無記名方式の「質問紙調査」を実施している[1]。TAに関する実態や教員の意識を分析した先行研究が全く存在しない現状を考えると、この京都大学の調査は極めて重要な意味があると考えられる。しかしながら、アンケートの対象者が「教官」に限定されている点やTA制度の導入による「授業改善」の結果や効果を解明するような質問項目が見られないなどの問題もある。

　この点、本学部のアンケートの目的は、京都大学の事例のようにTAの身分・待遇、業務内容などを分析することではなく、TA制度の導入が大学における授業改善にどのように貢献しているかを客観的に検証することである。京都大学で実施された調査研究はTA制度の実態把握であり、TA制度による「授業改善の効果や問題点」を解明した本学部の場合とは異なるものである。本学部のアンケート調査は、TA制度による授業改善の効果や問題点の解明を主たる目的として、教員、TA、学生の3者に対してアンケート調査を実施し、重層的・多角的な視点から分析することを試みたものである。

### (4) TAガイダンスの実施

　本学部では、TAの資質向上を目的とした研修会を平成14年度までは「TA講習会」と呼んでいたが、平成15年度からは、その名称を「TAガイダンス」と改め、新規採用のTAに対するガイダンスを学部全体のガイダンスの一環として位置づけた。平成15年度のガイダンスの内容は、新規に採用されるTAを対象に実施し、前半の1時間は全体のガイダンス、後半の1時間は実験・実習、演習、大規模授業の3つに分かれて実施した。以下、全体のTAガイダンスの概要を説明する（日本大学文理学部FD委員会、2004:38-51）。なお、個別ガイダンスの実施は紙幅の関係で省略するが、主には、TAによる体験談が発表されている。その内容については、第6章にも記載されているので参照されたい。

　本学部のTA制度は、平成12年度から現在のような制度が導入され、平成13年度は既述のとおりで、平成14年度は、総科目数224科目、約130名のTAが採用されている。平成14年度は、新たに「TA資格の拡大」として大学院研究生や研究所の研究員もTAの対象者となった。また、「野外実習」におけるTA制度の導入も決定した。特に、「野外実習」におけるTAの導入は、FD委員会や学務委員会でも慎重な検討を重ね、1日8時間、全体でも30時間を上限として、時給制（1時間1,200円）によって実施することになった。

　ガイダンスでは、TAの『内規』及び『業務及び指導・管理基準』に基づいて、TAの給与制度、奨学金制度などの待遇について説明した。また、業務内容は授業内の補助であること、代講や教室の秩序維持、事務的な仕事は禁じられていることを説明した。特に、過重労働、代講、セクハラなどの問題が起きないように注意を促し、何か問題があれば、文理学部ホームページの「FDよろず相談」に投稿することを説明した。

　平成14年度は、TA制度の導入による「授業改善の効果と結果」を測定することを目的とした「授業アンケート」の大幅な改訂を実施し、かつ数値部分の集計は外部の業者に委託したこと、とりわけ「授業アンケート」改訂の趣旨は、学生の意見を多面的に聞きながら、本学の授業の質的な向上を達成することを目的にしたものであることを説明した。また、アンケートの実施方法は前期科目、後期科目、通年科目に区分し、担当教員、TA、受講学生の3

者を対象に実施し、教員、TA、受講学生の3者からの貴重な意見を分析しながら、より充実したTA制度の運用を心がけていることを説明した。教員のアンケート結果において指摘されたTA制度の問題点と改善点、とりわけ、「専門的な知識の不足」「指導力の不足」などに関しても指摘し、TAの自覚を促した。

次に、全国の国立・公立・私立大学のTA制度の実態を報告した。たとえば、国・公立大学における給与はおおむね時給制であり、1,200～1,300円程度で私学と比べると安いこと、TA制度による授業改善の結果を点検する制度もなく、必ずしも授業改善に結びついていないこと、TA講習会のような資質向上プログラムもないことを説明した。他大学と比較しても、文理学部のTA制度は待遇、条件などきわめて優遇されており、また、授業改善の効果と結果を図るシステムが確立された画期的な制度であることを強調した。最後に、アメリカの先進的なTAプログラムの現状にも言及した。アメリカのTA制度は、日本と異なり、実際に単独で授業を行うことが多く、大学が提供するTA訓練プログラムを受け、教授技術を身につけながら、将来の大学教員になるためのトレーニング期間であることを説明した。

## 2　TAの募集と採用システム

### (1)　TAの募集方法

TAの募集は、毎年12月に下記の要領で実施される。その際に、大規模授業（総合教育科目における受講生100名以上の授業）のTA採用については、試験的に10コマ程度を予定して採用することになっている。提出書類は、授業担当者申請書〈**資料-7**〉、学科申請一覧、野外実習用申請書（兼計画書）、シラバスである。

本学部におけるTA申請の最大の特色は、「TAの業務内容」「TA採用による効果と改善点」の明確化である。これらの記述が不適切であったり、TAの業務内容に禁止されている事項が含まれていれば、TAの採用は見送られることになる。また、TA採用の重要度のレベルと希望を具体的に把握する必要上、

学科内の基準に基づき、以下のようなレベルでABCのランクを申請者本人が付けることにもなっている。

　　　　A：TAがいないと授業そのものが実施できない科目
　　　　B：ぜひTAをつけて欲しい科目
　　　　C：予算が許せばTAをつけて欲しい科目

　さらには、TA採用科目において、受講学生が20名以下の科目については、TAを必要とする「特別な理由書」を申請用紙とともに提出することにもなっている。この理由書がない場合にも、TAの採用は見送られることになる。

　(2)　TA採用の方法
　12月に申請されたTAの申請書類は、年明けの1月にはFD委員会が策定した「TA申請科目の採択原則」(2004年度から適用)によって審査が実施される。審査結果は、学務委員会の審議を経て、一度各学科に戻され、再度の調整が行われる。そして、最後に教授会の審議を経て決定される。
　TA科目の申請書に対する審査は、FD委員会によって慎重に審査され、その結果が学務委員会の審議を経て、各学科主任宛に通知されることになる。以下、TA申請科目における採択原則を示す。

TA科目採択の原則
第1段階の原則
①申請者本人がBランクをつけている場合（Bランクは全て不採択となります）。
②昨年度の受講者が10名未満の場合。
③申請書の内容が不備か、十分な記載のないもの。とりわけ、TAの業務内容として禁じられた業務が記載されている場合。
④「特別な理由書」（昨年度の受講者が20名未満）が添付されていない場合。
⑤学科専門の講義科目（ただし、総合教育科目は10コマ程度まで認める）。

第 5 章　TA制度の運用システム事例研究　113

<u>第2段階の原則</u>
⑥学科のバランスに配慮しながら、新規の要求増があった学科は、削減の対象とする。
⑦1科目につき2名の申請があった場合には、1名にする。
⑧昨年の受講者が10〜15名程度のものも削減する。
⑨新規の申請科目でも、受講者が10〜15名程度のものは削減する。
⑩その他（継続性が認められない科目など）

## 3　授業改善の効果と結果

### (1) 教員アンケートの分析

　平成13年度における本学のTA制度に関するアンケート調査は、前期科目、後期及通年科目の2回に分けて実施され、227科目、127名（延べ人数182名）の教員、121名（延べ人数175名）のTA、1万53名の学生に対するアンケート調査を行い、回収比率は教員が98％、TAが100％、学生が68％であった[2]。しかしながら、集計上の問題もあり、ここでは後期及通年科目における授業改善の結果と効果に対する質問項目を中心にアンケート結果を分析する。また、比較検証するという意味で、平成15年度のアンケート結果との差異も確認したい[3]。

　平成13〜15年度の教員に対するアンケートの質問は、「TAによる授業改善の効果と結果」「TA制度の問題点」「アンケート調査の実施とその他の問題点」の3項目で構成されている。毎年、130名近い教員が回答した授業改善の効果に関する意見としては、「学生に対するきめ細かい指導が可能となった」「授業中の意見が活発化した」「PCなどの機器の準備・操作が円滑になった」というものであった。回答の多くは、授業の進行上の改善、授業や授業外での学生指導の改善、PCなどの機器操作の円滑化などの向上を指摘する意見であった。また、教員側のメリットを挙げる意見も多く、TAの導入が「教員の負担軽減になった」「授業で用いる資料・教材準備が上達した」などといった意見も見られた。

平成15年度は、148名の教員に対してアンケート調査が実施(回収率95.2%)され、質問項目にも変化はない。「TA制度の問題点」については、おおむね「TA制度は定着してきた」という意見が多かったが、併せて、TAの決定時期やTAの資質向上に関する提言があった。その他には、TAの業務内容や教育実習期間中における欠勤の問題を指摘する意見も見られた。TA制度の問題点に関する分析は、改めて第6章で行う。

(2) **TAアンケートの分析**
①平成13年度のアンケート結果
　平成13年度におけるTAに対するアンケートは、マークシート方式による質問が17項目、自由記述が2項目で構成されているが、その中で授業内容の改善や効果に関する質問は6項目であった〈表5-1〉。担当教員からTAに対する「授業全体の内容説明［質問項目9］」に関しては約8割、「授業開始前の打ち合わせ［質問項目11］」に関しては約7割のTAが、「あった」と回答している。しかし、TAが授業の改善に積極的な役割を果たすべきだと考えれば、この数値は限りなく100％に近いものとなる必要があろう。もしも、授業の開始前に教員からTAに対する授業内容に関する説明がなければ、授業内におけるTAの対応も極めて限定的で、受け身的なものとならざるをえない。この点は、教員の説明責任である。
　しかし、授業内における「教員とTAの協力体制［質問項目12］」に関する質問では、「協力できた」とする回答が9割近くにも達していることから判断して、おおむね教員の指導・指示の下で、TAは教員と協力的な関係を築いている、と言える。また、学生からの「要望や質問への応対［質問項目13］」に対しては、8割以上のTAが「対応した」と回答し、「授業の質的向上［質問項目14］」に関しても、同じく約8割のTAがTAの目から見て「向上した」と回答している。以上のような回答結果から判断して、本学のTA制度による授業改善は「一定の効果があった」と結論づけることが可能であろう。
　TAの「職務内容［質問項目16］」に関する質問では、「学生の質問への対応」「機器の操作」「機器の保全・管理」「実技指導」が4割以上を超え、逆に1割

以下であった回答が「討論の指導」「文献検索」「小テスト・レポートの採点」であった。しかし、TAの『業務及び指導・管理』においてTA業務として禁止されている「出欠のチェック」が約3割、「教室内の秩序維持」が2割ほど見られた点は、今後の改善点となる。本学のTA制度は、あくまでも授業改善を目的としたものであり、TAが授業で使う教材・資料の作成と準備、出欠の管理、教室内の秩序維持、授業の代講、学生の成績管理、シラバスの作成などを行うことを禁止している。教員の意識改善と禁止事項への周知徹底が必要である。

**表5-1　平成13年度後期・通年科目TAアンケート結果の一部（回答者数：123名）**

| 9　授業全体の内容説明 | | 11　授業開始前打ち合わせ | | 12　教員とTAの協力体制 | |
|---|---|---|---|---|---|
| 詳細に受けた | 26.8% | 詳細に打ち合わせた | 16.1% | 十分にできた | 40.2% |
| 簡単に受けた | 51.8% | 簡単に打ち合わせた | 53.6% | ある程度できた | 46.4% |
| あまりなかった | 13.4% | あまりなかった | 20.5% | あまりできなかった | 8.0% |
| なかった | 6.3% | なかった | 4.5% | 全くできなかった | 0% |
| 未回答 | 1.8% | 未回答 | 5.4% | 未回答 | 5.4% |

| 13　要望や質問への応対 | | 14　授業の質的向上 | | 16　職務内容（複数回答可） | |
|---|---|---|---|---|---|
| 十分応えた | 19.6% | とても向上した | 18.8% | 機器の操作 | 56.3% |
| ある程度応えた | 64.3% | ある程度向上した | 60.7% | 機器の保全・管理 | 43.8% |
| あまり応えていない | 11.6% | あまり向上していない | 11.6% | 質問への対応 | 80.4% |
| 全く応えていない | 0% | 全く向上していない | 2.7% | 小テスト・レポート | 4.5% |
| 未回答 | 4.5% | 未回答 | 6.3% | 出欠チェック | 29.5% |
| | | | | 秩序維持 | 22.3% |
| | | | | 討論指導 | 8.0% |
| | | | | 文献検索 | 8.0% |
| | | | | 実技指導 | 42.9% |
| | | | | その他 | 23.2% |

（日本大学文理学部FD委員会、2002：128-132）

②平成15年度のアンケート調査

　平成13年度のTAアンケート調査は、マークシート方式による質問が17項目、自由記述が2項目で構成されていたが、平成14年度以降は、教員に対するアンケート調査と同じく5項目からなる自由記述方式に改めた（日本大学文

理学部FD委員会、2004：220-221)。最大の理由は、FD委員の負担削減である。マークシート方式によるアンケート調査は、学内の読み取り機を使ってFD委員立ち会いの下で実施されたが、受講学生のアンケートの処理と併せて終日の作業となり、相当な負担であった。

　変更された自由記述方式の質問事項は、①「TA講習会は役に立ちましたか。講習会に対するご意見、ご要望などありましたらお書き下さい」、②「TAとしての業務内容、待遇、勤務時間などに関して、何か問題はありましたか。具体的にお書き下さい」、③「TAの仕事は、院生としての自分自身の授業出席、研究活動、就職活動などに何か影響はありましたか。何か問題があれば、具体的に述べて下さい」、④「担当教員と協力して授業の内容や方法の改善に何か貢献されましたか。最も貢献したと思われる点に関して具体的に挙げて下さい」、⑤「その他、TAの職務を遂行する上で、何か困ったことや問題点がありましたか。何かあれば、具体的に挙げて下さい」であった(日本大学文理学部FD委員会、2004：pp.86-93)。

　要するに、TA本人に対して、TA制度の導入による授業の改善点とTA制度それ自体の問題点を指摘してもらうような質問項目で構成されたわけである。この理由は、TAが対教員との関係で何か不都合や問題点がないかを特に配慮したものである。この平成15年度のアンケート調査で見られたTA制度の問題点に関しては、改めて第6章で論じることとする。

(3)　**学生アンケートの分析**
①平成13年度のアンケート結果

　平成13年度における学生に対するアンケート調査は、マークシート方式による質問が20項目、自由記述が1項目で構成されているが、その中の授業内容の改善や効果に関する質問は5項目であった**〈表5-2〉**。TAの指導内容に関する項目では、「専門的な指導［質問項目8］」を「受けた」と回答する者が5割以上に達し、「指導の満足度［質問項目9］」に関しては、約8割が「満足した」と回答している。また、授業の「充実度［質問項目13］」に関しては、約9割が「充実していた」と回答している。これらの回答結果は、本学のTA制

度による授業改善が学生の側から見ても明確な効果があったことを示すものとなっている。特に、授業の満足度と充実度が高かったことが特筆されよう。

学生の側から見た「授業改善の具体的な内容［質問項目14］」は、「授業の進行がスムーズだった」が3割以上、「より丁寧な指導だった」が2割以上と多いが、逆に「課題や宿題が多かった」「討論の機会が多かった」「発表の機会が多かった」「授業中の小テストが増えた」という意見は、それぞれ1割にも満たない。しかし、この点は先に述べたTAの職務内容として「機器の操作」「機器の保全・管理」「実技指導」が4割以上を超えた点と対応するものであり、本学部のTAの多くが心理学科や理系の実験・実習科目に配置されている点から考えても、当然の結果と言えよう。この点は、「教育器材（OHP、ビデオ、スライド、実験・実習器具など）の利用［質問項目15］」の利用状況に関する回答が約7割に達している点からも判断できる。すなわち、授業の内容やタイプによってTAの業務内容には明確な差異が存在することを意味している。

**表5-2　平成13年度後期・通年科目受講学生アンケート結果の一部（回答者数：3,630名）**

| 8　専門的な指導 | | 9　指導の満足度 | | 13　授業の充実度 | |
|---|---|---|---|---|---|
| よく受けた | 15.0% | 非常に満足 | 27.2% | 非常に充実 | 34.1% |
| たびたび受けた | 38.7% | まあまあ満足 | 51.5% | まあまあ充実 | 53.4% |
| あまり受けなかった | 29.7% | あまり満足しない | 14.9% | あまり充実しない | 9.9% |
| 全く受けなかった | 16.6% | 全く満足しない | 6.4% | 全く充実しない | 2.7% |

| 14　授業改善の具体的な内容 | | | | 15　教育器材の使用 | |
|---|---|---|---|---|---|
| 討論が多い | 5.4% | 進行がスムーズ | 35.1% | 毎回使った | 51.0% |
| 発表が多い | 3.9% | 丁寧な指導 | 24.7% | 時々使った | 17.3% |
| 小テストが増えた | 3.3% | その他 | 19.4% | あまり使わない | 7.6% |
| 課題宿題が増えた | 8.2% | | | 全く使わない | 24.1% |

（日本大学文理学部FD委員会報告書・別冊「学生アンケート」調査、2002年から作成）

②平成15年度のアンケート調査の結果

平成14年度と15年度は、マークシート方式による質問が6項目、自由記述が2項目（8つの事柄に関する質問）に改められた（日本大学文理学部FD委員会、2003：

50-53)。受講学生に対するアンケート処理は、自由記述以外は外部委託して処理することとし、質問項目は大幅に改訂された。とりわけ、質問事項の6番目は、いわゆる他大学でも実施されている授業評価に近い質問項目となった。この点をめぐってFD委員会の議論は、「TAを使った授業改善を行っている以上、教員の結果責任を問うのは当然のことである」というものであった。残念ながら、この授業評価に相当する部分は、他大学の場合と同じく非公開とされたので、ここでは言及できない。代わって、自由記述の質問項目に関する分析を紹介しておきたい。

自由記述の質問項目は、2項目であるが、アンケート上では最もスペースが割かれ、重視された部分である。質問項目は、①「次の点について、良かったこと、気になったことがありましたら、裏面に書いて下さい」とされ、「授業内容について」「教員について」「教室環境・機器・設備について」「教科書や補助教材について」「TAについて」「その他（シラバスなど）」であった。②は「あなたの受講態度・授業への参加態度について、あなた自身が評価できる点、反省点について、裏面に書いて下さい」というものであった（日本大学文理学部FD委員会、2003:94-102)[4]。

## 4　TA制度の問題点

### (1) アンケート結果の総括

平成13年度のアンケート調査においては、少数意見ながら、教員、TA、学生がアンケートの自由記述欄に記載したTA制度に関する問題点の指摘を行っているので、その分析をしておきたい。教員アンケートで指摘されたTA制度の問題点は、「TAが専門的な知識をもっていない」「TAとの事前、事後の打ち合わせの時間が不十分である」「TAが授業内容に関与していないので、授業改善に効果がない」などであった。最初の問題は、TAの採用方法やTA講習会の充実などによって改善できるものであり、後者の二つの問題は、教員の意識改善によって解決可能なものである。

TAの自由記述は、「TAの職務上、困った事や問題点［質問項目18］」と「TA

制度に対する意見［質問項目19］」で構成され、23名（18.7%）のTAが回答している。授業改善に関する意見としては、「学生からの質問をTAが聞き、TAが教員にその内容を説明する」といった教員と学生のコミュニケーション不足を指摘する意見があった。また、「授業の事前準備や打ち合わせ不足」を指摘する意見、「授業内における教員とTAの役割分担の明確化」を求める意見なども複数あった。

　特に、TAが授業内において「お手伝い」程度の役割しか与えられず、TAの有効活用を疑問視する意見は重要な指摘であるが、この点は、ひとえに担当教員の意識改善と努力が求められる問題である。教員の遅刻と授業中の退室、教員からの授業の代講依頼を指摘する意見も一件ずつあり、教員側の反省が求められる。「TAの専門的な知識・技能の向上」を求める意見、学生数が多い授業における「学生への対応の困難さ」を指摘する意見もあったが、前者はTAの選出方法の再検討、後者はクラス規模の縮小、ないしは複数TA制の導入などが改善方法として考えられる。

　学生の自由記述は、「授業やアンケートに関する意見［質問項目21］」を求めたものであり、166名（4.6%）の学生が回答した。これらの学生からの授業に関する意見は、「TAの存在が授業改善に効果があった」「TAが熱意をもって指導してくれた」「教員とTAの視点の違いが有効であった」など、TA制度に対する肯定的な意見が圧倒的に多かった。TAの指導により機器・器材への習熟度が高まったこと、討論、小テストの導入などによって「授業の内容や質が向上した」という意見も多かった。また、教員に対しては「学生の自主性を尊重して欲しい」「明るい授業をして欲しい」「コンピュータなどの機器に習熟して欲しい」「授業の進度が理解できない」などの改善点を訴える意見も多かった。学生の率直な意見に耳を傾け、教員が授業の改善に一層努力する必要性があろう。

(2) 「補完的な役割」への自覚

　本学部において、平成13年度に実施されたTAアンケートにおいて指摘されたTA制度の改善点や問題点は、我が国のTA制度のあり方そのものを改善する

方策となるだけでなく、大学教育のあり方自体を改善する際の参考材料ともなりうるものである[5]。本章は、編者の所属する学部のTA制度による授業改善の効果と問題点を中心に述べてきたが、これらは大学における授業の質的な向上を目的としたものであると同時に、大学における授業のあり方を教員個人の努力によって改善するのではなく、大学全体で組織的・制度的に改善しようとする試みに役立てられる。

　本学部におけるTA制度による授業改善は、おおむねその目的を達し、平成13年度と平成15年度のTAや学生アンケートの回答結果を見る限りは、授業改善は確実に前進していると言える。また、TA制度のメリットはそれぞれ教員、TA、学生にも十分に自覚されている。たとえば、科目担当教員はTA制度の導入により、一定程度の授業指導をTAに任せることが可能となり、より充実した多角的な授業を展開できるようになった。特に、PCやOHPなどの機器に不慣れな教員でも、TAが補助者として存在していれば、こうした機器を使った授業改善が可能となる。また、学生の方も講義一辺倒の授業から解放され、授業に主体的に参加する機会が増えることになる。さらには、授業で理解できない内容に関しても授業終了後にTAに質問し、指導を受けることが可能となる。こうした授業以外の時間に学生の相談を受けることを「オフィス・アワー」というが、こうしたきめ細かい学生指導を行う教員やTAが存在することもアンケート結果は示している。

　しかしながら、TA制度が大学の授業改善をめざす制度であるとはいえ、大学の授業改善の責任は教員側にあるのであって、TAにあるわけではない。この点はゆるぎないものの、TA制度の導入が、大学教員の意識改善と伝統的な教授スタイルの革新を促す契機となる可能性は秘めている。

[注]

1　この調査の目的は、「京都大学の教官がTA制度の沿革と規定に関してどのような認識をもっているか、TA申請、経費支給、業務の実態はどのようなものであるか、TAの存在意義と改善点に関してどのような意見が見られるか」などの事項を調査したものである。

　　質問項目の内容は、ほとんどがTAの申請などの事務手続き、給与、待遇などに

第5章　TA制度の運用システム事例研究　121

関するものである。TA業務の内容としては、「実習・演習授業の教育補助」「講義授業の資料作成等」「学部生の卒業論文等の指導」「学部生の勉学に関する相談」などの項目に対する回答の割合が示されている（子安ほか、1997:64,70）。

2　内訳は以下の通りである。前期科目は、76科目、54名の教員、58名のTA、4,415名の学生に対して実施し、回収率は、教員が96.3％、TAが100％、学生が55％であった。後期科目は、72科目、52名の教員、51名のTA、3,675名の学生に対して実施し、回収率は、教員が98％、TAが100％、学生が61％であった。通年科目は、63科目、76名の教員、66名のTA、1,963名の学生に対して実施し、回収率は、教員が99％、TAが100％、学生が61％であった（日本大学文理学部FD委員会、2002:77）。

3　平成15年度におけるアンケート調査の内訳は、以下の通りである。前期実施科目は、51科目、47名の教員、54名のTA、3,361名の学生に対して実施し、回収率は、教員が97.9％、TAが100％、学生が71.1％であった。後期実施科目は、83科目、99名の教員、99名のTA、4,611名の学生に対して実施し、回収率は、教員が92.9％、TAが100％、学生が64.4％であった。平成13年度は、前期・後期・通年科目に対して実施したが、平成15年度は、受講学生に対するアンケート数の削減を目的として、1教員1科目にした。それとともに、アンケートの実施方法も前期実施、後期実施に改めた（日本大学文理学部FD委員会、2004:76-77）。

4　平成16年度は、教員とTAに対するアンケート調査の質問項目に変化はないものの、受講学生に対するアンケートの質問項目は大幅に改訂された。改訂された理由は、①「平成12年度から実施されてきたTAに対するアンケート調査の結果は、おおむねTA制度が良好に機能していることを示し、あまり細かな質問事項をしなくてもよい」、②「FD委員の負担軽減」というものであった。

5　本学部のTA制度は、こうしたアンケート結果を参考として、さらなるTA制度の充実・改善に向けて努力を傾けている。とりわけ、TA制度の拡充をめざして、大規模授業（受講学生：100～240名）と野外実習などにもTA制度を導入した。また、TA制度と連携するコンピュータ・リテラシー科目における「ステューデント・アシスタント」（SA）の任用基準も定め、SA制度を平成14年度から実施している。しかしながら、TA導入科目が学部全体のコマ数の約1割程度という現状を考えると、こうしたTA制度のさらなる拡充による授業改善が今後とも求められよう。詳しくは、日本大学文理学部FD委員会『平成14年度FD活動報告書』を参照して頂きたい。

# 第6章　TA制度導入による授業改善の実践例

[本章のねらい]　我が国のTA制度は、3つの側面から制度化されている。第一には、TA制度による「大学教師としての訓練」という側面である。しかしながら、日本の大学院教育においては研究者を養成する機能はあっても、大学教師として訓練する機能は皆無に等しい。TA制度は、大学院生にとっても大学における授業のあり方を直に体験できる絶好の機会となる。第二には、TA制度は大学院生に対する経済的支援としての側面を担っているという点である。第三には、TA制度による授業改善の側面である。

　TA制度は、大学教育の質的な改善をめざすと同時に、教員の「教育軽視」の意識をも必然的に改善するものである。本章は、「TA制度による大学教育の改善」という側面から、編者の所属する日本大学文理学部において2001〜2002年度にかけて実施されたTA導入による授業改善を目的とした具体的な実践例を紹介するものである。実践例の報告者は、編者自身も含めた同学部に所属する3名の教員である。

## 1　実践的事例研究の必要性

　編者は、TA制度の導入による大学の授業改善の意味や問題点を解明するためにも、多くの事例研究を蓄積する必要性を認識している。そうした個別の事例研究の蓄積こそが、大学全体の教育方法の改善を有効に行う一つの方法であると考えるからである。もちろん、そうした試みも多くの批判や相互点検をふまえたものでなければならない。大学教育の改善は、理論的な側面から実践を導き出すだけでなく、実践から理論を構築することも重要であろう。

本章では3名の教員によるTAを用いた授業改善の実践例を紹介するが、たんなる事例紹介に留まることなく、TAの「教育補助業務」の可能性と限界、TA制度による授業のあり方も検討したい。TA制度は、大学授業のあり方を教員個人の努力によって改善するものではなく、大学全体で組織的・制度的に改善しようとする試みである。また、我が国の大学における授業改善が、おおむね「授業評価」・「授業アンケート」という形態によって進展している状況の中で、TA制度という具体的な教員支援の形態をとりながら、大学授業の内容や方法を改善する試みであるとも言える。

　本章で紹介する実践例からも理解できるように、TA制度には大学の授業改善に貢献する一定の役割は認められる。しかしながら、繰り返し述べてきたように、TAの役割はあくまでも教員の補助であることも自覚すべきである。現在、我が国の大学教育においてTA制度を運用する場合、大学の授業を責任をもって担当するのは大学教員である。アメリカの大学のようにTAに授業を全面的に担当させる事例は存在しない（ただし、実験系・実習系の授業ではTAが授業を担当する事例もまれにある）。我が国の大学授業の基本が、教師による「講義」であり、学生による「ノート取り」、そして試験での「暗記」という従来のパターンを踏襲する場合には、TA制度による授業改善の効果的な運用はない。大学教師による講義一辺倒の授業ではなく、討論、小テスト、レポート、輪読形式の演習、個別発表などの学生主体の多様な形態の授業方法を導入しない限り、TA制度も「絵に描いた餅」になりかねない。

## 2　大規模講義科目におけるTAの役割

──留意点と昨年度の実践報告──

　当該科目は、2002年度に開講された学部の17全学科に所属する全学年の学生が履修することができる、総合教育科目の一つである。総合教育科目は、一般教養科目に相当する科目で、多人数講義科目という性質をもつ。当該の科目名（開講時期、履修者数）は、次の通りである。

　　＊「言語学」（前期開講、履修者数：171人）

＊「言語と文化Ⅲ」（後期開講、履修者数：163人）

　いずれも、日本語を中心とした言語学的なテーマを取り扱うもので、「言語学」では言語地理学的テーマを、「言語と文化Ⅲ」では社会言語学的テーマを取り上げた。資料集を教科書として指定し、印刷教材も必要に応じて配布する講義形式の科目である。テーマによっては音声資料、映像資料、ウェブ資料なども用いた。毎回授業終了時に、学生から出席票を兼ねたコメント票を提出させる形式をとった。

⑴　TAの業務内容について

　「言語学」と「言語と文化Ⅲ」では、TAに１名（大学院博士前期課程２年）ついてもらって、授業改善に取り組んだ。TAの業務内容は、次のようなものである。
①コメント票の回収、入力、整理、教員への送付。
②教室における機器類の準備。
③印刷物・コメント票の配布。

　このうち、最も授業改善に大きくかかわる業務は、「①コメント票の回収、入力、整理、教員への送付」である。コメント票導入の主たる目的は、次の２点である。
①取り上げるテーマを自分自身の問題として検討できるようにしてもらう。
②多人数授業では受け身になりがちな点を解消する。

　コメント票は、その回の授業で取り扱ったテーマに関する体験報告、あるテーマに関する意見などを中心とした。理解しにくかった箇所についての質問もコメント票として受けつけた。TAには、コメント票の内容を、整理・データ蓄積してもらい、メール添付ファイルとして、担当教員に送付した。教員は、次回以降の授業で学生にフィードバックするために、そのデータを用いた。

　TAとの連絡は、直接対面によっても頻繁に行ったが、メールによるやりとりが非常に有効であった。コメント票データのやりとりにおいても、メール添付ファイル形式であるため、すみやかな情報のやりとりが可能となった。

また、互いに意見や注文をつけ合う、という点においてもメールでのやりとりは有効であった。

### (2) 大規模講義科目のTA担当者に対する注意点

　大規模講義科目にTAを導入する試みは、本学部ではあまり前例がない。執筆者自身は、2003年度新学期に行われたTA講習会において、大規模講義科目TAを対象とした注意点に関するレクチャーを行い、その際に「学生を指導する立場であるTA」という側面を強調した。以下は、その際に示した注意点などである。なお、北海道大学における『TA心得』を参考とした部分が多い。

①TAは教育者としての良識・姿勢が不可欠である（教員としての自覚を持つ）。
②教室の内外を問わず軽はずみな言動はしない（軽い一言でも学生は動揺する）。
③担当教員への敬意の念を持つ（授業内外にかかわらず、教員を貶めるような言動を示さない。不満・納得のいかない点については、随時担当教員と相談すること。受講者に対して、敬意のなさは伝わる）。
④担当教員とよくコミュニケーションを持つ（授業前後の直接体面による打ち合わせが重要。電子メールによる頻繁なやりとりも効果的。指示や依頼に関してすみやかにレスポンスする）。
⑤エキセントリックな服装は慎む（肌の露出の多いものなど。堅苦しくする必要はないが、常識の範囲で）。
⑥学生に対して「友達ことば」は使わない（教室での立場をはっきりさせるため。友達として、教室に入っているわけではない）。
⑦差別的表現や偏った言動をしない（性・人種・民族・政治的信条など）。
⑧学生のプライバシーを守る（学生番号・成績・住所・電話番号・アドレスなどを外部に漏らさない）。
⑨セクハラの禁止（教室内の性差別的表現・性的に不愉快に学生が思う話はしない。身体接触はしない。1対1で学外で会わない、個人的な電話やメールをしない）。
⑩学生との恋愛の禁止（⑨に関連）。

## (3) 授業に際しての留意点

授業に関する注意点は、次のとおり。

① 機器の設置・操作になれておく（教室の下見、配置機器類の練習、教員の当日使用機器類の把握）。
② 補助教材の準備・配布を授業開始までに終える。
③ 時間厳守。遅刻しない・余裕をもった行動が必要。
④ 出欠点検をする場合は授業の邪魔にならないようにする。
⑤ 出欠点検の結果はよく整理しておく。欠席届など保管しておく。
⑥ 学生の質問には機会均等に対応する。
⑦ 学生から受けた質問内容について理解できなかった場合、宿題として持ち帰り次回に返答する。あいまいな回答やいいかげんな回答をしない。わからないことはわからないとはっきり伝える。教員との相談も必要。
⑧ 理解しにくい質問は確認する。
⑨ 評価に関することについては、軽々しく答えない。

## (4) 小テスト等の採点に際して

科目によっては、小テストの採点がTA業務となる場合がある。その際の注意点として、以下の点を指摘した。

① 採点基準を確認・調整する。
② 模範解答と配点を担当教員と確認する。
③ 一つの問題だけ流れ作業的に行う。

## (5) その他の注意点

その他、細かい注意点として、以下の点を示した。

① 教育環境の整備（冷暖房、暗幕・窓の開閉など）。
② 教員よりも早めに教室に出向き、スタンバイしておく。
③ 授業前に余裕をもって教員を訪ねる。

(6) 問題防止と解決方法

　TA業務遂行に際して、問題が発生した場合の対処方法について説明した。
①都合でTAをかわってもらう→担当教員と事前に相談のこと。
②学生からのクレーム
　　→記録をとっておく。メモ・メールなど担当教員とよく連絡をとる。
　　→成績のクレームは教員に連絡。
③試験などの不正行為はすぐに教員に報告を。自分だけで解決しようとしない。

　それでも、問題が生じた場合を想定して、以下の説明を加えた。たとえば、担当教員とのトラブルなどについては、他者への相談が必要となるため、学部のFD委員会で設置しているセクション相談窓口について説明した。
①「FDよろず相談室」または、FD委員に相談のこと。
②「FDよろず相談室」は学部のＨＰから入れる。FD-request@chs.nihon-u.ac.jp
③プライバシーは固く守られるので、とにかく、すぐに相談を！

（田中ゆかり）

## 3　演習科目におけるTAの役割

　平成13年度の教育学科の「教育学演習Ⅲ」（4年生用）は、全体で6コマ用意され、その中で編者が担当した演習の題目は「日本の学校改革の実態調査」である。学生数は、22名（男子10名、女子12名）である。この科目の目標は、前期においては現在進行中の我が国の教育改革の理念と動向を概観し、後期においては、そうした教育改革の実態を学生自身が調査し、その成果を授業内で発表することであった。
　この課題は、現在の我が国の教育改革を理念と実態の双方から解明することを目的としたものである。学生が発表を行う際には、レジュメの作成とパワー・ポイントの利用を最低限の義務として課し、可能であれば、ビデオ、デジカメなども駆使しながら、参加者の視覚に訴える発表をしてもらった。

また、授業内ではディベートも合計4回行った。

　上記のような授業内容において、TAがどのように授業改善にかかわったのか、その内容を項目ごとに報告したい。私自身、本年度は初めてTAを授業補助として採用し、TAには本学大学院の文学研究科教育学専攻前期博士課程2年のA君に依頼した。

### (1) TAの教育補助業務の内容

　A君をTAとして採用するにあたっては、本ゼミの目的や活動内容を大学に提出したシラバスに従って説明を行った。科目担当教員である私は、TAとしてのA君には、第一に、これまでの海外経験と大学院でのアメリカ教育研究の専門的な知識を提示してほしいこと、第二に、ビデオ、パワー・ポイントなどの器材の利用の際の補助を行ってほしいことを説明した。また、4月からの授業ごとの説明では、前日に授業内容と時間配分を説明し、授業内で使用する資料など手渡し、授業準備をしてもらった。毎回、15～20分程度の説明であった。

　授業内におけるTAの主なる役割は、以下のような内容であった。1回だけのものもあれば、数回に及んだものもあるので、何回目の授業であったかを記しておきたい。特に、TAであるA君が本ゼミで担当した教育補助業務の内容には、A君の研究活動成果の発表もあった。たとえば、アメリカのマサチューセッツ州の公立小学校で行った2週間の教育実習体験に基づく、日米の教育観や教育実践の違いに関する報告、ならびにA君が大学院で研究を行っているホームスクーリング運動の研究報告などであった。多くの学生が興味深く聞き入っただけでなく、日米の教育改革の差異を確認する上でも有意義であったと考える。また、後期からのパワー・ポイントの準備と補助は、学生発表をスムーズに行えたという点からも有意義であった。ほぼ全員の学生が、パワー・ポイントを使ったプレゼンテーションに挑戦した。以下は、TAの授業内の主なる活動である。

①TAの自己紹介（第2回）　　　＊（　）内は、授業の何回目かを示す。

②資料の講読に対する質疑への応答（第2回）
③討論の指導：賛成派と反対派に分かれた際の、一方の意見の取りまとめと指導（第3回、第4回、第5回）
④討論の総合司会（第23回）
⑤アメリカの公立小学校での教育実習の報告（第5回）
⑥学生の発表に対する質問・意見の提示（第6回、第10〜12回、第16〜18回、第20〜22回、第24〜25回）
⑦パワー・ポイント講習会の補助（第8回、第9回）
⑧パワー・ポイントの準備と補助（第16〜24回）
⑨ゼミ報告書の作成の補助（第25〜26回）
⑩小テストの採点（第2回）
⑪授業終了後も学生の授業に関する質問への応答、文献紹介や資料検索の補助、夏の特別合宿（奥多摩キャンプ：1泊）や懇親会にも出席した。

### (2) TAによる授業改善の意味

　私が担当した「教育学演習Ⅲ」の授業改善は、TAの導入によって、大きな成果を生んだものと確信している。なぜならば、授業の最後に作成したゼミの報告書の内容は、学生全員の充実した発表資料が掲載されていると同時に、学生の感想文として高い満足感も表明されているからである。本演習は、A君という優秀なTAの補助があったからこそ、より充実した多角的な授業を展開できたと言えよう。私自身は、決してPC、OHP、パワー・ポイントなどに完全に習熟しているわけではなかったが、TAが補助者として存在していれば、こうした機器を使った授業改善も可能となる。一方、学生の側も講義一辺倒の授業から解放され、授業に主体的に参加する機会が増えることになる。さらには、授業で理解できない内容に関しても授業終了後にTAに質問し、指導を受けることも可能となる。こうした授業以外の時間に学生の相談を受ける「オフィス・アワー」の時間をもつことも可能となった。きめ細かい学生指導がTAの導入によって達成されたと言えよう。

　ただし、TAとしての業務が「大学院生としての研究活動にどの程度負担と

なっているか」、というTAの側に立った問題点の把握も忘れるべきではない。本演習では、『業務及び指導・管理基準』によって禁止されている①シラバスの作成・授業計画、②教室内の規律・秩序維持、③定期試験の監督と採点、④成績判定、⑤授業の代講及び補講、⑥その他授業にかかわらない業務などのTAの補助業務はなかったと思う。しかしながら、たとえ週1科目の授業であってもTAを担当する院生は、やはり学生指導に対する時間的な負担と精神的な負担は重かったようにも思われる。

しかも、担当教員が「充実した中身の濃い授業」をめざせばめざすだけ、TAの負担も増すであろう。教員と比較して、立場的に弱いTAは過重労働やセクハラ問題が起きても、教員との人間関係上、なかなか問題点を指摘できないことも予想される。この問題に関しては、さらなる慎重な対応が必要であろう。しかし、この点は、大学の授業改善に自らも貢献するというTA自身の自覚も必要となる。教員の場合も同じであるが、授業の満足度は学生の満足度に比例する。学生が「いい授業であった」と満足してくれれば、教員の満足度も高いものとなる。それは、TAも同じであろう。

### (3) TAによる授業改善の問題点

TA制度の難しい側面も指摘しておきたい。第一には、TAと科目担当教員との関係性の問題である。大学院生であるTAは、学部学生に年齢も近く、教員よりも学生にとって近づきやすい存在である。教員に質問するよりも、気軽にTAに質問できる点はメリットである。しかし、TAと学生の関係が密接になればなるだけ、教員と学生の関係が疎遠になるという事態も予想される。また、科目担当教員とTAの間で学生に対する評価や指導方法が異なり、学生が混乱する事態も予想される。もちろん、学生指導の最終責任は科目担当教員にあり、TAは教員の指導の下で教育的な補助業務を遂行するが、両者の協力関係を正しく構築しないと、それはTAのみならず、受講学生にもマイナス要因となって作用しかねない。

第二には、TAの経験が大学における実践的な教育経験の場になったか、否かという問題である。学部学生の指導にあたるTAが、将来の大学教員として

の職業訓練や準備としてTAの仕事を理解するか否かは、ひとえに大学側からの動機づけの問題である。つまり、我が国の大学が依然として「研究重視」の姿勢を崩さなければ、大学院生もTAとしての経験を積極的に評価しなくなる。この点の意識改善は、ひとえに大学や大学教師の意識のあり方に左右されると言わざるをえない。大学の「教育」に無関心か消極的なTAは、TAとしての経験も自らの研究の進展にとって、邪魔なもの、無駄なものと映る。そうした否定的な意識の改善こそ大学側に課せられた責務と言える。今日、確かに大学教員の教育経歴にTAの経験を加えるケースもみられ、次第に大学教員に「教育業績」が問われつつある現状を重視したいと考える。

　こうした問題の改善は、大学側がTAの専門的な能力開発を責任をもって行うことで、ある程度は達成されよう。教員や受講学生のアンケート結果から、TAは人柄も良く、専門的な知識をもった院生が望まれていることは明確である。しかし、大学院に入学したばかりの院生がTAとなることが可能な本学部のシステムは、学部生をどの程度まで指導可能か、という問題が残る。言い換えれば、学部生と年齢も近いTAが、教員の指導下にあるとはいえ、授業内の討論指導、レポート採点、学生指導などを行うことが可能か否かという問題である。安易なTAの選出は、学部教育の質を下げることにもなりかねないが、このことはTA本人の問題であるとは言い難い。この問題の根源は、TAを選出する科目担当教員、ならびにTAの専門的な養成を怠っている大学側の責任と考えた方がよい。TAに対する訓練プログラムの内容や方法の適切性に関しては、今後とも手探りの状態が続くことになろう。

　第三には、TA制度に対する財政的な援助の問題である。TAに対する報酬は、奨学金という意味あいもある。TAとして大学の授業に貢献し、大学から報酬を得ることは、大学に対する意識の向上にも役立つであろう。

## 4　実習科目におけるTAの役割

――地域調査・分析の実習授業におけるＴＡ任用の効果と課題――

　本節は、地理学科に特徴的な実習の授業において、TAを任用する意義と業

務内容の実態について紹介するとともに、その効果と課題について考えるものである。以下では、まず地理学科の授業の種類、カリキュラムについてふれ、特に実習系授業の概略を紹介したあとに、TAを使った実習授業について報告者の担当科目を事例としながら、TAの業務の実態とTA任用による授業改善の効果、またTAのさらなる可能性と課題について整理する。

(1) 地理学科における実験・実習系授業の種類

地理学は、「地域」をキーワードとする理系と文系の境界的・総合領域的科学である。そのため、地理学科のカリキュラムは自然・環境系、産業・社会系、地理情報系の三本の柱と、またこれらを総合する地域・地誌学系の流れによって構成されている。このカリキュラムで開講する科目の中でTAを必要とするのは実験系および実習系の科目であり、実験系の科目としては自然・環境系に位置づけられる、地形地質学実験、気候気象学実験、自然地理学実験Ⅰ・Ⅱがあげられる。一方、実習系の科目には大きく分けて、技術・作業を学ぶものと地域調査の方法を学ぶものの二つのタイプがある。前者には、地理実習、地図学実習、コンピュータマッピング、リモートセンシング実験、地理プログラミング入門、測量学実習などがあり、後者としては野外調査法（ⅠおよびⅡ）が挙げられる。

(2) 実習科目の具体的な授業内容（地理実習、野外調査法の場合）

次に、これらのうちから報告者が本年度担当した二つの科目を事例に、その授業内容の概略を紹介する。まずその一つが技術・作業系の授業として挙げられる「地理実習」であり、2002年度の受講学生は35名であった。これは地形図における作業や統計資料の図化により、図の利用と活用法の基礎を学ぶことを目的とした科目である。本年度は具体的に、尾根線と谷線の描出、地形断面図の作成といった地形図を用いた作業や、市区町村別人口数、人口増加率、人口流動の流線図といった主題図の作成を行っている。

もう一つの事例として挙げるのが、「野外調査法Ⅰ（含実習）」である。この科目は、現地調査の方法について、事前準備から現地での実習、報告書の作

成までを実践的に学ぶことを目的としている。この授業では、調査地域の問題点の整理から研究テーマのリストアップ、テーマごとの班編成、文献の検索・収集、文献研究・資料分析結果の発表と討論、調査内容・方法の検討と調査計画の立案、事前準備をまとめた現地調査手引書の作成、現地調査、調査結果の報告、報告書の作成といった一連の実践作業を通じて、地理学の実証研究に必要とされる現地調査の方法を学ぶことになっている。

(3) TA業務の実態と授業での効果——地理実習の事例——
① 作業の事前準備

この授業においては事前準備としてTAによる作業見本の作成が必要となる。この見本は、説明だけでは伝わらない図作業の実際を、視覚により理解させるのに効果的である。見本は教員が作ることもあるが、教員は自分が企画した作業ということもあって作業過程を当然理解しており、「実際に作業を進める上でわからないところ」がわからない場合も多い。その点、比較的学生の感覚に近く、教員により作業を指示されるTAは、事前の作業の段階で、「わからないところがわかる」ということも多い。これは指導上参考となる要点でもあり、授業中の個別指導において役立つことになる。また、TAは受講学生よりも高い技術をもっていることから、見本にふさわしい実物を作成することができるという利点も協調しておきたい。

② 授業中の業務

TAは授業中における作業の個別指導や質問に対する受け答えの補助的役割を担っているが、この場合もTAの利点が発揮される。通常、教員は作業方法を説明する際、ごく基本的なことは理解を前提として省いてしまう場合も多い。しかしながら、実際にはその基本すら理解していない学生もあり、こうした学生はそれが初歩的なことだと思うがゆえに教員に対してはなかなか質問できないでいる。また、その他の疑問であっても教員にはなかなか質問できないという学生も多く、それが作業の遅延につながりかねない。こうした場合でも、TAには気軽に質問することができるということもあってか、実際にTAがこうした質問に対処するケースは多い。

地図上の作業は、その方法の細かな指示を、個別に手を取って教えるのが効果的である。しかしながら教員一人では手が回らないため、TAの存在は不可欠である。とりわけ「わからないところ」を重点的に説明することは必要で、前述のごとく「わからないところがわかる」TAが対応するのは効果的である。この他にも、教材提示装置や見本の現物、機材そのものを使った説明を行うことが頻繁にあり、教員一人では物理的に困難な場合でも、TAが教材や機材を支えたり、学生の間を示して回ったりすることで可能になることも多い。

③ 授業時間外での対応

授業時間内で作業が終わらない場合には、作業が持ち帰りの課題となることも多く、授業時間外においても学生に疑問の生じることがある。これに対して教員は、多忙であったり研究室に不在であったりするため対応が万全とはいえない。このような場合でもTAは研究室にいることがあり、学生の質問に対する回答や個別指導が可能になることもある。

(4) TA業務の実態と授業での効果——野外調査法の事例——

①授業中の業務

授業中の業務としては、まず前述の地理実習と同様、TAには気軽に質問ができるのは利点であろう。野外調査法の授業では調査の班別に現地調査の内容、方法、計画を検討するが、学生にとっては初めての実践的な調査であるため、どのように進めてよいかわからない点も多い。したがって、班別に詳細な指示や指導を行うことが要求されるが、教員一人では対応に限界があるために、調査のノウハウを心得ているTAによるサポートは効率的である。指導に際しても、教員はある程度強圧的な態度で接することがあり、指示が強制的になりがちであるが、TAは学生が相談できるよき先輩として、教員とは違った形での助言・指導が可能となる。また、準備を進める上で様々な作業を行うことがあり、このような場合には、地理実習のケースと同様、TAによる個別指導が効率的である。

ディスカッションの際もTAがコメントをすることがあるが、地理学のよう

な対象の広い学問においては、教員とTAである大学院生の専門分野が異なる場合も多く、また学生に近い世代でもあるため、教員とは違った視点でのコメントが期待できる。

②授業時間外での指導

　野外調査法では、学生が資料の検索や収集・分析を行うのはほとんどの場合授業時間外であり、その際に生じる疑問も多い。これも地理実習のケースと同様、時間を比較的柔軟に使えるTAが対応することが多い。こうしたTAの実態や効果について、本年度、地理実習のTAを担当し、前年に野外調査法のTAでもあったY君（地理学研究科博士前期課程2年）は、実際の経験にもとづいて次のように語っている。

(Y君)「地理実習において、地形図上の2地点を結ぶ断面図を方眼紙に描く作業を行った際、作業進行が遅い学生から、授業のあとで個人的に指導してほしいという希望があった。そこで授業後に一時間ほど作業の様子をみたが、作業についてわかっていなかったのは、ほんの些細なことであった。基本的な質問であるために教員には質問できず、その結果作業が進まなかったようである。学生の疑問を解消できたこと、授業時間外にも学生に柔軟に対応できたことは、TAとして効果的な役割が果たせたと思っている。」

(Y君)「野外調査法の授業において教員から、事前調査では文献を読むことが必要であると指摘されたが、2年生である学生の中には、文献の検索に関する知識が乏しいものもおり、身近な学部の図書館の有用性や、そこでの文献検索方法すらわからないものもいた。授業時間外に、たまたま質問を受けたことでそのことがわかった。学生は文献検索方法程度のことを教員に質問するのがためらわれたであろうし、これも学生との距離が近いTAだからこそ質問できたということで、やはりTAの必要性がうかがえる事例だと思われる。」

　以上のようにTAは、たんに教員の補助的な役割を果たすだけにとどまらず、学生の先輩として、また調査の経験者として独自の役割を担っており、

学生の理解度の向上、理解の遅れがちな学生のフォロー、授業の円滑な運営などに大きな効果が認められる。

(5) **TA業務のさらなる可能性と課題────TA業務が担う今後の可能性────**
①現地調査時における業務の拡大

　平成15年度からは、新たに野外調査法の授業における現地調査の際にもTAが業務を担当することができるようになる。そのため、現地においても学生の疑問や問題への対応が可能となってくる。現地調査では班別に調査を行うことも多く、教員一人で全体に目を配ることは困難な状況にある。TAも分担して対応することが可能になれば、現地においても、よりきめの細かい指導が実現できることになる。また、現地では調査予定や調査内容の変更などもあり、臨機応変な対処を求められることもあるが、自らも調査の経験があるTAには、そうした場合にも学生に対応を指示することが可能であると考えられる。これについては、Y君も次のように語っている。

(Y君)「かつて、野外調査法の授業において実施された現地調査に、担当教員のゼミ所属の大学院生として参加したことがあった。現地での調査中に教員から電話が入り、『地元町内会の人に話しを聞くことができるようになったので、聞き取りにいける班を近くにいる班の中から選んで予定を調整してほしい』と指示された。現地調査では学生は班ごとに調査を行うが、私は調査中の学生たちの間を巡回していたため、この指示に即座に対応ができた。地理学の現地調査では、現地に臨んで緊急に生じる調査もあり、現地に行ってからの予定変更にも対応が必要となる。そのような場面において、TAがついていれば即時かつ効果的な対応が可能であると考えられる。」

　現地での測定や観測が必要なテーマをかかげる現地調査では、教員による実演的な指導が行われる場合がある。TAはその補助を行うが、調査が複数箇所に分かれて同時に行われている場合では、TAも分担して指導的な立場を担うことが期待できる。

現地においては毎日、その日の調査報告と翌日の調査予定を説明するミーティングが開かれる。そこでTAは事前調査におけるディスカッションの場合と同様、教員とは異なるTA独自の助言的なコメントをする役割を担うことが期待される。

②TAによる模範実技・作業の提示

　TAが事前に作った見本を見せるだけでなく、その場で模範的な作業をすることも可能であり、これにより学生は作業過程をより具体的に理解できる。また野外調査の場合には、TAも独自の調査テーマを設定し学生と同様に調査を進めることで、TA自身が実態にそくして地域を理解することが可能になり、それが指導にも大きなプラスとなると考えられる。これが実現すれば、調査テーマの設定、調査計画作成の手順などのいわば「手本」を、学生が目のあたりにすることにもなり、大きな効果が期待できる。ただし、こうした業務は、今まで実施してきていないため、効果が期待できる反面、明らかにTAの業務負担増大になるため、TAの希望等も考慮して、実施は慎重に検討する必要があろう。

③TA本人の利益拡大

　野外調査法の場合には、特に先述したようにTA自らも調査テーマ・研究計画を立て、調査の実施や分析・報告書の作成を行うことが、TA本人の実績につながるという利点もある。地理学研究においては、事例地域の実態調査の積み重ねこそが重要であり、現地調査でこうした経験をすればTA自身の新たな見識にもなり、また実際の研究成果ともなる。とくに、指導的な立場で報告書の作成にかかわり、自らも報告文を寄稿するならば、それが成果物として評価されることにもなる。

(6)　**TA業務における今後の課題**

①指導・業務が許容される範囲の問題

　授業を補佐する立場と規定されるTAは、授業中にどこまでの指導が許容されるのであろうか。特に、教員と離れて行動することも多い現地調査の場合には、単純な補助だけに止まらないこともありうる。一方で、TAの負担を考

えると、どこまでの業務を課していいかという点も問題となる。たとえば前述のように地理実習などでは、生徒が見ている前で実際に地図作業を行うことも考えられるし、野外調査においても、TA自らが調査テーマ・計画を立案し、実際に調査・分析を行うこともありうる。

　また、授業時間外の準備や指導はどの程度まで許されるのであろうか。たとえば、地理実習などの科目では、準備段階において作業見本の作成などに割かれる時間は大きい。野外調査では、実際には授業時間外における指導が多くなる。しかし、大学院生でもあるTA自身には各自に研究や出席すべき講義があるため、使える時間は限られており、TAによってはそこまでの負担はしたくないという意見もあろう。この点について、Y君は次のように考える。

　　(Y君)「あくまで個人的な意見であるが、私としてはこれを試みてみたいという気持ちもある。TAとしてかかわった学生は、教え子とはいわないまでも、かわいい後輩という意識があるため、授業外の時間で何か質問されるのも嬉しく思うし、嫌だという感覚はほとんどない。時間が割かれることで自分自身の研究が進まなくなることは問題ではあるが、それもTAの自己管理能力次第なのではないだろうか。また、野外調査でTA自身が実際にテーマや調査計画を作成するということも、実現可能であると考える。すなわちこうした調査では、全く新しい研究を始める際に必要な分析視点や分析法の確立から時間を費やす必要はなく、これまで自分が研究・勉強してきた中で培った知識や技術を他の地域で応用してみる、ということでいいと考えるからである。」

　地理学科では実習授業の果たす役割は大きく、そうした授業にTAを任用することで教育効果が倍増することは明白である。特に受講学生にとって「頼りになる先輩」であるTAの存在は大きいと言えよう。ここまで述べたような効果のみならず、TAの業務には他にも様々な可能性が残されていると思われる。ただし、その業務の範囲については、TA自身の負担も考慮しながら検討を進めていく必要があると考える。
　　　　　　　　　　　　　　　　　　　　　　　　　　　(落合康浩)

# 第7章　教員・TA・受講学生から見たTA制度の問題点

[本章の課題]　本章は、我が国のTA制度の問題点を教員・TA・受講学生の3者から複合的に検証することを目的とする。こうした視点が重要である理由は、多くの大学ではTA制度の有効性や問題点などの検証を客観的に行っていないだけでなく、TA制度の運用の当事者である担当教員、ならびにTA本人、そしてTA制度の受益者である受講学生の意見を総合的に検証していないからである。TA制度の有効な活用にとって、まず重要なことは、客観的な現状把握である。大学教員だけでなく、TAや受講学生の声にも素直に耳を傾け、今後の改善の参考としたい。

## 1　教員から見たTA制度の問題点

　TA制度に関する調査を教員に対して行っている大学は、あまり多いとは言えない。この点、先駆的な事例が筑波大学教育計画室が実施した『平成元年度教育補助者に関する調査報告』である。続いて、木村・真田は平成14年度にも筑波大学の教官に対するアンケート調査（木村・真田2003、「TA（ティーチング・アシスタント）の現状報告」）『筑波大学におけるFD活動──「学群・学類授業参画プロジェクト」の実践──』（平成14年度筑波大学教育計画室活動事業報告書）を行っている。

　京都大学は、子安・藤田らが平成8年度に実施した同大学の教官に対するTAのアンケート調査（子安ほか、1997「京都大学教官を対象とするティーチング・アシスタントに関する調査(1)──質問紙調査のデータ分析──」、前原ほか、1997「京都大学教官を対象とするティーチング・アシスタントに関する調査(2)──自由記述内容の分析──」

京都大学高等教育研究開発推進センター『京都大学高等教育研究』)を実施している。これらの先駆的な調査研究の報告をもとにして、教員から見たTA制度の問題点を分析する。

### (1) 筑波大学におけるTA制度の問題点

　筑波大学におけるTA制度は、昭和62年からスタートし、「英語の授業の活性化を図り、学生により高度の語学的訓練を施す」ことを目的として、一般教育の英語に限定して「試行的TA」が導入されている。その際のTAは、英語学、もしくは英語教育学専攻の大学院生であった。平成元年には、英語に加えてドイツ語、中国語、国語、情報処理、総合科目にもTAが導入されている(筑波大学教育計画室、1990:1)。『平成元年度　教育補助者に関する調査報告』は、これらの科目におけるTA導入の実態と結果を報告する目的で、教員とTAに対してアンケート調査を実施している[1]。この調査は、当時としては最も早くにTA制度の実態が調査対象となったという意味で、注目されるものである。

　最近では、同じく筑波大学教育計画室が平成14年度に実施したTA制度の現状に関するアンケート調査が実施され、木村浩・真田久2003「TA (ティーチング・アシスタント) の現状報告」と題して報告されている。このアンケート調査は、同大学におけるTA制度の発足10年を迎え、TA制度の改善に向けた基礎資料とするために、学内の52の教育組織に対して実施されたものである。同報告の内容は、アンケートの質問項目とその集計結果(とりわけ、自由記述形式の問題点の指摘が詳細に報告されている)、資料(「TA制度運用に関する4専攻の内規」)が掲載されている。木村と真田は、このアンケート調査の目的として「より良いTAのあり方を模索する」(木村・真田、2003:93)と述べている。この調査結果で分析されているTA制度の問題点に関する教員側の意見をまとめておこう。

　まず、筑波大学におけるTA制度の運用が「授業にどのような成果があったか」という質問に対しては、多い順から挙げると「教官の負担軽減」「授業の効率的・効果的運用」「TA学生の教育技術のトレーニング」「TA学生の経済的な支援」「TA学生の教育業績づくり」である。これらの結果は、他大学でも見

られる一般的な結果であろうが、TA制度の運用上の効果を現場教員からも確認している点が参考となる。

次に、筑波大学におけるTA制度の問題点を指摘したアンケート項目がいくつかあるので、その結果を紹介しておきたい。以下は、全てアンケートに回答のあった自由記述の意見であるが、どの程度の人数の意見であったかは不明である（木村・真田、2003:96-99）。

第一には、「TA学生の採用に関する課題や問題点」である。アンケート結果を筆者の視点から分析すると、「TAの決定が履修者が決まる以前になされる点」「TAの予算配分、採用時期（5月から）、決定が遅い」という問題、「TA予算の不足・減額（たとえば、通年の採用ができない）」「大学院生に留学生が多く、採用に偏りが生じる（留学生は言葉の制約があり採用しにくい）」「事前ガイダンスの必要性」などが指摘されている。TAの予算は、文科省からの補助金の決定時期の問題もあろう。この点は、他大学では4月以前のTA採用決定、4月からのTA業務開始の事例があり、決して改善不可能な問題ではない。

第二には、「TAの運用により、授業運営上、かえって問題となった点」である。問題点は、「TAが勝手に授業を休む」「TAを担当する院生の研究時間の縮小」「TA業務が不明確な点」「TA間のレベル差」「TAに関する事務手続きの煩雑さ」、そして「外国人教師へのTA制度の説明」などが指摘されている。これらの問題点の指摘は、TAの授業内への導入を、おおむね支持する意見が多い中で、あえて改善点を指摘したものである。教育と研究のバランス、TAの資質向上、TA制度運用上の整備など本質的な問題を含んでおり、重要な指摘であろう。

第三には、「TAの予算配分に関する課題や問題点」である。最も多い意見は、「予算が少ない」という意見であり、TAが必要な科目の採用や年間を通じた採用ができない、という指摘である。また、TA給与がTAの学会発表や研修への参加費用に充当されており、「配分金額の増額」を望む意見もある。その他、「予算配分は博士課程を重視すべきである」「TA学生の労働負担と賃金のアンバランス」「配分決定の時期が遅く計画的・効果的に使用できない」など、おおむね予算の増額、決定時期の早期化、配分方法の再検討などを要望

する意見が多い。

　第四には、「現行のTA制度について、特に改善を図るべきであると思われる点」である。上記で指摘された問題以外を摘出すると、「1時間あたりの給料が安すぎる」というTAの給与に関する意見、「TAの業務格差の是正」「TA業務や雇用時間の再検討」などTAの業務内容に関する意見が見られる。また、TA制度のシステムの改善に関しては「公募システム」「優秀なTAを評価するシステム」、複雑なTA制度の「簡略化」「TAの指導能力の向上」などを望む意見も見られる。

### (2) 京都大学におけるTA制度の問題点

　京都大学では、先述したように平成8年に子安・藤田らが京都大学の教官に対するTAに関するアンケート調査を実施し、その成果を公表している。

　このアンケート調査の目的は、「「ティーチング・アシスタント」制度が京都大学の中で実際にどのように運用されているかを、教官を対象とする調査によって明らかにすること」(子安ほか、1997:64)であると明記され、大学院生がいる部局の教授(589名)、ならびに助手全員(695名)を対象に質問紙調査が実施されている。有効回答者数は、教授が256名、助手が273名の合計529名であった。このアンケート調査の設問は合計で16に達しているが、本書が注目する質問事項は、教員から見たTA業務の実態とTA制度の改善点や課題である。

　まず、京都大学におけるTAが担当する具体的な業務内容は、「実習授業の教育補助」(教授:60.4％、助手:63.2％)、「演習授業の教育補助」(教授:46.9％、助手:36.8％)、「学部生の卒業論文等の指導」(教授:27.6％、助手:23.2％)、「学部生の勉学に関する相談」(教授:23.4％、助手:21.1％)、「講義授業の資料作成」(教授:20.8％、助手:8.1％)の順番であった。京都大学のTA業務として、卒論指導と学部生の勉学相談が挙げられている点が注目される。

　第二には、TA制度の改善点に関する質問では、「TAの仕事の内容に見合った高い報酬を払うこと」(教授:60.7％、助手:44.2％)、「教官が継続的な指導や助言を行うこと」(教授:40.1％、助手:50.6％)、「TAが肩書や職歴として社会に認知されること」(教授:46.6％、助手:43.1％)、「TA従事者からの仕事内容の改

善等の提言を受けとめること」（教授：39.7％、助手：34.9％）、「指導を受ける学部生にTAの仕事を正しく認識してもらうこと」（教授：26.7％、助手：30.1％）という回答が多かった。京都大学のTA制度の改善点は、TAの賃金・地位の向上、教官の責任ある指導体制、TA従事者からの改善提言の採用などであろう。

　最後に、京都大学のTA制度のあり方や改善に関する「自由記述方式」の設問が設定されている。教授110名、助手102名が何らかの回答を寄せているが、とりわけ理科系学部に多く、その中でも工学部に集中している。そして、回答のほとんどは「現行のTA制度の運営に何らかの修正の必要性を指摘するものであり、全面的な賛成は皆無といってもよかった」（前原ほか、1997：78）という指摘がなされている。この自由記述を分析した前原・山口らは、自由記述の回答を「改善要求」と「代替要求」の回答グループの2つに区分している。「改善要求」の回答グループは、主に「TAの選抜方法の改善」と「TA採用後の運営方針に関する要望－TA制度の理念明確化と通念に適った体制の要求－」の2つに区分されている。また「代替要求」グループは、「TA以外の制度の拡充を望む声」が多かったことが指摘される。具体的な記述に関しては紙幅の制限もあり、省略する。

　しかし、この自由記述の3つの種類に関しては、同論文の結論は次のようなものである。「この三種類の回答には、本質的な意味での差は小さい。いずれの意見・要望であっても、報酬の面でも業務内容の面でもTA制度の理念と現実とが乖離しているという状況認識が共有されているからである」（前原ほか、1997：85）。そして、TA制度の議論も大切であるが、併せて大学院教育のあり方、大学院教育を充実させる方策などに関しても議論すべきことが指摘されている。そして、この点に関する重要な指摘をしている回答が最後に掲載されているので、紹介しておきたい（前原ほか、1997：85）。

　「現状では大学院生は責任を持たない使い捨て状態であり、定員削減のしわ寄せで仕事がまわってきているとしか思えない。TA制度を考える前に、大学院とは何であるかの位置づけをはっきりさせておくべき

である。」(助手)

## 2　全国の大学におけるTA経験者の報告

### (1)　「インタビュー調査」による問題点の指摘

　本節で分析するTA制度に対するTA自身からの意見は、編者が2002～2003年度にかけて実施したTA制度の全国調査の際に行ったTA経験者に対するインタビュー調査の記録によるものである。インタビューは全て編者が行ったが、プライバシーの問題やTAとしての立場に配慮し、実名での表記は避けた。また、TA経験者によるTA制度の意義と課題をまとめたが、そのことに関するTAの意見は、なるべく忠実に紹介した。しかし、その他の事柄に関しては紙幅の関係もあり省略、ないしは修正が施されている。TAに対するインタビュー調査の詳細な記録は、北野秋男2002『大学教育におけるTA制度の実態に関する総合的研究』(日本大学文理学部、pp.281-297) を参照して頂きたい[2]。

① 　国立大学のTAに対するインタビュー
　　　　　実施日：2002年11月1日（金）
　　　　　回答者：大学院修士課程2年（商学研究科）

[TAの業務内容]

　TAとして担当している科目は、「経済データ解析論」という後期の2コマ続きの講義である。前半は担当教員がテキストを使って講義を行い、後半は講義で出てきたデータを実際にエクセルに打ち込んで計算をしたり、グラフを作成したりする。TAは、授業後半のエクセルの使い方の指導を行う。後期だけの授業で週1回である。

　　「学生の人数は、だいたい毎年40名前後で、TAは1人。情報処理センターの大きなスクリーンにプロジェクターで一つの画面を映して一通り作業を見せたあとに、学生の皆さんに実際に作業を進めてもらっていま

す。個別にわからない箇所は、手を上げてもらって、学生のところに行って教えるということをしています。学年は3年生以上で、ある程度パソコンを使える人たちです。でも、やはり個人差がありまして、全くコンピュータにふれたことのない学生が入ってくることもあります。そうした学生には前の方に座ってもらって、できるだけ近くで教えるといった形をとっています。

　授業の前後の業務としては、その授業で使うデータを用意したり、グラフを見せないと学生はわからないので、授業で作ってもらうグラフを事前に作ったりしています。わりと準備はしっかりしています。授業が終わったあとは、その日作ったグラフにコメントを書いてもらって、レポートを提出してもらっています。そのチェックなどもしていますので、授業終了後も少し時間を取られます。また、学生からの質問もあります。TAとしては忙しいけれども、充実しています。」

　このTAが行うエクセルの実習指導は、TAが単独で行うという意味では、我が国ではめずらしい事例である。通常は、TAは教員の補助業務である。TAが有能で、責任感も強く、単独でも十分に学生指導が可能であるという判断が教員と大学側にあると思われる。PCなどを使う技術系の実習授業や体育などの実技系の授業、平易な実験授業などは安全面などが確保されれば、TAが単独でも十分に学生指導が可能であるという例であろう。その場合には、TAに対する非常勤講師と同額の給与を支払う必要もある。

[TAを経験して良かった点・悪かった点]
　TAがついていない授業に比べ、TAがついている授業は良いという感想をTA自身が述べている。その裏づけとなった事柄は、授業の最後に学生が書くコメントの中に、「TAの方にお世話になりました」とか、「ありがとうございました」といったTAに対する感謝の気持ちを表した文章が見られるからである。また、TAが付かない場合に教員が大変であることを予想し、TA制度の効果的な点も認識している。

「たくさんの学生たちとかかわることで、学生たちが今何を考えているかがわかることが非常に良いことです。なぜかというと、本学の大学院は私のような学生が少ないので、たとえば「学生たちが就職活動などをどうしているのか」「どんな講義を受けて何を考えているのか」など、全く耳に入ってきません。3年生とか4年生とかなど、わりと自分に近い学生と話ができるというのは、非常に良い点の一つだと思います。自分の知識を学生に教えようとすることで、自分自身がその知識をさらに高めていくこともできているように思います。プレゼンテーションの仕方も、去年よりも今やっている今年の方がうまくなっていると思いますし、そういったスキルがアップしていると思います。」

ここに述べられている事柄は、TA経験による学生との緊密化、学生指導による自己の教育技能や考え方の向上である。学生という「他者」の存在を受け止め、それとのかかわりが自己の能力開発を促すという利点について見解を表明している。

一方、学生の質問など学生指導が授業の前後にも及ぶため、給与の支払いとして、授業以外の時間も支払ってほしいことを希望している。また、PC関係の授業における学生のスキルの差が大きく、柔軟なTA制度の運用を望む指摘もなされた。

② 私立大学のTAに対するインタビュー
　　　　　実施日：2002年11月10日（土）
　　　　　回答者：大学院修士課程2年（工学研究科）

[TAの業務内容]
　機械科2年生の設計製図の通年科目を担当している。授業は一科目であるが、午後の3コマ連続の授業である。TAとしての業務内容は、機械を分解して、スケッチをし、それを図面に起こしたりするので、その場合の道具や測定工具の準備、あるいは先生が説明される際のスライドやOHPの準備を行

う。授業開始前に提出物がある場合には、授業開始30分前に行くが、普段は授業開始前の10分前に行き、準備をする。

「製図は2クラス合同なので、片方で先生が説明をすると、片方はテレビで説明を聞きます。その時のカメラ動作も行います。またプリントの配布も行います。授業が終わった後は、使った工具やOHPの片づけをします。学生からの質問や意見に関しては、先生の説明があり、実際に製図に入ると、学生がわからないところを聞いてきます。しかし、授業内で質問をしてきますので、質問攻めにあうようなことはありません。受講学生は100名程度で、TAは2名です。3コマ連続の授業は、最初の30分から1時間くらい先生が説明をし、その後図面を書きます。途中休憩はありますが、終わるまでひたすら図面を書きます。その際に、学生の指導をTAが補助します。」

[TAを経験して良かった点・悪かった点]
　この大学は、全国の大学の中でも珍しいTA給与の月給制を採用し、最高24万円が支給されている。こうした給与制度の月給制の採用は、TAに対する奨学金という側面を重視したものであろう。

「私は、TAはアルバイトだとは考えていません。学校の補助的な手伝いだと理解しています。年額18万円ももらえるのはありがたいことだと思います。もっとお金が欲しければアルバイトをすればいいわけで、先生方の補助と考えています。…学生からすると、TAというのは、わからない点を聞きやすい存在であると思っています。TAがいることによって、学生が先生に直接わからない点を聞くことが少なくなるので、マイナスの面も出てくると思います。多くの学生がいるので、わからない学生をなるべく理解させるような時間は多くなりました。」

特に悪かった点はないとしながらも、TAの存在が「担当教員と学生の間の距離を遠くする」という問題点を指摘している。普段なら「教員－学生」という関係性の中に、「教員－TA－学生」という新たな関係性が生まれる際の問題点を指摘したものである。

### (2) 河井論文におけるTAからの問題点の指摘

2000年の大学教育学会『大学教育学会誌』(第22巻、第1号) に掲載された河井正隆「大学院生の教員トレーニングに関する事例的研究――Teaching Assistant 制度からの考察――」(pp. 63-71)は、我が国のTA制度の問題点をTAの立場から解明した注目すべき論文である。河井論文は、初等・中等教育機関の教員と異なり、「我が国では大学教員の資格制度や教員養成といったシステムについての議論が希薄である」と指摘し、「これからの大学に求められる教育機能の充実・強化のうえで、教授者側である大学教員が如何に教育活動を行っていくのか、以前にもまして、ますますその重要性を帯びるものと思われる。まして、その担い手としての若い有能な学生を、大学教員に育てていくためのトレーニングの必要性は、今後の重要な課題と思われる」と述べている。そこで、河井は、「この制度のTeachingとしてのAssistantという側面」を生かした大学教員の養成制度の一つとして注目されているTA制度に着目し、「我が国においてもTA制度を教員トレーニングの視点でその有用性を問うことは、これからの大学教育を考える上で意義あることと思われる」(河井、2000：64) と指摘する。

上記の課題を解明するために、河井は、「実際にTA業務に携わった大学院生にインタビューを行い、TA制度にみる教員トレーニングの役割や意義・問題点について検討を行う」とし、3大学の7名(国立文系2名、私立理系5名)の院生に対する詳細な聞き取り調査を実施している(河井、2000:64)。これらの7名の院生は、1999年2月現在で、TA業務を1年以上経験した大学院生(博士課程在籍者)であった。調査は、1999年2月に実施され、おのおのに約30〜40分程度の半構造化面接を実施している。分析の枠組みは、インタビューで得られた情報からキーセンテンスを設定・抽出し、調査対象のTAにおける意識の構

造化が試みられている。ここでは、河井が分析した「TA業務の問題点や改善点」を紹介しておきたい（河井、2000:68-69）。

　第一には、「(TAの)立場や位置づけが不明確、担当教官によりTA業務がばらばら」という業務内容そのものへの問題点である。河井は、この問題点を「業務内容の非トレーニング化」と呼び、TA制度を教員のトレーニングとして捉える際に、そのための一般目標やトレーニング・プランの有無といったカリキュラム的発想の欠如を指摘する意見として位置づける。

　第二は、TA業務を支える教授活動のスキル開発や訓練の場が欠けている、という問題である。TAとしての「技能」や「教えることへの理論的訓練の場」を求めるものであり、河井は、これを「教授スキルの欠如化」と呼ぶ。

　第三には、TA業務がTA自身の専門と必ずしも一致していないという問題点である。さらには、自らの専門性の不連続のみが問題ではなく、TA経験そのものと、次の場（大学教員）との不連続性を指摘する問題でもある。

## 3　TAカンファレンスの報告

### (1) TAカンファレンスの趣旨

　本節は、2002年度における編者の所属する大学の総合基礎科学研究科に属する大学院生17名のTAによるカンファレンスの記録を掲載したものである。TA自身によって企画・運営された討論会であり、TAから見たTA制度のあり方、授業のあり方に対する提言が散見する。他大学では見られない貴重な実践例となっている。

　TA制度の効果的な運用、ならびに授業の質的向上を考えるとき、その方法論として有効なのは教員とTAが一堂に会して、率直な意見を出し合いながら、協力体制を構築していくことが重要であると思われる。同学科では、TAが職務終了後にTA自身からアンケートという形で意見を述べてもらう機会は、これまでも用意されていた。また、実際にTAを使っている教員がTAから色々なトラブル等の相談を受けるということもあった。しかし、それ以外の方法でTAの意見を直接的に聞く機会は存在しなかった。確かに、TAの中には

アンケートにおいて非常に多くのことを記述して、私たちにとって参考になる意見を述べる者もいるのだが、記述という方法では一定の制約があることも明らかである。

　そこで、TAに対するアンケートやトラブルなどの相談ではなく、TA自身が自発的に集まって意見交換をする場を作ることにした。その機会に、TAに発言する機会を十分に与え、今まで表面に出なかったTAの本音を引き出すことを目的とした。また、TAの職務内容について優れた意見を持っている院生もいるので、TAがそのような人たちとTAの職務について、自由に意見交換できる機会は貴重であろう。そのことが、逆にTAでありながら、TA制度に無関心な院生に対する刺激にもなる、と考えた。今回、大学院修士課程2年のM君が中心になって物理系の実験科目においてTAとして補助業務にあたった大学院生17名に、TA制度に対する不満や遭遇したトラブル等について話し合ってもらった。

### (2) 実験系のTAの業務内容

　ところで、理系の実験科目におけるTAはどのような教育補助業務をしているのであろうか。まず、TAは、主に実験器具の準備や学生に渡す諸器具を使う上でのマニュアルの説明などをしている。その他にレポートの提出をチェックするというような事務的なこともやっている。本来、TAの職務は教育業務に携わって（将来の）大学の教員になる仲間を養成するという意味もあるが、事務的な仕事もTA業務としては重要である。したがって、物理系の実験では、TAはなくてはならない重要な役割を果たしている。その業務内容は、実験器具の準備やその使い方、学生の質問に対して答えたりすることである。教員だけではできないきめ細やかな教育を可能にしているというのは、疑いのない事実である。

　しかし、問題点もある。TAがいることによって、学生がわからない箇所を質問した際に、TAがすぐに答えてしまうということが挙げられる。やはり考えさせる教育も重要であることをTAに理解してもらう必要がある。具体例を挙げれば、物理系の実験の場合、学生30名を教員とTA含めて4名で指導する

が、TAは3名か、ないしは副手がいる場合は1名のTAがついて学生全体の教育をしている。また、TAがいると、教員の業務の一部をTAに任せることができて教員の負担を軽減することもできる。もちろん、実験の単純操作をTAに任せることによって、教員は教育的に高いレベルでの指導を怠ってはならない。しかし、悪く考えると、実験の方法はかなりマニュアル化されているので、一人のTAに任せきりということが起こりうる環境にあることを忘れてはならない。その点を注意しなければ、TAをたんなる教員の「手足」として使ってしまう教員も出てくることになる。

### (3) TA反省会の内容

　同学科におけるTA制度の実態を理解した上で、17名のTAによる「TA反省会」の企画と内容について言及したいと思う。TA自身がTA業務を行う上で、不満やトラブルについて自由な意見交換を行う場を2002年12月に設けて討論会を行った。この討論会は、前述したように大学院前期博士課程2年のM君に企画を依頼して実現したものである。まず、M君はTA全員に予めTA制度の問題点など関する意見を書いてもらい、それを集計して討論会で発表し、議論の契機とした。また、出された意見を「学生と教員とのトラブル」「大学のシステム的なTA運用上の問題」などと項目ごとに分類し、討論を進めていった。そのときに出てきた不平や不満が下記に示すものであるが、1）から11）までが討論会での会話から出てきたものである。それから12）から14）はアンケートの中で意見として挙がったものである。

1）他の曜日の先生と実験のやり方が違い戸惑ってしまった。
2）レポートの書き方について先生たちの間で意見が違っており、学生たちが困惑していた。
3）TAの仕事の不明確さ。
4）実験は授業時間内に終わらないことが多い。
5）TA全員が2コマできるようにするべきだ。
6）TAの数を増やし、時間の余裕が欲しい。

7）楽な実験と忙しい実験があり、同じ賃金では不満。
8）雑用がかなり多い。
9）自分が正しいことを教えているか心配。
10）賃金アップしてほしい。
11）就職活動のために休めなくて困った。
12）TA枠に対して院生が少ないと、なかば強制でTAをさせられる院生がいた。
13）実験が授業時間内に終了しなかったために、大学院の授業に遅刻した。
14）TAを担当している科目以外の授業で授業の準備をさせられた。

## (4) 教員側の対応策

　次に、討論会の内容を受けて、TAに対して行うべき教員の対応を考えてみた。下記に1）から9）でそれを示すが、私自身にとっても、改めてTA制度の意味と問題点を考察する貴重な場となった。

1）同じ科目を複数の教員が担当する場合には教員間での話し合いが必要である。
2）職務の内容について院生と教員間のコミュニケーションを円滑に行うよう努力する。
3）各科目のTAの職務を明確にするとともに、教員に周知徹底させる。
4）TAの資質向上を図る（事前に実験内容、教育の目的を把握させる）。
5）TAの仕事内容を把握し、適切な数のTAをつける。
6）採用時に適正能力があるかどうかを事前に確認する（コンピュータ科目）。
7）TAが病気や就職活動で休む場合の処置を、学科内である程度明確にする。
8）TAは大学院生が自ら希望して行う職務であり、教員に強制されて行うことがないように学生及び教員に周知する。
9）TAに任せられることは任せ、教員自ら教育の質的向上に努力する。

今回、TAによる意見交換の場を設けたことで、これまでは教員側が把握できなかった不平や不満等の意見を聞くことができた。また、そのような意見から教員の側で改善できる点を検討できたことは大きな収穫であった。このように今後もTAが意見交換できる場を提供し、教員とTAが協力して質の高い教育ができるような環境をめざしていきたいと考えている。

(中里勝芳)

## 4　受講学生から見たTA制度の問題点

### (1)　「アンケート調査」におけるTA制度の問題点

　学生の側からTA制度の問題点を指摘した事例は、我が国では編者の所属する学部の事例を除いては、全く見られない。そうした意味では、同学部で平成13年度から実施されている受講学生に対するTAアンケートの結果は貴重なものである。平成13年度のアンケートの分析は第4章でもなされているが、本節では、平成15年度の後期実施アンケート上で見られるTA制度の問題点を中心に分析することとする。アンケートの対象となった学生数は(約7,724名であり、回収率は67.5%)である。

　この学生アンケートにおけるTA制度の問題点は、自由記述の質問項目において指摘されたものである。質問項目は6項目であるが、本節の課題からすれば、「次の点について、良かったこと、気になったことがありましたら、裏面に書いて下さい」という中の5番目の「TAについて」という質問項目が該当する(日本大学文理学部FD委員会、2003:50-53)。前期、後期実施アンケートで2名以上の複数回答のあったものを紹介する。

### (2)　受講学生から見たTA制度の問題点

①前期実施アンケートの結果
＊接することがなかった (29名)
＊態度が悪い (消極的・言葉使いが悪い・寝ていた・遅刻する等) (19名)
＊人数が不足 (17名)
＊説明が不適切 (間違っている・わからない・わかりづらい) (11名)

＊不要・迷惑（10名）
＊質問しづらい(その場にいない、TA同士で集団を作っていて排他的、よそよそしい)（9名）
＊裏方の仕事をしていて授業に参加しない（5名）
＊必要な知識に欠ける（5名）
＊何もしていない時が多い（4名）
＊役割が不明（2名）

②後期実施アンケートの結果
＊不要（19名）
＊説明が不適切（間違っている・わからない・わかりづらい）（14名）
＊人数が不足（11名）
＊何のためにいるのかわからない（10名）
＊何もしていない時が多い（7名）
＊不快な対応をされた（5名）
＊遅刻する、積極的に授業に参加しない（各3名）
＊授業に参加しない（2名）
＊質問する機会がない・質問したいときにいない、話しかけづらい（各2名）

　以上のように、受講学生においてはTA制度を支持する意見は圧倒的に多いものの、TA制度の問題点を聞いたアンケートでは、主としてTAの人数に関する問題、役割に関する問題、学生への対応に関する問題が指摘された。いずれも、TA制度の根幹にかかわる問題であり、十分な対応が必要である。

## 5　TA制度に対する「評価制度」の重要性

　最後に、我が国のTA制度の改善すべき諸問題を概観しておきたい。まずは、京都大学のTA制度の実態を調査した研究からは、TAの給与の改善、TAの資質の向上、TAの肩書や職歴が社会的に認知されること、TA従事者からの仕事内容の改善等に対する提言を受けとめることなどの問題点が指摘されて

いる。京都大学のTA制度の改善点は、TAの賃金や地位の向上、正式な教育歴として履歴書などに記載可能とすること、TAの養成プログラムの必要性、TA従事者からの改善提言の採用などであろう。

　筑波大学におけるTA制度の改善点は、第一には、「TA学生の採用」に関する実務面での課題や問題点が指摘される。第二には、「TA制度の運用から派生する問題」であり、TAの教育と研究のバランス、TAの資質向上、TA制度運用上の制度的な整備などの問題点である。第三には、TAの「予算の増額」とTAの「予算配分」に関する財政上の課題や問題点である。第四には、TAの給与の改善、業務内容の格差の是正、TAの評価制度の確立などである。

　また、編者の所属する学部で実施された理系の院生17名によるTAカンファレンスにおいては、TA制度の根幹にかかわる問題点や改善点を指摘する意見もあった。こうした会は、たびたび企画され、TA自身の意見をTA制度の改善に役立てるべきであると思う。いずれにせよ、こうした問題点の指摘は、TA制度に関するアンケート調査やTA自身の反省会を実施したからこそ浮かび上がってくるものである。TA制度の実態を正しく把握することなしには、TA制度の改善もないと考える。

　我が国のTA制度のさらなる充実と発展を考えるためには、問題点や改善点を多角的・重層的に検討し、様々な大学の試みを比較検証しながら、着実な制度改革を行うべきであろう。この点、広島大学における「実績報告書」は担当教員に対して、「業務報告」「評価」（下調べの程度、教示情報の適切さ、学生への態度、学生の理解度に関する5段階評価）、「得られた成果」に関する記載を求めている。この中の「5段階による評価」は、他大学では例を見ない厳正な評価制度となっている。日本大学文理学部では、この広島大学の「実績報告書」を参考にして、〈資料-8〉にあるような「実績報告書」を平成17年度から教員とTAに求めている。

　しかしながら、評価のあり方それ自体も重要ではあるが、本文中でも述べた京都大学、筑波大学、そして日本大学文理学部の事例などをもとにすれば、我が国のTA制度の制度的な問題や改善点は明白である。今後、TA制度の改善点として挙げられる事項は、TA配置科目の拡大（文系の講義科目などへの拡大、

専任・非常勤といった区別の撤廃など)、TAの身分・地位・待遇の改善、TAの募集・任用・採用方法の改善、TAの資質向上プログラムの立案と実施、TA業務内容の明確化、TA制度の効果と問題点を検証する評価システムの確立などが優先事項となろう。

[注]

1 　このアンケート調査の質問項目は、①「TAの仕事内容」、②「授業の効果について」(教員とTA)、③「TAを使って良かった点・悪かった点」(教員)、④「TAとして働いて良かった点、悪かった点」(TA)、⑤「TA制度についての意見、または改善すべき点」(教員とTA) である。回答者は、英語の場合、1学期で教員2名、TA3名、2学期で教員2名、TA3名と少ない (筑波大学教育計画室、1990:2-5)。
2 　2002〜2003年度にかけて実施されたTA経験者に対するインタビュー調査は、7大学11名に対して実施された。

# 第8章　アメリカのTA制度の特色

[本章のねらい]　本章は、アメリカにおけるTA制度の特色を大学院制度のあり方を確認しながら、TA制度の給与、待遇、業務内容、養成制度を中心に考察することを目的とする。我が国のTA制度は、第4章でも述べたように、TAによる学部段階の教育改善、経済的支援による大学院生の処遇の改善、将来の大学教員としての養成などを目的としながら、全国の大学において急速に整備されてきた制度と言える。我が国とアメリカのTA制度の大きな差異は、その身分・待遇、業務内容、養成制度において確認される。

　また、日本のTAは教員の補助者として位置づけられ、単独で授業を行うことはない。一方、アメリカのTAは授業を単独で行う場合がほとんどである。すなわち、TAが担う責任の大きさに決定的な差異が見られ、その結果として、給与や養成制度においても大きな格差が生まれることになる。本章は、我が国のTA制度のあり方を検討するためにも、アメリカのTA制度の実態を概観してみたいと考える。

## 1　アメリカのTA制度研究の意味

### (1) アメリカのTA制度研究の必要性

　我が国のTA制度のルーツは、既述したようにアメリカの大学の「教育助手」(Teaching Assistant) 制度である。しかしながら、我が国の大学においてTA制度の歴史が30年を超えたにもかかわらず、アメリカのTA制度それ自体を研究した論文が数少ない。同じく、大学教育の改善に対するTA制度の有効性を検証した研究も皆無に等しい。したがって、アメリカの各大学におけるTA制度の

実態も不明であるだけでなく、そのあるべき理念や目的さえも十分に検証されているとは言い難い。

　本章で取り上げるアメリカのTA制度研究の意味は、両国のTA制度における著しく異なる制度的差異——特に、業務内容、給与制度、勤務時間、養成制度、TAを統括するセンターの役割——を解明し、我が国のTA制度の改善に一定の指針を得ることである。とりわけ、アメリカのTAやTF(＝Teaching Fellow)は、かなりの責任ある業務を任され、授業なども担当しているようである。このことが、アメリカのTAと我が国のTAの給与制度や養成制度の差異を生み出す大きな要因となっている。もちろん、アメリカのTA制度が「我が国の模範となる」とは単純には言えない。日本には日本独自の大学制度があり、大学院生の養成システムがある。たんにアメリカを模倣するのではなく、アメリカのTA制度を実証的に検証して、その意味や問題点を十分に探るべきであろう[1]。そうでなければ、我が国でも、かつてアメリカでも見られたTAを「知的皿洗い」(＝ダーティワークの担い手)と位置づけ、教員の下請け仕事をする「雑用係」か大学の人件費のコストを削減する「安上がりなパートタイム・ジョブ」(苅谷、1988:151-152) となってしまい、TA制度本来の意義を見失う恐れがある。

### (2) アメリカのTA制度研究の成果

　我が国のTA制度は、アメリカの大学において実施されてきたTA制度を模倣して導入されたにもかかわらず、アメリカのTA制度の理念や実態の解明はほとんどなされていない。もちろん、大学院時代にアメリカ留学を行った経験者の個人的なTAの体験談、ないしは部分的にアメリカのTA制度に言及した研究は存在する。我が国の数少ないTA研究の報告や論文の多くが引用しているものといえば、苅谷の研究が挙げられる[2]。苅谷は、アメリカのTA制度の意義として、以下の4つのことを指摘している。

　第一には、大学教員の指導・管理の下、大学の授業改善に何らかの形で貢献すること、第二には、TA自身も大学の授業に参加し、教授能力を磨きながら、将来において大学教員になるための訓練や準備の機会を提供するという、いわば大学教員の「教員」養成システムの一環であること、第三には、大学

院生に対する財政援助的な側面を担っていること(報酬は賃金ではなく、むしろ授業料の免除や奨学金として支給される)、第四には、大学の財政面からすればTA制度はコスト削減に貢献していること、である（苅谷、2000：10-11）。

しかしながら、2000年以降になると和賀と吉良のTA制度の研究も登場する。和賀は、研究目的として、「アメリカの大学におけるティーチング・アシスタントに提供される訓練プログラムの発展過程に着目することで、その発展がいかなる影響をファカルティ・デベロップメントに与え、いかように発展させたのかについて考察することである」（和賀、2002:47）と述べている。

和賀は、アメリカの大学教員の育成過程におけるTA経験の重要性に着目しているが、和賀も指摘するように、アメリカの大学は日本の大学と比較して様々な面で多様であり、全米的な把握は難しい。しかしながら、吉良はアメリカのTA制度の実態解明を意図して、アメリカ北東部の州立・私立の5大学を対象にインタビュー調査を実施している。吉良は、2004年にこれらの大学の教授開発センターを訪問し、センターの組織や業務内容などを確認しながら、各大学のTAの種類、人数、業務内容、勤務時間、給与、訓練・養成プログラムの実態を詳細に報告している（吉良、2005）。アメリカのTA制度の実態研究としては、我が国では初めての本格的な実証的研究であろう。

## 2　アメリカの大学院制度

### (1) アメリカの大学院制度

アメリカの大学は、1980年代初頭には18歳人口の減少期を迎え、それが約10年以上続き、ようやく95年にボトムに達し、その後は穏やかに回復しているという。しかし、その減少期の中にあったアメリカの大学も、我が国の大学と比較すると、その量的・質的な違いは大きい。アメリカの大学は、1991年には短期大学も含めると約3,600校あり、約1,440万人の学生（フルタイムは約810万人）が学んでいる。大学院生は、パートタイムの院生も含めて約140万人であり、その中の8割程度が修士課程、2割程度が博士課程であると言われている。しかし、大学院博士課程(Ph.D.コース)を有する大学は全体の1割

(約350校)程度に過ぎず、博士課程に在籍する学生数も約30万人である(館、1995：540-55．山本、1995：19-20)。

　アメリカの大学院生を中心とした若手研究者に対する養成システムは、大学院を中心とした正規の教育研究課程と指導教員が進める個別研究プロジェクトへの参画などによる研究訓練によって実施される。大学院生に対する研究者養成システムは、我が国と大きくは違わないが、博士課程の最終段階で学位を取得するという目的とプロセスが明確に決められている点が特徴的である。したがって、結果的には、日本とアメリカでは博士の学位取得者数に相当な開きが生まれる。アメリカにおける博士号の学位授与数の1980～90年頃にかけての10年間の動向は、工学、自然科学で博士の学位授与が増え、かつ外国人の博士号授与者が増えているという点に特徴が見られる(山本、1995：20)。

　アメリカの研究者のキャリアパスは、〈図8-1〉にもあるように、大学院の博士課程後にはポスト・ドクトラル、ティーチング・スタッフ（講師・インストラクター）などを経て、大学その他の研究機関でテニュア・トラックと呼ばれる教授職へと連なる常勤のポストを得ることになる。それは、なかなか厳しい道程である。

### (2) 大学院における奨学金制度

　アメリカの大学院生は、その所属する大学からだけではなく、実に多種多様な経済的支援を受けることができる。その理由は、アメリカでは大学側が優秀な院生を確保するための手段として、様々な奨学金情報を集め、それを提示しているからである。また、院生の側も親からの経済的援助に頼るだけでなく、自ら奨学金を獲得して大学院生活を送る場合が多く、そうした意味では、院生にとって奨学金はなくてはならないものである。アメリカの大学における奨学金は、おおむね次の3つに大別される(山本、1997-1：56)。アメリカでは大学院生は一般に、6年から10年をかけて博士号を取得するが、その期間中にこうした財政的支援の中から7つから8つを利用する。なかでもTAとRAに対する奨学金は、その額も大きく、授業料なども免除される点が特徴

## 図8-1　アメリカの大学における研究者になるためのキャリア・パス

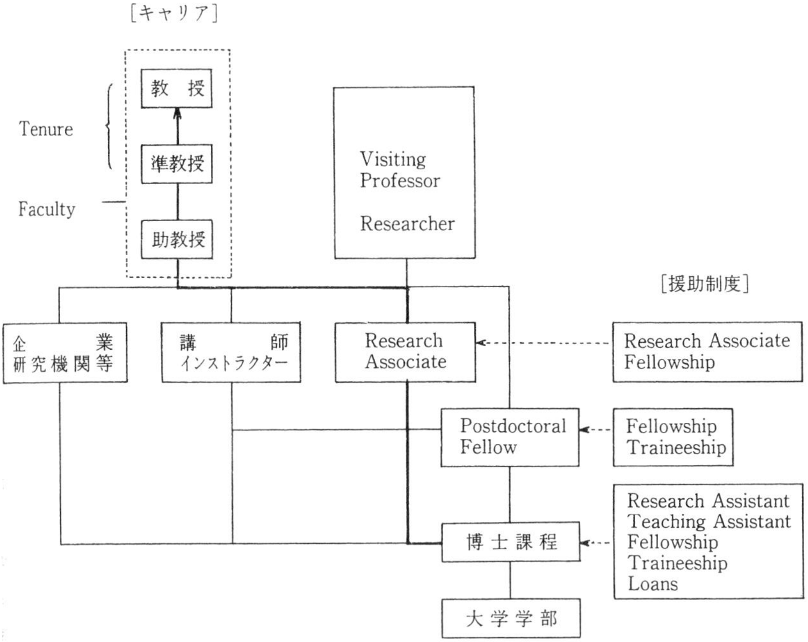

[キャリア]

Tenure { 教授／準教授 }
Faculty { 助教授 }

Visiting Professor Researcher

企業研究機関等　講師インストラクター　Research Associate

Postdoctoral Fellow

博士課程

大学学部

[援助制度]

Research Associate Fellowship

Fellowship Traineeship

Research Assistant
Teaching Assistant
Fellowship
Traineeship
Loans

(山本、1995:21)

的である。

　第一には、「グラント」と呼ばれる返還義務の発生しない奨学金である。1996年度の支給額は、学生の経済状態に応じて一人あたり年間400ドルから2,400ドルであり、その財源として連邦政府から54億ドル（連邦政府の育英事業の約15％）が支出されている。

　第二には、「ローン」と呼ばれる返還義務が一定期間猶予される学部・大学院レベルの学生を対象とする奨学金である。連邦政府が直接給付するか、もしくは市中銀行のローンを保証する形で学生に提供され、ローンを受給した学生は、在学期間中はローンの返還を猶予される。このローンによる貸与額は、利子補給のある場合には学生一人あたりの上限が第1年次で2,625ドル、利子補給がない場合には第1年次で4,000ドルとなっている。利子補給のない場合、大学院生は最高1万ドル、医学の専門職大学院の院生で2万ドルが最

高支給額となっている。このローン形式の代表的な制度がスタッフォード・ローン（Stafford Loan）と呼ばれるものであり、1995年度で総支給額が250億ドルに達し、連邦政府事業全体の3分の2を占めている。

　第三には、「ワーク・スタディー」と呼ばれる学生の学内における勤労に対する連邦政府からの奨学金である。学生は、学内の事務やその他の仕事にパートタイム雇用者として従事し、その報酬を受けるものである。その際には、他の奨学金算定の基礎には算入されない。1995年度における連邦政府からの支給額は、約6億ドルである[3]。

　とりわけ、大学院生に対する奨学金制度を取り上げると、「授業奨学金」(tuition scholarship)、「大学のワークスタディー」(college work-study)、「学生貸付金」(student loans)などがあるが、それ以外には、①研究活動に専念させるために給付される「フェローシップ」、②人材養成など特定の訓練プログラムなどに対して個人でなく大学などの機関に支出される「トレーニーシップ」、③TAに給付する「ティーチング・アシスタントシップ」(teaching assistantship)、④主に教員の個別研究費から学生に支給される「リサーチ・アシスタントシップ」(research assistantship)などが存在する（山本、1997-2:29）。

### (3) TA奨学金

　ところで、2004年の *U.S. News & World Report* は、"2005 America's Best Graduate Schools"を特集し、その中でアメリカの大学院生の借金地獄に苦しむ生々しい日常生活が紹介された。たとえば、オハイオ州コロンバスのオハイオ州立大学で演劇を専攻する大学院博士課程の院生は、「1年間に授業料、経費、生活費など、およそ4万2,000ドルに達し」、大学院の教育・研究に要する経費を「旅行コーディネーター、切符売場マネージャー、TA、演劇ジャーナルの編集者、オハイオ州立大学の大学院協議会の代表者」などの仕事をこなしながら、「およそ月額900ドルから1,200ドルの給料」を稼いだ。にもかかわらず、この大学院生は、家賃、公共料金、自動車保険、健康保険などを含めた生活費をカバーするためには借金しなければならなかった。この院生が「学部生として借りたものを含めた学生ローンの負債は、10万ドル以上で

ある」(U.S.News & World Report, 2004:10)とされる。

　この記事の中にも登場するTAとは、アメリカの大学院生が一般的に利用するアシスタントシップである。実は、このU.S.News & World Reportにはカリフォルニア大学バークレー校におけるTAの実例も紹介されている。それは、一人の理系の大学院生のTA経験初日の悲惨な結末を紹介したものであるが、それだけではなく、「ほとんどの大学院は、TAを溺れるか泳ぐか方式で教室に投げ込んでいる」と指摘する (U.S.News & World Report, 2004:64)。大学院生の約半分は、「教えるための準備がない」と感じながら授業を担当しているとされ、最近ではTA訓練の重要性が認識されつつあることも指摘される。

　このアメリカの大学院ランキングや実態を紹介した最新号の雑誌でも述べられているように、アメリカのTA制度はアメリカの大学院生にとっては研究活動を続けるための貴重な財政的援助を受けることができる制度となっている。

　アメリカの大学における大学院生の経済的支援、とりわけ科学及び工学分野の博士課程の院生に対する経済的支援の財源は、RA、TA、フェローシップ、そしてトレーニーシップの順となっている。TAに対する奨学金は、大学の自己資金から提供され、RAに対する奨学金は連邦政府からの援助が最も大きい。TAやRAにとって、大学院での研究や学位取得のためには、これらの奨学金は必要不可欠なものとなっている。

　また、和賀の研究によれば、アメリカの大学院生の約半数がTAによる収入 (49%) を確保し、その他、個人的(及び配偶者の) 所得 (84%)、RAによる収入 (48%)、貸付金 (33%)、大学 (26%)、家族 (24%)、連邦政府 (11%) などの支援を受けている。また、「連邦教育統計センター」(National Center for Education Statistics)による「全米中等後教育学生支援調査」(National Postsecondary Student Aid Study)の結果は、1991年に大学院生に提供された財政的支援は平均して約1万2,000ドルであり、そのうちの55%にあたる6,600ドルがTA奨学金として給付されている事実を報告している (和賀、2002:48)。

　最近の大学院生に対する財政支援は、1980年代の経済的不況の影響を受け、共和党政権の下で連邦政府からの支援は激減し、ティーチング・アシス

タントシップのような大学が提供する財政的支援は増大している。その後、クリントン政権が再選をめざした1996年頃から、急速な教育改革が進められ、連邦政府からの財政的援助は増額に転じているようである（舘、1997: 32）。

## 3　アメリカのTA制度の特色

### (1)　TAの身分・資格・業務内容など

アメリカのTAは、一般的には修士課程・博士課程に在籍する院生が学部教育の補佐をする場合が多いが、場合によっては、学部の高学年（3年生以上）の学生がTAを担当する場合もある。TAの比率は、約半分が修士課程の院生、残りの半分が博士課程の院生であり、約9割のTAが学士課程の1年生や2年生の授業を担当している。

TAの募集や採用は、予め決められた予算の範囲内で、院生が在籍する大学院研究科や学部・学科単位で行われている。募集や採用を担当する責任機関はない。各大学に設置されているファカルテイやTAの教育・訓練機関である「教授開発センター」は、TAの養成機関であり、募集や採用などを担当することはない。この点は日本と類似する。

TAが担当する授業は、講義、演習、討論、実験、実習などが中心であり、それ以外に、講義科目担当教員のオフィス・アワーなどを受け持ったりもする（瀬田、1995:31）。TAの業務内容は、討論時間の指導、実験・実習の指導と監督、宿題・レポートの採点、試験の監督など教員と同じ役割をこなす。したがって、多くのTAは単独で授業を行い、シラバスも作成する。また、共通の教科書とシラバスを使い大学教員などの授業担当者によって指示された授業を行う者も多い。単独で授業を担当する点こそ、日本とアメリカのTA制度が大きく異なる点である[4]。苅谷が引用するアメリカの1地域8大学におけるTAの職務内容の内訳を調査した Diamond & Gray の研究（1987年）によれば、TAの業務内容は成績評価と質問相談（約90％）、試験問題の作成と討論・復習クラスの担当（約70％）、講義の担当（約60％）、実習の指導・監督（約50％）

となっている（苅谷、1988:154）。

　しかし、アメリカのTA制度にも問題点は存在する。たとえば、学部生の側からすれば、プロフェッサーではなく院生から授業を受けるわけである。授業の質という点で問題がないわけではない。また、アメリカ以外の国から留学しているインターナショナルTAが授業を担当する場合が多く、アメリカで生まれ育った学生からすれば、「奇妙な英語を話す教員」という不満も出てくる。今でも、こうした不満の声はアメリカの各大学でたびたび聞かれるものである。TAは、ハーフタイム職員として扱われ、勤務時間は１週あたり20時間（正規の職員の勤務時間は40時間）というケースが最も多く、その20時間よりも少ない場合も見られる。しかし、TAの勤務時間の平均は１週あたり21.7時間とも言われ、１日の平均勤務時間が約４時間となっているデータもある（苅谷、1988:154　和賀、2002:48）。アメリカのTAは、日本と違って単独で授業を担当するので、非常に責任が重く、場合によっては勤務時間を超えて仕事をこなさなければならない。もちろん、自分自身の研究、履修する授業の宿題、レポート、試験の準備なども当然行うわけであり、相当に厳しい院生生活を送ることになる。

　給与は、マサチューセッツ州立大学ボストン校のように、全学で統一されているケースもないではないが、多くの場合、理系と文系のTAの給与は異なっている。TAの給与に関しては、先の和賀の研究に加え、苅谷の研究においても、アメリカの博士課程に在籍するTAの平均給与額は1985年の調査では5,000ドルから6,000ドルであった、と指摘されている。これは、授業料の免除に加えて給付金 (stipends) が支給されるものである（苅谷、1988:156）。現状では、５節で述べるヴァンダービルト大学のように年間のTA給与は文系で１万ドル以上、理系で１万5,000ドル以上が一般的であろう。給与は、毎月支払われるか、学期ごとに支払われる。カリフォルニア大学では、TAの俸給表が存在し、学年が上がるにつれて給与も上がるシステムになっている（瀬田、1995:31）。

## (2) アメリカにおけるTA訓練プログラム

　アメリカのTA制度の最大の特色は、TAが単独で授業を行うという貴重な教育経験の機会を得られるだけでなく、その訓練・養成プログラムが整備されている点にある。アメリカにおけるTAの訓練・養成プログラムは、一般的には、70年代までは存在しなかったが、TAによる教育の質が問題となった70年代からTAに対する訓練・養成プログラムが本格化したと考えられる。現在、TAに対する訓練・養成プログラムは、①全学的に実施する場合、②学科単位で実施する場合、③学部(大学院研究科)が実施する場合、④コース担当者が個別に実施する場合、⑤教育学部が実施する場合に区分できる。

　1991年に刊行されたBuerkel-Rothfuss & Gray による全学的に提供されるTA訓練プログラム(Campus-wide TA Training)に関する調査によれば、168大学のうち26%の大学で全学的な訓練・養成プログラムが実行されていた。そのプログラムは、一日のセッションを秋学期の前に行うか、秋学期の一部及び秋学期を通じて継続的に行われるセッションの２種類であった(和賀、2002：49)。TAの訓練プログラムへの参加は、全体の13%の大学で出席を強制するのみであり、ほとんどの大学ではプログラムへの参加はTAの任意となっている。

　各大学における全学的な訓練プログラムにおいて取り上げられるトピックは、複数回答が可能であるという条件のもとで、「ライティングの試験」(88.9%)、「クラスの雰囲気づくりと学生との信頼関係の構築」(80.5%)、「授業内容への興味を喚起させる方法」(72.2%)、「クラスマネージメント」(69.4%)、「教育心理学」(69.4%)、「成績判定の仕方」(66.7%)、「授業の方針と手順」(61.1%)、「偉大な本を保つこと」(58.3%)、「授業案改善の方法」(52.8%)、「全学的な教育の要求を理解すること」(52.8%)が上位を占めている(和賀、2002：49)。

　全学的なプログラムとならんで学科ごとのプログラムも存在するが、学科ごとの学問的な内容が取り上げられることが多く、トピックの内容が拡散する傾向にあるようだ。また、全学的プログラムへの参加は任意の場合が多く、実施期間も短いが、学科のプログラムへの参加は半数程度が強制的であり、実施期間も長いことが特徴である[5]。そして、こうしたTAに対するセミナーに出席すれば、２～３単位程度の履修単位を与える大学も存在する。

## 4 オハイオ州立大学の事例

### (1) FTADの使命と組織

オハイオ州立大学は、アメリカ中西部に位置する大学であり、大学院博士課程をもちながら研究と教育を重視する総合大学である[6]。オハイオ州立大学の使命は、「教育、学問、公的サービス部門における国際的な栄誉の達成」であり、その使命実現のために、学長らの指導のもとで、近年、大学を学問的な優秀性へ導くための2つの主要な戦略的プログラム──「アカデミック・プラン」(Academic Plan) と「多様なアクション・プラン」(Diversity Action Plan) ──を開発し、教育と研究における優秀性を追求している(Faculty and TA Development, 2001:1)。

とりわけ、この「アカデミック・プラン」は学問的な優秀性をめざす道標となるものであり、「オハイオ州立大学の学部学生の強化された教授と学習への公約を約束するもの」(Faculty and TA Development, 2001:iii) である。それは、〔研究・学問と同様に〕教授と学習の向上なくして大学の飛躍的な発展は望むべくもないからであり、教授職(faculty)と「大学院TA」(Graduate Teaching Associates＝GTA)における教授の経験と技術こそがオハイオ州立大学の最も豊かな財産となるからであった。オハイオ州立大学のめざすところは、世界規模の偉大な研究大学と教育大学になることであり、「アカデミック・プラン」は同大学の学問的な優秀性をめざすための具体的なプログラムとして位置づけられている[7]。

そして、こうした大学の使命や理念を具現化するために組織されたものが「ファカルティとTA開発室」(Office of Faculty and TA Development＝FTAD、以下「FTAD」と略す)であり、教員の能力開発やTAの養成教育を大規模に展開している。FTADの使命は、教育におけるファカルティとTAの優秀性の追求を支援するだけでなく、同じく学部教育の充実も支援することであり、情報、協議、イベントの調整を提供することによって、オハイオ州立大学における教育活動を充実したものにすることである。また、FTADは2003年の時点で、カーリッシュ (Kalish, Alan) 部長 (Ph.D.教育政策と教育指導職の助教授) 以下、5名の専任スタッフと数名の臨時職員などで運営されている。FTADが実施する活

動は、各段階ごとの「協議サービス」(Consultation Service)、イベント (Events)、各種プログラムの企画・運営であるが、以下、TAの訓練プログラムに焦点をあてて、その実態を紹介する。

(2) TAの訓練プログラム

　毎年、秋学期の開始前に、キャンパスにおける他の部署と共同して、FTADは新任のファカルティとTAの養成・訓練を行う集中的なオリエンテーション・プログラムを企画し、実施している。また、年間を通じてFTADは大学の教授と学習に関する様々な問題を扱ったワークショップ、フォーラム、セミナーなども主催している[8]。オハイオ州立大学は、学生の教授と学習の質的向上を継続することの重要性を強調し、制度上の支援を実施するためにGTA準備プログラムを重大な標的と見なし、そのために必要な基金も創設している。2003年度のオハイオ州立大学における新規採用のTAに対するオリエンテーションは、「2003年度　教授と学習に関する全学規模のオリエンテーション：新規TAに対するカンファレンス」と呼ばれ、〈資料-10〉にもあるように、9月16日から18日までの3日間開催されている。このカンファレンスの内容は、以下の3つである (Faculty and TA Development, 2003:2)。

1) このオリエンテーションへの参加は無料であり、オハイオ州立大学における新規採用のTAか、前回とは異なる業務を引き受けるTAに対して計画される。
2) ほとんどのセッションは、小グループの形式で実施され、上級のTA (= TF) によって援助される。他は、大規模なセッションかパネル・ディスカッションである。
3) 各セッションは、TAのスケジュールと同時発生する学科の会合に合わせるために3日間開催される。

(3) TAの業務内容と役割

　オハイオ州立大学におけるTAは、ファカルティの一員として、冒頭で述べ

た大学の「アカデミック・プラン」の基本戦略である「世界的なレベルのファカルティ・クラスを作ること」に貢献することである。したがって、TAにとっての最重要課題は「大学院の学位を獲得すること」であり、加えてTAとして得られた経験と訓練は優秀なファカルティ・メンバーになるための必要な準備期間と見なされる (Faculty and TA Development, 2002:16)。ファカルティ・メンバーとTAの役割や責任の多くは非常に類似しており、それは教室内において教授活動を行う教師としての役割である。

TAは、通常はファカルティ・メンバーやTA監督官の間接的な監督のもとで、科目に対する「記録のインストラクター」(instructor of record) としての責任を付与され、学生の記録としての成績や出席の記録を管理する。しかしながら、通常のTAの業務は次のような仕事における責任と役割が課されている (Faculty and TA Development, 2002:17-19)。

第一には、「スタジオ・コース」(studio course) を教えるために割りあてられる。TAはファカルティとともに、人文学とエンジニアリングのカレッジにおいて、とりわけ芸術、芸術教育、ダンス、音楽、演劇、建築の科目で教える。このコースは、他の科目と違ってデザイン、創造力、表現、身ぶりの要素を伴う。

第二には、「授業を指導すること」(leading recitations)である。TAが教員補助者として最も割りあてられる業務内容であり、導入レベルの生物学、心理学、数学、化学、歴史、社会学、物理学などを対象とする。一般的には、数人のTAが一つのコースにおいて個別の授業セクションを指導するように割りあてられ、学生グループの学習指導を援助する。また、学生の学習への動機づけ、質問への応答、討論指導などを行う。学生の授業への出席状態や落第学生の記録も担当する。

第三には、「実験のクラスを指導すること」(leading laboratory classes) である。これらの実験クラスは、科学を理解する際の実地経験を学生に提供するものであり、活発なデモンストレーションを行うか、短い実験が指導される。TAは、実験室のインストラクターとして任命され、コース管理者（＝教員）の下で働く。TAの責任は、実験の準備、実験を行う学生の監督、質問への応答、

学生のレポート評価などである。実験のTAは、実験の安全手順と科学的な装置の適切な使用の知識も要求される。

その他、全てのTAはオフィス・アワーを持ち、学生と一対一の指導か、もしくは「個人指導」(tutoring)を担当する。「学生の学業の評価と採点」(evaluating and grading student work)も行う。学生の学業を評価し、採点することは、TAにおける他の仕事と同じ責任として要求される。さらには、「障害を持っている学生を受け入れること」(accommodating students with disabilities)も行い、障害を持つ学生を暖かく迎える雰囲気づくりと学生がコース教材や教授に等しくアクセスできるような合理的な方策も提供しなければならない。

## 5　ヴァンダービルト大学の事例

### (1)　「大学教授センター」の使命と活動内容

ヴァンダービルト大学は、アメリカ南部に位置する私立大学であり、大学院博士課程を持ちながら研究と教育を重視する総合大学である。ヴァンダービルト大学の「教授センター」(Center for Teaching)の目的(mission)は、「学問の極めて重要な形態として大学の教授と学習を実践し、尊重すること」であり、そうした学内の文化を育て、維持するために「大学における様々な個人や部署と協力して仕事を行う」(Vanderbilt University [Mission], 2003:1)と述べられている。教授センターは、「教授の優秀性」(instructional excellence)が個人の目標としてではなく、「コミュニティの財産」(community property)であるような環境を育成することに専心する。教授センターは、学内の全ての機関・部署における研究、教授、そして学習上の優秀性に関する大学の責任を促進する中心機関である。

教授センターは、教養を中心とした学部教育における教授の優秀性を促進するために1986年に設立されたが、ユニバーシティ全体を網羅するために1997年に組織と機能が拡大されている。同センターの主なる活動内容は、以下の通りである。

①教師自身が情報を収集・分析し、自らの教授にそれらを応用することによって、教授のあり方を熟考し一層向上させることが可能なように、教授と学習のプロセスの深い理解を促進することを支援する。
②カンファレンス、ワークショップ、オリエンテーション、討論、フォーカス・グループ、他のプログラムなどを企画・運営し、教授と学習に関する対話を支援すること。
③教授と学習の研究をベースとした最善の実践やモデルなどを創造し、普及させること。そして、それらを支援するリソースへのアクセスを容易にすること。
④センターのプログラムとサービスに参加する人たちの秘密を守るだけでなく、教育と学習過程における互いの差異を尊重する。

　教授センターは、上記の諸活動を実施する際に「秘密保持の政策」(Confidentiality Policy) を理念としてかかげ、何らかの評価や非難の危険にさらされることなく、教師自身と学生を観察するための機会を教師に提供する。センターのスタッフは、2003年の時点で、ハーバード大学出身のピングリー(Pingree, Allison)部長 (Ph.D. 英文学・アメリカ文学教授) 以下、7名の専任スタッフと3名のパートタイムの大学院生(Graduate Teaching Fellows)、若干名の学部学生から構成されている。

　教授センターは、ジュニアとシニアのファカルティ・メンバー、学科長を含む大学の全てのファカルティ・メンバーに対して「ファカルティ・プログラム」(Faculty Programs) を用意している。また、大学院生とポスト・ドクターの特別研究員に対して用意されプログラムが「大学院生プログラム」(Graduate Student Programs) である (Vanderbilt University [Graduate Student Programs], 2003：1)。

①未来のファカルティへの準備プログラム：
　学界におけるキャリアのために準備している大学院生とポスト・ドクターのための専門的な開発プログラム。
②専門的な開発のための大学院生用のティーチングのイベント：

全ての大学院生を対象にしたワークショップとパネル討論で、ティーチングと専門的開発の諸問題に焦点を合わせる。
③インターナショナルTAプログラム：
アメリカ合衆国以外の国からの大学院生に対する教授方法、言語、文化における訓練を提供する。
④TAオリエンテーション：
教授と学習のトピック、教育政策、大学のリソースをカバーする新規採用のTAと復帰したTAに対する2日間のオリエンテーション。セッションは訓練の細目と広範な教育学の問題の双方を扱う[9]。
⑤大学院TF（Teaching Fellow）とTA（Teaching Affiliates）：
大学院生に関連するイベントとサービスを企画し、実施する上級の大学院TA（Teaching Affiliates）。

(2) TAの訓練プログラム

ヴァンダービルト大学におけるTA制度の起源は不明であるが、大学教授センターによるTA制度全体に関するプログラムは、1986年から開始されている。教授センターは、全学のTA養成プログラムの責任をもち、各学部が選抜した全てのTAに対する養成教育を運営している。TAの管理・運営を担当する集権化された委員会は存在しない。したがって、大学全体におけるTAの正確な人数は不明であるが、2003年度におけるTAの新規採用者に対するオリエンテーション参加者は220名であった。教授センターは、以下のように、TAの養成に関する全てのことを行っている。

第一には、新規採用のTAに対するオリエンテーションの実施である。8月に、異なるTAに対して複数の講習を実施し、TAの仕事が開始できるように基本的な方法を教授する。

第二には、様々なワークショップを開催することである。教授センターは、TAの教え方が成長するようにTAに必要なものを、これらのワークショップを通じて教授する。

第三には、「将来の教員準備プログラム」と呼ばれるプログラムの実施であ

る。これは、TAだけでなく大学院生に対する将来の教員準備を目的としたプログラムである。彼らの就職活動を手伝ったり、彼らが望む将来の職業ヴィジョンに向かって支援する。

　第四には、教授センターはしばしばTAと一対一のカウンセリングも実施する。もしもTAが望めば、ビデオを持った人がクラスの授業内容を撮影することも可能である。そして、カウンセラーと一緒に見て、教え方について話し合う。時には、小グループ分析と呼ばれるものも実施する。

　秋に行われるTAオリエンテーションへの参加は、多くの学部が義務づけているが、それ以外のプログラムへの参加は、ほとんどが任意である。教授センターは、サービスを提供するだけであるが、学部のトップが参加を義務づける場合があるということである[10]。

### (3) TAの身分・待遇、任用方法

　TAは、修士あるいは博士課程のいずれかの大学院生であり、MBAやロー・スクールといった専門職大学院の院生がTAになることは極めてまれである。例外的には経済学部に限って、優秀な学士課程の3・4年生が低いレベルの授業を受け持つTAになる場合もある。通常、TAの任期は4年や5年に限定されており、学期単位で雇用される。場合によっては、一年を通してTAを担当することもあるが、その場合は2名の異なる教員について、それぞれの学期ごとに教えることになる。

　アメリカの他の大学と同じように、ヴァンダービルトの院生もしばしばTAの仕事によって学費を賄う。つまりは、TAの給与は奨学金の側面も重視されている。人文社会科学の場合、学費のほとんどはTAの仕事によって賄われる。理系や工学専攻の院生にはRAの制度もあるものの、基本的には大学院に通う学生の学費はTAの給与によって賄われている。

　TAの一カ月あたりの給与はTAにより異なるが、多くの社会科学系のTAは、9カ月で1万1,000ドルか1万1,500ドルぐらいの給与を受け取る。理系のTAについては不明であるが、1万5,000～1万7,000ドル程度が予想される。この給与の額は全て学部の決定事項であり、非集権化している点が問題である

(長嶺、2003：121)。社会科学系のTAの給与1万1,000ドルというのは、週12時間から20時間の勤務で支払われる額である。通常は週20時間であるが、学部によっては12時間というケースもある。月額1,000ドルぐらいの給与である。院生はフルタイムで授業にも出席しており、家賃などの生活費を払うことを考えると、TAの給与は十分ではない。アメリカでは、博士課程の院生のほとんどはTA給与や他の奨学金を得ており、大学以外で働くことはない。

　TAの役割に関する見解は基本的には2つのことがある。一つは、教員になるであろうTAに社会性を身につけさせることである。TAは、経験豊かな教員の下で働くことにより貴重な経験を得る。TAは、どのようにクラスを教えるかを学び、成績を付け、オフィス・アワーなどの教育に関連する全ての業務を学ぶ。教授センターのプログラムは、未来の教員を養成しており、非常に重要な意味がある。もう一つの見方は、教員が自分の仕事を手伝う援助者としてTAが欲しいと考えることである。このような教員の場合は、TAは教育補助の機会は与えられず、たんに教員の仕事の補助を行う。時には、TAは教員の成功に寄与する可能性もあるが、前者の考え方がより合理的で重要である。教員の教授の補助をすることにより、教員がどのように教えるのかも学ぶ。

　TAの任用・採用方法は、それぞれの学部に任されている。各学部のTAの任用、ないしは選抜方法も学部によって全く異なっている。各学部は、予算の範囲内でTAの採用人数と採用期間を決めている。予算の使い方は各学部に任されており、ある学部は4年契約の7名のTAを探し、ある学部は5～6年契約の4名のTAを採用するという具合である。しかし、学部によってTAの採用形態が違うとはいえ、学部の教授会で承認される点は共通している。例外的には、TAの任命権を持つ大学院の研究科長によって決定されることもある。

### (4) TAの業務内容

　TAが教員からあまりに多くの仕事を貰い、「知的皿洗い」（＝雑用係）としてTAを使うようになることは、明らかにTA制度の誤用である。ただし、ヴァンダービルト大学は、TAの仕事量は多いが、それにはあたらないだろう。TAの業務内容は、学部によって異なるが、文系のTAは文字通り教員を補助し、学

生の成績を付け、ディスカッションを指導し、オフィスアワーを持ち、復習授業を担当する。TAは、時には全ての授業時間にわたって授業内容を教え、テキストを選び、シラバスを作る時さえある。ディスカッションのような授業は、特に人文社会科学の授業で行われるが、自然科学や工学のTAは実験を担当する。教員がメインの授業を行い、TAは分かれて、その授業のこまごまとした実験指導をする。TAの禁止された業務内容というものは特にない。

　一人のTAが、3～4の授業をかけ持ちすることは可能で、この点に関する規制もない。ある学部は、「社会学部のTAは、週12時間までしか働けない。それ以上は働きすぎで、研究に支障をきたす」と言うが、他の学部は「週20時間まで働ける」(長嶺、2003：123)と言う。このように学部ごとに、労働時間の制限は設けているが、学部ごとに異なるということである。たとえば、ある学部ではTAに多くのことを要求し、TAが2つのクラスの成績を付けたり、週20時間以上働いているケースもある。TAとしての勤務時間が過重労働となれば、TAは大学院科長に訴えることもできる。TAが週30時間以上働けば、フルタイムの雇用者になることを意味する。したがって、ルール上は29.5時間まで働くことが可能であるが、いくつかの学部では、より厳しい規制を設け、週20時間以下だけ勤務するといった規制を設けている。要するに、TAに対する過重労働への規制は学部ごとに異なり、対応も学部に任されている。

### (5) TF制度の概要

　ヴァンダービルト大学では、TA以外にも大学院生のTF (Teaching Fellows) とTA(Teaching Affiliates)－優秀なTAとして有名になった上級のTA－職も設け、教授センターが管理し、訓練している。秋の新しいクラスが開始する前の週に、教授センターは、TFとTAのオリエンテーション、ワークショップを主催する。たとえば2003～2004年度が始まる際には、教授センターは、大学院生のために2つの新しいポジションを設置している。TFには、3つのポジションが用意され、9カ月 (720時間) 以上勤務する。TA (Teaching Affiliates) には、8つのポジションが用意され、8月の1カ月間 (60時間) 勤務する。工学、ピーボディ(＝教育学)、人文科学、神学などの大学院生は、志願することが歓迎さ

れる。これらのポジションのために選ばれた大学院生は、数年前から奉仕している院生でありマスターTFとして任命されている(Vanderbilt University[Graduate Teaching Fellows and Teaching Affiliates],2003:1-4)。

[注]

1 編者自身は、我が国の大学教育におけるTA制度のあるべき理念や制度を検討するために、アメリカの主要な大学におけるTA制度の実態に関する調査研究を2003年9月初旬に実施した。調査対象となった大学は、中西部のオハイオ州立大学、南部のヴァンダービルト大学である。また、2004年の9月には吉良直(淑徳大学)を研究代表者として学術振興会科学研究費基盤研究(C)を受領し、吉良、北野、和賀の3名がアメリカ北東部の5大学を調査した。近い将来において、その研究成果は刊行される予定である。

2 苅谷は、アメリカのTA制度の起源を1876年のジョンズ・ホプキンズ大学院創設時の19世紀最後の10年間としている(苅谷、1988:160)。その際には、TAは財政的援助という側面から開始されたようであり、1960年代頃まではその基本的な性格は変わることがなかった。TA制度の拡張期は、アメリカの高等教育の拡張期といわれる1960年以降である。TAは、1960年で3万2,000人、1980年で13万8,000人となり、次第に研究重視から教育重視の要素も加わり、大学教員の養成という側面も重視されるようになる。また、苅谷はTAに対する需要の増加要因として、アメリカの大学教師の昇進制度や業績評価のあり方の変化とも関連する点なども指摘する(苅谷、1988:161-162)。

3 これらの連邦政府からの奨学金以外にも州政府、大学、各財団などからも多様な奨学金があり、各大学は、それらを学生のニーズに合わせて、奨学金を貸与、給付、給与、そしてそれらの組み合わせとしての「パッケージ」を多彩に用意している。奨学金の金額は、授業料などの学費から「家族からの経済的援助見積額」(Expected Family Contribution)を差し引いて決定される(山本、1997-1:57)。

4 データとしては古いが、苅谷や和賀も引用する大学院生の助手の仕事全般について全米の実態調査を行った1970年のチェイス(Chase)の研究によれば、大学院生の仕事は、授業の担当(26.3％)、研究助手(25.4％)、成績評価(19.5％)、試験問題の作成・試験の実施(11.6％)、その他(17.3％)であった(苅谷、1988:153)。Chaseの研究では、大学院生の半数以上が授業、成績評価、試験問題の作成・試験の実施などのTAとしての業務を担当しており、いかにTA制度が大学院生に普及しているかが明白である。

5 和賀はSyversonとTiceによる調査も引用して、大学院長、学科長を対象とした「TA

訓練プログラム及びその実態に関する全米調査（The National Survey of Teaching Assistant Training Programs and Practices）」に基づくTAの訓練プログラムの実態を紹介している。詳しくは、和賀論文（和賀、2002）を参照してもらいたい。

6　1870年に創設されたオハイオ州立大学は、学部学生約4万2,000人、大学院生約1万人、専任教授職約3,000人を擁し、オハイオ州コロンバス市を拠点とし、5つの地方キャンパスから成り立つ広大な中西部の大学である（Teaching and TA Development, 2002:12-13）。

7　このプランは、以下の4つのコアから成り立っている。①大学のアカデミック・プログラムが質の面で全米のトップになること。②大学が学生に提供する学習経験の質に対して普遍的に賞賛されること。③真に価値ある環境をつくり、そして、多様性によって豊かになること。④最も必要性の高い社会的ニーズに応えるランド・グラントの使命を拡大すること（Faculty and TA Development, 2001:1）。

8　FTADは、「オハイオ州立大学の教授改良プログラム」（The Ohio State Teaching Enhancement Programs ＝ OSTEP、以下「OSTEP」と略す）と呼ばれるプログラムによって、「新任の教員」や「TF（＝Teaching Fellow）」などに対するプログラムを毎年春に実施している。

9　2003年のTAオリエンテーションとワークショップは、大学院生やポスト・ドクターに対する様々な教授に関連するセッションを提供する。毎年、約200名の参加者が出席する。以下は、8月に実施されるオリエンテーションの概要である。
注意事項：①インターナショナルTA（ITA）は、8月18日から23日までの全てのセッションに参加しなければならない。全ての学科におけるITAは、大学院の彼らの学期における全てのセッションに参加する。②新規採用のTAは火曜日と水曜日の全てのセッションに出席する。③復帰した大学院やポスドクのTAは、Focus Topic SessionやConcurrent Session Ⅰへの参加が招待される。これらのセッションは、単位として認められる。

10　教授センターのTAプログラム運営の基本戦略は、"ナッツ・アンド・ボルト＝N&B"（「基礎・基本」の意味。以下「N&B」と略す）と呼ばれ、この理念によって多くのワークショップが運営されている。このN&Bは、「TAが教室の中ですぐに使え、応用できるもの」（長嶺、2004:125）という意味である。経験豊かなTAに対しては、「対話型教育」を実施し、新しいカリキュラムの開発や新しい技術、そしてそれらを授業の中で、どのように応用するのかを話し合う。また、新規採用のTAは、どうやって成績を付けるのか、一対一ではどのように行えば効果的か、など多くのN&Bを行う。

# 終章　我が国のTA制度の総括と課題

[本章のねらい]　日本の大学は、長い間、「研究重視」を錦の御旗として、大学教育や学生の学習活動への支援を軽視してきた。大学生の学力低下現象が明白になりつつある今こそ、大学の使命は「研究」だけでなく「教育」にも向けられるべきであろう。私たちが留意すべきは、大学生の「学力低下」に関する犯人探しを行い、その責任の一端を大学以下の教育機関に押しつけることではなく、大学人の自己責任として、この問題を解決する努力、ないしは改善する努力を行うということが大切であろう。大学自身が取り組むべき制度改革やインフラ整備の必要性は、多岐に及んでいる。TA制度が、大学教育の改善に貢献するという本書の主張を最終確認したいと思う。

## 1　本書の総括

### (1) 本書の総括

　本書は、我が国の大学におけるティーチング・アシスタント（＝ＴＡ）制度の理念と実態に関する研究である。それは、大学における教育・授業改善という視点から、TA制度の有効性や問題点を考察した多角的・総合的な研究でもある。本書の意味を再確認すれば、本書が我が国ではTA制度の実態に関する最初の学術研究となった点である。我が国のTA制度研究は、これまでは皆無に等しい状況であった。本書は、こうした我が国のTA制度研究の先駆けとなるものであり、今後の研究状況の進展に貢献することを願うものである。

　本書において、研究対象となった大学はTA制度を導入する全国の4年制大学であるが、すでに第4章でも指摘されたように、平成11年度においてTA制度を導入した大学は346大学に達している。量的な面からすれば、大学院をも

つ多くの4年制大学でTA制度は普及していると言えよう。しかしながら、質的な面で多くの問題が残っている。すなわち、我が国の大学の場合には、大学教育の改善にとって有効な制度であると考えられるTA制度が、未だ形式的な導入に止まり、形骸化している状況も見られるからである。言い換えれば、「なぜ、日本ではアメリカのようなTA制度による本格的な授業改善が困難であるのか」、「日本の大学制度の何がTA制度の進展を妨げているのか」という課題の解明が重要となろう。我が国のTA制度の実態や課題に関する考察は、第4章から第7章でも詳細に行ったが、TA制度の進展を妨げる最大の要因は、「我が国の大学が未だ大学の教育改善に本腰を入れていない」からである。我が国のTA制度を「より優れた制度」とするためには、この「我が国の大学教育の質的向上」を最終目的とする理念や方向性が明確に打ち出されることが大前提となる。

　さて、我が国のTA制度を「より優れた制度」に改善するための方策として、大きな視点に立てば、現状では3つのことが挙げられる。

　第一には、我が国の大学におけるTA制度の実態や課題を徹底的に解明することである。現状の把握と問題点の解明なくしては、「優れた制度」に飛躍するための方策も立てることができない。まずは、各大学で実施されているTA制度が「大学の教育・授業改善に有効か否か」を実態にもとづいて検証すべきであろう。そこから、多くの情報や優れた実践例を導き出し、TA制度のモデル・プランを立案することである。そして、そのプランの実行と検証を再び実施することである。

　第二には、各大学独自のTA制度の運用をめざすべきである。我が国のTA制度の普及にとって、文科省からの補助金が重要な役割を果たしてきたことは事実である。しかしながら、その補助金の対象範囲が「実験・実習・演習等の教育補助業務」に限定されているために、各大学におけるTA制度の導入も「実験・実習・演習等」に限定される傾向が見られる。言い換えれば、文科省の補助金がTA制度の自由な運用を妨げている結果にもなっている。理系の実験・実習・演習科目だけでなく、文系の科目にもTA制度を導入して、各大学独自のTA制度による授業改善を試みるべきであろう。

この点では、いくつかの私立大学が大学独自の予算でTA制度の効果的な運用を行いながら、実際的な成果を挙げている。本書においても、こうした各大学の先駆的試みを紹介しているので、モデルケースとして参考にしてもらいたい。いずれにせよ、TAの身分や待遇などの条件面の整備も重要ではあるが、より根源的な問題は、「何のためにTA制度を導入するのか」という問題である。各大学独自のTA制度とTA制度による「教育・授業改善」という目的を明確にしながら、その目的にそった運用を行うべきであろう。
　第三には、我が国のTA制度の改善のためには、本家本元のアメリカのTA制度研究が重要である。現状では、我が国の場合、未だ本格的なアメリカのTA制度の全貌を解明した研究書は存在しない。以下、日米の比較研究の重要性を指摘しておきたい。

(2) 日米の比較研究の重要性

　アメリカの大学におけるTAは、数日間に及ぶ研修を受け、週20時間勤務し、高い給与の支給と授業料免除、そして単独で授業を担当する。一方、我が国の場合は、TAはあくまでも教員の「教育補助業務」であり、研修もほとんどなく、安い給与に甘んじている。日米のTA制度のどちらが優れているかは、一目瞭然であろう。アメリカのTA制度は、なぜ数日間に及ぶ研修を受け、高額な給与を受け取り、単独で授業を担当するのか。そこには、いかなる理念とシステムが存在するのか。日米の大学制度の基本的な差異も確認しながら、TA制度を用いた「教育の質的向上」に対する認識の違い、制度の違いを解明するべきであろう。
　第8章でも述べたことではあるが、アメリカのTA制度のように、若手研究者・教育者の育成を行うという課題は、我が国の大学教育の改善という視点からも重要なものである。我が国のTA制度は、あくまでも教員の補助者と位置づけられ、TAが単独で授業を行うことは禁じられている。アメリカの事例を参考にすれば、TAの養成プログラムの充実や段階的な大学教員養成計画を我が国でも採用すれば、将来的には、我が国のTAも単独で授業をもてる機会が到来するであろう[1]。オハイオ州立大学やヴァンダービルト大学の場合は、

たんにTAに対する訓練・養成プログラムが優れたものであっただけでなく、TAの業務内容やTAの職種が実に多様であった。すなわち、より経験を積んだTAは、やがて新規採用のTAを指導するだけでなく、さらに上級のTAであるＴＦ (Teaching Fellows) にもなり、責任ある仕事を任されるようになる。アメリカのTA制度は、学部・大学院教育の充実をめざしてさらなる発展をとげていると言えよう。

　日米のTA制度の比較研究は早急に実施すべき重要な研究課題であろうが、その場合には、我が国独自の大学教育の問題点も洗い出すだけでなく、大学教育の質的向上をめざす方策を打ち出すべきであろう。最後に、我が国の大学院教育と学部教育のあり方も検討しておきたい。

## 2　大学院教育の課題

　本書は、我が国のTA制度の実態を多角的・総合的に検討しながら、その制度的な意味と今後の課題を解明しようとしたものであるが、TA制度が「大学教育の質的向上」を達成する上での有効な制度となりうるための課題は何であろうか。確かに、大学教育の改善にはTA制度の導入を初めとして、最新の教育機器の導入、カリキュラムやテキストの充実、少人数教育の導入、初年次教育の重視、教室環境の改善など、多くの方策や手段が存在する。しかしながら、大学教育の最終責任は教員に求められるべきものである。いくら教育に関する物理的・空間的状況を改善しようとも、それを用い、利用するのは教員である。教員の自覚的な努力なくしては、物理的・空間的な改善も無駄になる。そういう意味では、教員の資質改善を目的とするＦＤ活動もまた重要な意味と課題がある。そして、この教員の資質の改善、ないしは教員養成の問題は、大学の制度全体として取り組むべき重要なものである。

　この点からすれば、これまでの我が国の大学教員の養成に関しては、現時点では皆無に等しい。TA制度は、大学教員の養成システムの一環であると言え、大学教員の養成システム構築の契機となるものである。たとえば、TAに「教授と学習」に関する理論的・実践的科目を教授し、単位として認めること

も可能であろう。また、TAの授業内での活動をビデオなどに記録し、その活動内容を検証することができれば、教授活動に対する意識も格段に向上するであろう。TA経験を大学教員を任用する際の「教育業績」や「履歴」として積極的に評価することも重要であろう。すでに、我が国の大学の中にも、大学院生から助手や講師に採用する場合には、TA経験の有無を「教育業績」として評価する大学が存在している。TA制度は、大学教員の養成にとっても有効なシステムであることが認識され始めていると言えまいか。

　アメリカの大学におけるTA制度は、将来の大学教員になるための養成システムの一環として位置づけられているが、我が国の大学院教育においては未だに「研究者」養成機能の側面だけが重視され、「教員」養成の側面は軽視されている。我が国の大学院教育は、時代遅れな徒弟制度的雰囲気に支配され、教育は「ワザ」・「カン」・「コツ」程度の認識しかない。TA制度は、こうした制度的な欠陥を解消する試みの一つである。

## 3　学部教育の課題

### (1) 大学教育の改善

　我が国の大学教員の意識は、できれば授業など担当せずに、「研究」だけに没頭したいというのが本音であろう。その理由は、研究業績が大学教員の採用、昇進に直結するからである。一方、アメリカの「研究型大学」に位置づけられている一流大学においては、1980年代からは「研究」だけでなく、「教育」も重視する姿勢が明確に打ち出されている。つまりは、一流大学とは研究と教育を重視する大学のことである。「研究重視」／「教育軽視」という発想が過去の遺物であることは明白である。

　大学が研究だけでなく「教育」も重視しようとすれば、やはり、新しい「知の生産」に向けた体制づくり、組織づくりを必要とする。21世紀に向けた「新たしい学力」、ないしは「優れた人材づくり」の試みを積極的に推進する必要があろう。すでに、「教員が講義をして、学生がノートを取り、それを暗記して試験に臨む」という古い教育方法だけでは大学教育が成り立たないことは

明らかである。たとえば、知識蓄積型の19世紀型学力観から問題解決型の21世紀型学力観への転換は、大学の授業のあり方も必然的に変革させることになろう。大衆化され、ユニバーサル化された大学教育は、学生も必然的に多様化する。大学は、こうした多様化した学生のニーズに対応することを避けることはできない。TA制度の導入は、こうした我が国の伝統的で、保守的な教授スタイルの革新を促す契機となりうるものである。

(2) 我が国のTA制度の課題

　我が国のTA制度の目的は、先の臨時教育審議会や大学教育審議会の答申でも明言されているように、「学部教育におけるきめ細かい指導の実現等」経済的措置を講ずることによる「大学院生の処遇の改善」「将来の大学教員としての指導力の育成」などが挙げられている。本書の課題は、我が国のTA制度が大学教育の改善に対して有効か否かを検証するものであり、各大学におけるTAの地位・身分・待遇、業務内容、任用制度、研修制度、評価制度などの実態を明らかにした。本書の中でも指摘したことではあるが、我が国の大学におけるTA制度の運用上の具体的な問題点や改善点を改めて確認しておきたい。

　第一の問題点は、TA予算の増額や採用枠の拡大である。理系の実験・実習・演習科目だけにTAを限定することなく、必要な科目へ必要なTAを配置すべきである。また、TAを採用できる教員を専任教員だけでなく非常勤講師にも認めるべきであろう。

　第二の問題点は、TA業務の明確化である。TAの業務内容が不明確であれば、TAに対する業務内容の範囲は拡大し、過重労働の問題を誘発する。TAは「なぜ、何のために必要か」を明確にし、日頃の教育改善に役立つTAの利用方法を検討すべきであろう。

　第三の問題点は、TAの給与や待遇面の改善である。「TAの給与は、家庭教師よりも安い」。TAを将来の研究者、大学教員への第一歩とすれば、奨学金的な側面を一層充実させるべきであろう。

　第四の問題点は、TA制度の評価システムの確立である。多額の予算を配分

してTA制度を導入しても、明確な評価基準がなく、その成果や結果を評価できなければ、新たな改善も改革もない。まずは現状を正しく認識し、授業改善の効果を測るべきであろう。そのためには、TA制度の採用、養成、評価を一括して統括するシステムの構築が必要となる。

## 4　TA制度の意義

　以上のように、我が国の各大学において導入されているTA制度の具体的な問題点は、自覚的な取り組みがなされれば改善可能となろう。しかしながら、問題は「なぜ、TAが必要か」というTA制度を支える理念の有無である。すなわち、本書が一貫して主張する「TA制度による大学教育の改善」という理念が明確に大学教員に意識されない限り、TA制度の形骸化を生む可能性が存在する。確かに、TAに対する奨学金という財政的支援の側面、そして、将来の大学教員の訓練という側面は重要である。しかしながら、我が国の大学教育の現状、ならびに大学を取り巻く社会的状況を考えると、大学教育の充実と改善こそが最重要課題として挙げられるべきであろう。

　本書は、大学教育のあり方を「より良く改善する」試みの一つとして、ティーチング・アシスタント制度に注目してきた。このTA制度こそ、我が国の大学の全てが所有する貴重な人的資源を有効に活用しながら、かつ、人と人との交流に教育的価値を見い出す試みである。最後に、TAを使う教員とTAの声を紹介して本書を終えたいと思う。これらの人々が願う大学教育改善の意味を私たちは、再確認したいと思う。

>　（教員）「われわれは土木系ということですが、その中ではTAをかなり有効に使っています。いわゆる実験系では、ほとんどがTAとして配属されています。教官の手伝い、実験の準備などを助手の人と一緒にTAがやっています。それから、工学系は演習科目がかなり多く、宿題が出されます。その採点もTAにやってもらっています。」（京都大学大学院工学研究科教授）

(TA)「学部の学生と自然に交流が出てくる。コミュニケーションがもてるようになった。また、英語の文法や構文など自分自身の勉強になる。教員が実際にどのように学生を指導しているか、直接見ることができる。」

(東北大学大学院教育学専攻博士後期課程3年)

[注]

1 たとえば、アメリカではヴァンダービルト大学の事例に見られるような「将来の大学教員準備」(Preparing Future Faculty) プロジェクトが他の大学でも実施され、大学院生に対する大学教員準備プログラムが策定されている。このプログラムは、TAの訓練・養成プログラムとも連動するものである。詳しくは和賀論文を参照してもらいたい（和賀、2003:84）。

## [資料編]

1　文部省通達「ティーチング・アシスタント実施要領」（平成7年）
2　各大学のＴＡ制度の比較一覧表（平成14年）
3　「ティーチング・アシスタント実施規程」（平成4年）
4　「ＴＡに関する内規」（平成16年）
5　「ＴＡの業務及び指導・管理基準」（平成15年）
6　「ティーチング・アシスタント申請書」（平成14年）
7　「ＴＡ申請書」（平成16年）
8　「ティーチング・アシスタント実績報告書（教員用）」（平成17年）
9　「ＴＡ講習会」（平成14年）
10　アメリカの「ＴＡセミナー」（2003年）

〈資料-1〉文部省通達「ティーチング・アシスタント実施要領」(平成7年)
1 目的
　優秀な大学院学生に対し、教育的配慮の下に教育補助業務を行わせ、学部教育におけるきめ細かい指導の実現や大学院学生が将来教員・研究者になるためのトレーニングの機会の提供を図るとともに、これに対する手当支給により、大学院学生の処遇の改善の一助とすることを目的とする。

2 名称
　ティーチング・アシスタントとする。

3 職務内容
　学部学生、修士課程学生に対し、教育的効果を高めるため、実験、実習、演習等の教育補助業務に当たる。

4 身分
　常勤職員の1週間当たりの勤務時間の4分の3を超えない範囲内で勤務する非常勤職員とすること。

5 任用等
　ア　対象は、大学院に在籍する優秀な学生であること。
　イ　教育補助の実施母体とする学部等と十分連携の上、研究科ごとに選考する。
　ウ　1人当たりの雇用時間は、当該学生の研究指導、授業等に支障が生じないよう配慮すること。
　エ　日本学術振興会特別研究員（DC）をティーチング・アシスタントとして任用する場合には、当該研究員の研究活動に支障を及ぼすことがないように留意すること。
　オ　このほか、ティーチング・アシスタントの任用等については、昭和36年3月31日付け文人任第54号「非常勤職員の任用およびその他の取扱いについて」によること。

6 給与
　ア　平成13年3月26日付け12文科人第242号「文部科学省発足に伴う人事課関係の通知等の取り扱いについて（通知）」の別添2「非常勤職員の給与につい

て」により取り扱うものとする。ただし、手当は時間給のみとし、他の給与は支出しないこと。
イ　1時間当たりの手当は、その者を教育職俸給表（一）による常勤の職員として採用した場合に受けることとなる俸給月額、調整手当の額を基礎として、次の算式により算出した額の範囲内の額をもって時間給とすること。

$$\frac{(俸給月額＋調整手当)\times 12}{52\times 40}$$

7　実施細目等

　ティーチング・アシスタントに教育補助業務を行わせるに当たっては、本制度の運用についての大学全体としての明確な共通認識を形成しつつ、適宜、実施細目等を策定するとともに、①事前における当該業務に関する適切なオリエンテーションのほか、②担当教官による継続的かつ適切な指導助言、③ティーチング・アシスタント従事者等からの意見聴取の仕組の確保、④教育的効果を高めるための工夫等を行い、指導教官による恣意的な雇用や単なる雑務処理に終始することなく、本制度の目的に照らした円滑な運用がなされるよう、留意すること。

　また、本制度については、全学で実施する共通教育等においても有効に活用するよう配慮すること。

〈資料－2〉各大学のTA制度の比較一覧表（平成14年）

| | A大学 | B大学 | C大学 | D大学 | E大学 |
|---|---|---|---|---|---|
| 内規 | ○ | ○ | × | ○ | ○ |
| 発足年 | 平成4年 | 平成8年 | 平成元年 | 平成4年 | 平成8年 |
| 設置理由 | 学部学生・修士課程学年に対する教育補助業務 | 大学院生の活用、授業の改善・充実 | 学部の実験・実習科目における教育補助 | 学部・大学院修士課程の指導 | 学部教育の充実 |
| 管理委員会 | × | 大学院研究科長会 | × | 人事課・高等教育機能開発総合センター | 大学院教務委員会 |
| 資格 | 大学院生（修士・博士） | 大学院生（修士・博士） | 大学院生（修士以上）他大学の大学院生 | 大学院生（修士・博士） | 大学院修士課程のみ |
| 人数 | 1,580名 | 788名 | 161名 | 1,967名 | 43名 |
| 任用手順 | 専攻単位。主任会で決定 | 教員が「申請書」を提出。学部長・研究科長が点検 | 担当科目教員（非常勤も可）が申請 | 学部単位。各研究科が決定 | 学科単位。教務委員会で決定 |
| 勤務時間と給与システム | 週20時間以内 時給制（修士1,300円、博士1,400円） | 週10時間以内 時給制（1コマ修士2,500円、博士3,500円） | 時給制（1コマ4,500円）、授業以外860円、交通費支給 | 週30時間以内 時給制（修士1,200円、博士1,400円） | 週30時間以内、時給制（1,200円） |
| 業務内容 | 授業の準備、実用英語の授業、教官の手伝い、採点など（授業には出ない） | 学部専門科目の教育補助（討論指導、小テストの採点、PCなど） | ・「実験・実習の現場指導等補助」・「教育補助員」（大講義） | 実験・実習・演習、一般教育科目の演習、大規模授業 | 実験・実習・演習の教育補助業務 |
| 禁止された業務内容 | ×（常識の範囲内） | ×（常識の範囲内だが単純作業・代講など禁止） | × | ×（常識の範囲内） | × |
| 配慮 | 週20時間以内 授業には出ない | 週6時間以内（3コマを上限とする） | 休みの場合 | 週30時間以内 | × |
| トラブル防止策 | × | × | × | ・給与の問題・セクハラ防止対策 | × |
| 講習会 | × | 事前説明・個人指導（特別な場合）1－2時間 | × | 1日TA研修会 | × |
| 効果測定方法 | 各研究科長「実績報告書」を提出 | 「実績報告書」の提出 | × | 研修会での討論とアンケート | × |
| 問題点 | ・予算の増額・全学的な統括 | TAの拡大（学部科目や非常勤担当科目への拡大） | × | 研修会の改善、教育業績や教育評価法の改善、大人数教育の改善 | TAの不足 |
| その他 | 高等教育開発センター | 授業評価の導入検討、SA制度の創設検討 | 院生は全員副手、RA（博士・研究生）、教材開発への補助 | 新任教官の研修、教育開発計画など | × |

|  | F大学 | G大学 | H大学 | I大学 | J大学 |
|---|---|---|---|---|---|
| 内規 | ○ | ○ | ○ | ○ | ○ |
| 発足年 | 平成6年 | 平成4年 | 平成7年 | 平成11年（平成4年） | 平成4年 |
| 設置理由 | 学部教育の指導など | 学部・大学院修士課程の充実など | 学部・大学院修士課程の充実など | 学部教育の充実など | 学部・修士課程の充実など |
| 管理委員会 | 研究科の運営委員会 | 学部ごとの学務委員会 | 研究科委員会及び大学院委員会 | 学部の委員会 | × |
| 資格 | 大学院生（修士のみ） | 大学院生（特に博士課程） | 大学院生（修士・博士） | 大学院生（修士・博士） | 大学院生（修士・博士） |
| 人数 | 65名 | 39名 | 74名 | 98名 | 538名 |
| 任用手順 | 各専修単位。分校運営委員会が決定 | 専任の教員。学務委員会が選考。研究科教授会が決定。 | 担当教員ごとに週2コマを募集、大学院委員会で選考 | 各専攻単位ごとに募集枠を決定。 | 各専攻単位ごとに募集枠を決定。「採用計画調書」 |
| 勤務時間と給与システム | 月40時間以内時給制（修士1,100円） | 月40時間以内時給制（博士1,400円、修士1,200円） | 修士週2コマ、博士週4コマ、時給制（博士4,000円、修士3,500円） | 週3コマ（週6時間）、1コマあたり月額5,000円、年額24万円以内。 | 月40時間標準時給制（博士1,300円、修士1,200円） |
| 業務内容 | 実験・実習・演習の教育補助業務 | 実験・実習・演習の教育補助業務 | 実習・演習の教育補助業務 | 実験・実習・製図の教育補助業務 | 実験・実習・演習、PCを使う語学の授業など |
| 禁止された業務内容 | × | 代講、成績評価 | ×（一般常識の範囲） | ×（教員の指示に従う） | ×（危険な作業の禁止） |
| 配慮 | 月40時間・週10時間以内 | 1人1科目で週2時間に制限 | 修士は週2コマ、博士は週4コマ以内 | 週3コマ以内、院生の本務優先 | 週2〜3コマに制限 |
| トラブル防止策 | × | × | × | × | × |
| 講習会 | オリエンテーション | × | × | × | オリエンテーション |
| 効果測定方法 | × | × | 教員が「活用状況報告書」を提出 | × | TAの意見聴取、受講学生からアンケート調査 |
| 問題点 | 予算の増額 | TA給与の増額 | 院生からも報告書の提示 | TAの業務内容の明確化 | TA制度の拡大 |
| その他 | × | 授業評価の実施、シラバスの充実、教材開発や授業公開の検討 | 少人数教育 | × | ・授業評価<br>・研修や教材開発など |

○……有　×……無

〈資料－3〉「ティーチング・アシスタント実施規程」（平成4年）

※京都大学 [http://www.kyoto-u.ac.jp/uni-int/kitei/reiki-honbun/w0020097001.html]

（目的）
第一条　この規程は、京都大学大学院の優秀な学生に対し、教育的配慮の下に学部学生及び修士課程学生に対する実験、実習、演習等の教育補助業務を行わせ、これに対する手当支給により、学生の処遇の改善に資するとともに、大学教育の充実及び指導者としてのトレーニングの機会提供を図るため、必要な事項を定める。
　　　　　（平五達六六削・平六達八削）

（名称）
第二条　前条に定める教育補助業務を行う者の名称は、ティーチング・アシスタントとする。

（身分）
第三条　ティーチング・アシスタントは、時間雇用職員（常勤職員の一週間当たりの勤務時間の四分の三を超えない範囲内で勤務する非常勤職員）とする。

（募集及び選考）
第四条　ティーチング・アシスタントの募集及び選考は、各研究科長が定める選考基準に従い、各研究科ごとに行う。
2　各研究科長は、前項の選考基準を定め、又は改廃したときは、部局の長を通して総長に報告するものとする。
　　　　　（平六達八旧五条上）

（任用、給与及び勤務時間）
第五条　ティーチング・アシスタントの任用、給与及び勤務時間については、別に定める。
　　　　　（平六達八旧六条上・改）

（実績報告）
第六条　各研究科長は、毎年度の終わりに当該年度のティーチング・アシスタントに係る実績報告書を、部局の長を通して総長に提出するものとする。
2　前項の実績報告書の様式は、別記様式のとおりとする。
　　　　　（平六達八旧八条上）

（実施細目）
第七条　この規程に定めるもののほか、ティーチング・アシスタントの実施に関し必要な事項は、各研究科において定めるものとする。
　　　　　（平六達八旧九条上）

　　　附　則
この規程は、平成四年十一月一日から施行する。
　　〔中間の改正規程の附則は、省略した。〕
　　　附　則（平成六年達示第八号）
この規程は、平成六年五月二十四日から施行する。
　改正　平五・九・一四達示六六号、平六・五・二四達示八号

〈資料－4〉「TAに関する内規」（平成15年）　　　　　　　　※日本大学文理学部

（趣　旨）
第1条　この内規は、文理学部（以下学部という）におけるティーチング・アシスタント（以下TAという）の任用等について必要な事項を定める。

（業務及び指導・管理）
第2条　TAは、当該科目等担当教員の指示により、定められた時間において、学部学生の実験・実習等TAが必要と認められた科目の教育補助業務を行う。
2　TAの教育補助業務に関する指導及び管理者は、当該科目担当教員とする。ただし、総括責任者は、学科専門科目については当該学科主任、その他の科目は学務委員長とする。

（資　格）
第3条　TAは、日本大学大学院文学研究科、総合基礎科学研究科又は理工学研究科（地理学専攻）に在学中の学生で、及び大学院研究生と研究所所属の研究員Bとして認められた者で、次の条件を備えている者とする。
①学業成績及び人物が優れていること
②担当科目に対する専門的な知識を有し、学生の教育指導に熱心であること
③事前講習等でTA業務に関する指導を受けていること

（任　用）
第4条　TAの任用は、学科又は学務委員会が認めた委員会の申請に基づき、学務委員会で審議の上、合同教授会の議を経て、学部長が決定する。

（任用人数）
第5条　TAの任用人数は、授業科目の性格及び受講学生数等を勘案して、学部長が決定する。

（任用期間）
第6条　TAの任用期間は、半期又は通年の開講期間とする。ただし、定められた標準修業年限の範囲内において再任を妨げない。

（雇用契約）
第7条　TAの任用に当たっては、雇用契約書を取り交わすものとする。

（手　当）
第8条　TAに、手当を支給する。
2　TAの手当は、1科目1名につき月額1万円を毎月支給するものとする。ただし、野外実習の場合は時間給1,200円を支給するものとする。

（担当講座数）
第9条　TAが担当できる講座数は、週3講座を限度とする。

(解　除)
第10条　TAが、次の各号の一に該当するときは、任用を解除する。
　①第2条に規定する業務を遂行しなかったとき
　②学則に違反する行為のあったとき
　③休学又は退学したとき
　④その他本人から申請があったとき
(所　管)
第11条　TA制度に関する事務は、教務課が行う。
　　　　　　　　附　　　則
　この内規は、平成16年4月1日から施行する。


**〈資料―5〉「ＴＡの業務及び指導・管理基準」(平成15年)　　※日本大学文理学部**

1　この基準は、「文理学部ティーチング・アシスタント制度に関する内規」第2条に定めるTAの業務及び指導・管理等についての必要事項を定める。
2　実験・実習以外のその他の授業科目については、対象科目として学務委員会の承認を得なければならない。
3　TAの教育補助業務とは、授業の実施にかかわり、その効果を高める業務をいい、授業時間外の業務については、定められた時間及び業務内容の範囲内で必要に応じて行ってよい。
4　TAの教育補助業務に次の業務は含まれない。
　①講義要目(授業計画)の作成　　②教室内の規律・秩序維持
　③定期試験の監督と採点　　　　④成績判定
　⑤授業の代講及び補講　　　　　⑥その他授業にかかわらない業務
5　TA任用の申請に当たっては、あらかじめ当該大学院学生の指導教員の了解を得るものとする。
6　TA任用を希望する担当教員は、期待される授業の改善点及び効果等を記入し、学務委員会に申請書を提出するものとする。
7　TAに任用された者は、業務開始前に学務委員会とFD委員会が共同で行うTA制度の目的、待遇、問題点等に関する事前講習等の指導を受けるものとする。
8　TAの業務時間は、原則として補助業務を行う授業の時間帯内及び第3項の教育補助業務に限ることとし、当該科目担当教員は学業、学会(研究会)参加、就職活動等に支障がないように配慮するものとする。

9　TAの業務時間は、TA業務の過重労働を避けるため、1講座につき週2時間、月10時間以内を標準的な業務時間とする。
10　TA及び当該科目担当教員は、TAの任用期間の期限内にTAの業務内容並びに授業内容の改善・効果に対する報告書をFD委員会に提出するものとする。
11　FD委員会はTAを用いた授業の出席学生に対しても、授業内容の改善・効果に対するアンケート調査を実施し、学務委員会に対して、その結果を報告しなければならない。
12　TAの指導・監督上に問題が発生した場合には、FD委員会がその問題に対処し、その経過と結果を学務委員会に報告する。
　この基準は、平成15年4月1日から施行する。

〈資料－6〉「ティーチング・アシスタント申請書」（平成14年）　※同志社大学

(様式1)

## 年度 ティーチング・アシスタント申請書

学部長　　様：
研究科長

提出日　20　　年　　月　　日

① 必要とするTA(D)または(M)いずれかに〇印をつけてください。〔 D ・ M 〕

② ティーチング・アシスタント指導者

| 所属 | | 氏名 | |
|---|---|---|---|

※後期課程任用教員以外の教員がTA(D)の指導者となる場合は、⑥も記入してください。

③ 必要とする授業科目（院または学部のいずれかに〇印をつけてください。〔 院 ・ 学部 〕）

| 科目名 | 開講期間 | 週担当コマ数 | 予定執務時間 |||
|---|---|---|---|---|---|
| | | | 曜　講 | 曜　講 | 曜　講 |
| | | | 曜　講 | 曜　講 | 曜　講 |
| | | | 曜　講 | 曜　講 | 曜　講 |

任用期間　1.春学期　2.秋学期　3.春・秋学期　4.その他（20　年　月～20　年　月）

④ ティーチング・アシスタントの業務（授業計画に基づいた教育補助業務の内容およびスケジュール(準備時間も含む)）

⑤ ティーチング・アシスタント候補者

| 研究科 | | 学生ID | | 氏名 | |
|---|---|---|---|---|---|
| 課程 | | 専攻 | | | |

⑥ 後期課程任用教員

| 所属 | | 氏名 | |
|---|---|---|---|

‡　TA指導者が所属する学部長・研究科長へ申請してください
‡　TA候補者が在籍する研究科長への報告

| | 任　用 |||  |
|---|---|---|---|---|
| 教授会 研究科委員会 | 年 | 月 | 日 | 可 否 |
| 研究科長‡ | 年 | 月 | 日 | |
| 研究科長会 | 年 | 月 | 日 | |

〈資料－7〉「ＴＡ申請書」(平成16年)　　　　　　※日本大学文理学部

　　　　　　　　　　　　　　　　　　　　　　年　　月　　日
文 理 学 部 長 殿

　　　　　　　　　　　申請者氏名　　　　　　　　　　印
　　　　　　　　　　（学科主任代理申請）　　　　　　　印＊
下記のとおり，ティーチング・アシスタントの採用を申請致します。
　　　　　　　　　　　　　　記
　　　　　　　　　　ＴＡ申請書

| 科　目　名 | |
|---|---|
| 担　当　教　員 | （　分担授業　・　専任授業　） |
| 授　業　形　態 | 通年・半期（前・後）　0.5・1・1.5・2・3 |
| ＴＡ採用希望人数／必要時間 | 人　全授業時間・一部指定時間（　時間中　時間） |
| ＴＡの業務<br>（具体的にお書きください） | |
| ＴＡを採用することによって期待される効果や改善点について | |

＊　平成１６年度採用予定の教員がＴＡを申請したい場合は学科主任代理申請とする

〈資料ー8〉「ティーチング・アシスタント実績報告書（教員用）」（平成17年）

※日本大学文理学部

| 学科名 | | 教員名 | |
|---|---|---|---|
| 科目名 | | 採用期間 | 前期 ・ 後期 ・ 通年（○印） |
| TA氏名 | | | |

**TAの具体的な業務内容**

**授業改善の具体的な成果**

**その他（TAやTA制度に関する意見など）**

| TAと授業への評価<br>（○を付ける）<br><br>5（きわめて高い）<br>1（きわめて低い） | TAの業務態度 | 5 | 4 | 3 | 2 | 1 |
|---|---|---|---|---|---|---|
| | TAの指導力 | 5 | 4 | 3 | 2 | 1 |
| | 授業の改善度 | 5 | 4 | 3 | 2 | 1 |
| | 学生の態度・意欲の向上 | 5 | 4 | 3 | 2 | 1 |

〈資料－9〉「ＴＡ講習会」(平成14年)　　　　　　　　　　　※北海道大学

2002年度TA研修会プログラム

日時：2002年4月5日（金）
会場：高等教育機能開発総合センター情報教育館3Ｆ
　　　スタジオ型多目的中講義室（主会場）
主催：高等教育機能開発総合センター

〈プログラム〉
9:15　　受付開始

---

9:30　　挨拶　総長
9:35　　講演　「北海道大学の全学教育」(教員)(25分)
10:00　 ミニ講義
　　　　「大学教育の基礎について」(教員)(20分)
10:20　 講演　「私のTA体験」(教員)(30分)
10:50　 休憩　(10分)
11:00　 パネル討論「TAの可能性〜果たして理想へ近づけるか」(40分)
　　　　司会：教員
　　　　パネラー：4名
　　　　質疑応答(20分)

---

12:00〜13:00　　昼食

---

13:00　 系ごとのセッション　　(150分)
　　　会場：3F 中講堂、4F 共用(1)、共用(2)、E210、E211

グループセッション
一般教育演習【E211】：
　　　グループ学習の実際、グループ討論
講義【E210】：
　　　論文指導の実際、グループ討論
情報【4F共用(1)】：
　　　情報処理教育、グループ討論
実験【4F共用(2)】：
　　　実験指導とTAの役割、グループ討論
語学【3F中講義室】：
　　　語学教育のポイント

---

15:30　 終了

〈資料—10〉アメリカの「TAセミナー」(2003年)　　※オハイオ州立大学

## AGENDA

| TUESDAY, SEPTEMBER 16 | KNOWING OUR STUDENTS |
|---|---|

9:00-10:15 am　　Session I
　　　　　　　　Welcome and Keynote (Hitchcock Hall)

10:15-10:30 am　　Walk to sessions (*Room assignments given at check-in)

10:30-11:45 am　　Session II
　　　　　　　　A. International TAs: Cross-Cultural Communication Skills in the Classroom
　　　　　　　　B. Preparing for the First Day of Class
　　　　　　　　C. Teaching for the Inclusive Classroom
　　　　　　　　D. How Understanding Learning Styles Can Improve Teaching and Learning
　　　　　　　　E. Increasing Student Success Through the Use of Effective Study Strategies

11:45 am-1:15 pm　　Lunch (on your own)

1:15-2:30 pm　　Session III
　　　　　　　　A. Managing the Classroom
　　　　　　　　B. International TAs: Cross-Cultural Communication Skills in the Classroom
　　　　　　　　C. Preparing for the First Day of Class
　　　　　　　　D. Teaching for the Inclusive Classroom
　　　　　　　　E. How Understanding Learning Styles Can Improve Teaching and Learning
　　　　　　　　F. Increasing Student Success Through the Use of Effective Study Strategies

2:30-2:45 pm　　Break

2:45-4:00 pm　　Session IV
　　　　　　　　A. Who are Ohio State University Students? (Hitchcock Hall)
　　　　　　　　B. Managing the Classroom
　　　　　　　　C. International TAs: Cross-Cultural Communication Skills in the Classroom
　　　　　　　　D. Preparing for the First Day of Class
　　　　　　　　E. Teaching for the Inclusive Classroom
　　　　　　　　F. How Understanding Learning Styles Can Improve Teaching and Learning

| WEDNESDAY, SEPTEMBER 17 | BUILDING TEACHING SKILLS |
|---|---|

9:00-10:15 am　　Session V
　　　　　　　　A. Getting Your Class Involved: Active Learning in the Social Sciences
　　　　　　　　B. Getting Your Class Involved: Active Learning in the Arts & Humanities
　　　　　　　　C. Getting Your Class Involved: Active Learning in Science, Engineering, & Quantitative Disciplines
　　　　　　　　D. Developing Effective Presentation Skills
　　　　　　　　E. Facilitating Classroom Discussion
　　　　　　　　F. Using Student Groups

10:15-10:30 am　　Break

10:30-11:45 am　　Session VI
　　　　　　　　A. Using Technology in Your Teaching: Why Use It?
　　　　　　　　B. Designing Quizzes, Assignments, and Tests
　　　　　　　　C. Getting Your Class Involved: Active Learning in the Social Sciences
　　　　　　　　D. Getting Your Class Involved: Active Learning in the Arts & Humanities
　　　　　　　　E. Getting Your Class Involved: Active Learning in Science, Engineering, & Quantitative Disciplines
　　　　　　　　F. Developing Effective Presentation Skills

# AGENDA

| | |
|---|---|
| 11:45 am-1:15 pm | Lunch (on your own) |
| 1:15-2:30 pm | **Session VII**<br>A. International TAs: Communication Maintenance Strategies (Hitchcock Hall)<br>B. Using Student Feedback to Improve Your Teaching<br>C. Designing Quizzes, Assignments, and Tests<br>D. Grading<br>E. Responding to Student Writing<br>F. Using Student Groups<br>G. Facilitating Classroom Discussion |
| 2:30-2:45 pm | Walk to session |
| 2:45-4:00 pm | **Session VIII**<br>A. University Policies & Procedures Every TA Should Know (Hitchcock Hall) |
| 4:00-5:30 pm | Teaching Resource Fair (The Blackwell Inn) |

## THURSDAY, SEPTEMBER 18 — CONTEXTS FOR TEACHING

| | |
|---|---|
| 9:00-11:45 am | **Session IX** *(15 minute break included)*<br>A. Teaching in the Independent Course<br>B. Teaching in the Recitation<br>C. Teaching in the Lab<br>D. Teaching in the Studio |
| 11:45 am-1:15 pm | Lunch (on your own) |
| 1:15-2:30 pm | **Session X**<br>A. Tutoring and Holding Office Hours<br>B. Working Within an Instructional Team<br>C. Finding Balance in Your Life: Teaching, Research, and "Life"<br>D. Designing Quizzes, Assignments, and Tests<br>E. Grading<br>F. Preparing for the First Day of Class<br>G. Teaching for the Inclusive Classroom<br>H. How Understanding Learning Styles Can Improve Teaching and Learning |
| 2:30-2:45 pm | Break |
| 2:45-4:00 pm | **Session XI**<br>A. Responding to Student Writing<br>B. Tutoring and Holding Office Hours<br>C. Working Within an Instructional Team<br>D. Finding Balance in Your Life: Teaching, Research, and "Life"<br>E. Managing the Classroom<br>F. Facilitating Classroom Discussion<br>G. Developing Effective Presentation Skills<br>H. Seven Habits of Highly Effective Teachers |

*All sessions are in the Central Classroom Building except where noted.

# ［引用・参考文献一覧］

※ 掲載の順序は、和書・英書の図書、雑誌論文の順であり、著者の名前に従ってabc…の順に掲載している。

[図書]

エブル、K.E.（高橋靖直訳）1987『大学教育の目的』玉川大学出版部.
エブル、K.E.（箕輪成男訳）1988『大学教授のためのティーチングガイド』玉川大学出版部.
苅谷剛彦 1998『変わるニッポンの大学－改革か迷走か－』玉川大学出版部.
苅谷剛彦 2000『アメリカの大学・ニッポンの大学－TA・シラバス・授業評価－』玉川大学出版部.
佐藤　学編 1995『教室という場所』（教育への挑戦　1）国土社.
産経新聞社会部編 1995『理工教育を問う－テクノ立国が危ない－』新潮社.
関　正夫 2000『21世紀の大学像』玉川大学出版部.
竹内　洋 2003『教養主義の没落－変わりゆくエリート学生文化－』中公新書.
館　昭 1997『大学改革－日本とアメリカ－』玉川大学出版部.
田中智志編 1999『ペダゴジーの誕生－アメリカにおける教育の言説とテクノロジー－』多賀出版.
日本私立大学連盟 2001『大学の教育・授業の未来像』東海大学出版会.
（財）大学セミナー・ハウス 2000『大学力を創る：FDハンドブック』東信堂.

[雑誌論文]

天野郁夫 1995「大学と教養－何が問題とされるか」民主教育協会『IDE・現代の高等教育』No.370,pp.5-14.
赤塚義英 1996「ティーチング・アシスタント（TA）制度の充実について」文部省『学術月報』Vol.49,No.4,pp.432-435.
荒井克弘 2000「大学生の学力低下問題の実相」（財団法人）政策科学研究所『21世紀フォーラム』No.71,pp.32-35.
井下　理 2000「学生の自己教育力の育成と授業者の役割」大学教育学会『大学教育学会誌』第24巻、第1号、pp.100-106.
石田英敬 2002「教養崩壊の時代と大学の未来〈特集〉大学－改革という名の崩壊」『世界』岩波書店、pp.215-221.

石渡嶺司 2004「全国大学満足度ランキング」『AERA』朝日新聞社、No.43, pp.34-38.

上地 宏 2001「ティーチング・アシスタントと情報教育〜姉妹校セント・トーマス大学の学生と教員へのインタビューを通して〜」大阪学院大学『大阪学院大学通信』第32巻、第9号、pp.49-62.

沖森卓也 2001「(エッセイ) TA制度の利用－全カリ講義授業の場合－：コミュニケーションとティーチング・アシスタント」立教大学『立教大学研究フォーラム』pp.119-121.

加藤恒男 2000「学生の変化と教養－学生の学力低下問題について－」大学教育学会『大学教育学会誌』第22巻、第1号、pp.36-39.

苅谷剛彦 1986「TA制度にみる日米大学教育比較考」民主教育協会『IDE・現代の高等教育』(1)No.278, pp.71-76. (2) No.279, pp.75-80. (3)No.280, pp.72-77.

苅谷剛彦 1988「ティーチング・アシスタント制度とアメリカの高等教育：研究と教育の緊張のはざまに」筑波大学大学研究センター『大学研究』第3号、pp.151-169.

河井正隆 2000「大学院生の教員トレーニングに関する事例的研究－Teaching Assistant 制度からの考察－」大学教育学会『大学教育学会誌』第22巻、第1号、pp.63-71.

北野秋男 2001-1「TA制度導入による授業改善の試み－日本大学文理学部の事例－」(財団法人) 大学コンソーシアム京都『2001年度第7回FDフォーラム報告集－大学の教育力と学生の学習意欲の向上－』pp.83-92.

北野秋男 2001-2『大学教育における授業の改善と支援体制の構築に関する研究』日本大学人文科学研究所報告書

北野秋男 2002-1「ティーチング・アシスタント (TA) 制度と大学の授業改善－日本大学文理学部の事例を中心に－」大学教育学会『大学教育学会誌』第24巻、第2号、pp.91-97.

北野秋男 2002-2「ティーチング・アシスタント制度の導入－日本大学文理学部における授業改善の試み－」東海高等教育研究所『大学と教育』No.33, pp.17-31.

北野秋男 2002-3「大学における学力低下と学力向上策の模索－文理学部の場合－」『シンポジウム学生の実態を踏まえた教育力向上への取組』日本大学総合企画部、pp.43-54.

北野秋男 2003-1「ティーチング・アシスタント (TA) 制度の総合的研究－全国

の22大学に対するインタビュー調査の結果を中心に－」大学教育学会『大学教育学会誌』第25巻、第2号、pp.75-82.

北野秋男 2003-2『大学教育におけるTA制度の実態に関する総合的研究』日本大学人文科学研究所報告書.

北野秋男 2004『日米のTA制度の実態に関する比較研究』日本大学人文科学研究所報告書.

北野秋男 2005「〈研究ノート〉我が国のティーチング・アシスタント（TA）制度研究の動向」日本大学教育学会『教育学雑誌』第40巻、pp.49-61.

木村英憲 1987「体験的日米大学比較」民主教育協会『IDE・現代の高等教育』No.282、pp.50-54.

吉良 直 2005「アメリカのティーチング・アシスタント制度と訓練・養成制度の研究－北東部5大学でのインタビュー調査結果の比較考察－」大学教育学会『大学教育学会誌』第27巻、第2号、pp.88-96.

久木田英史 1998「ティーチング・アシスタント報告」東京大学仏語仏文学研究会『仏語仏文学研究』No.18,pp.99-102.

子安増生・藤田哲也 1996「ティーチング・アシスタント制度の現状と問題点：教育学部教育心理学科のケース」京都大学高等教育研究開発推進センター『京都大学高等教育研究』第2号、pp.77-83.

子安増生・藤田哲也・前原泰志ほか 1997「京都大学教官を対象とするティーチング・アシスタントに関する調査(1)－質問紙調査のデータ分析－」京都大学高等教育研究開発推進センター『京都大学高等教育研究』第3号、pp.64-76.

清水一彦 2001「少人数教育の実施とティーチング・アシスタント制度の充実」（下村哲夫編）『教育改革と「21世紀・日本の教育」読本』教育開発研究所、pp.136-139.

鈴木則夫他 2000「大学生の学力低下に関する調査結果」大学入試センター『大学入試フォーラム』No.22,pp.50-56.

瀬田資勝 1995「アメリカの大学におけるティーチング・アシスタントの機能」民主教育協会『IDE・現代の高等教育』No.365、pp.30-36.

(財)政策科学研究所 2000「変貌する大学とその未来－次世代の大学像を求めて－」『21世紀フォーラム』No.71、pp.20-21.

館 昭 1995「18歳人口減少期のアメリカ大学」民主教育協会『IDE・現代の高等教育』No.369、pp.52-57.

館 昭 1997「アメリカにおける育英事業の新展開」文部省高等教育局学生課『大学と学生』第388号、pp.30-34.

全私学新聞、2002年1月3・13日合併号
寺﨑昌男2001「大学教育の歴史と今後の展望」日本私立大学連盟『大学の教育・授業の未来像－多様化するFD－』東海大学出版会.
筒井清忠・吉田　純他 1996「現代大学生における教養の計量的分析」京都大学『京都社会学年報』第4号、pp.163-176.
東京大学広報委員会 2000「2000(第50回学生生活実態調査の結果)」東京大学『学内広報』No.1227、pp.1-109.
長嶺宏作 2003『ヴァンダービルト大学教授センターインタビュー記録 (Cynthia Ganote：Center of Teaching Vice‐President)』(2003年10月16日（水）15：45〜16:30)（北野秋男2004『日米のTA制度の実態に関する比較研究』日本大学文理学部人文科学研究所報告書、pp.120-127)
前原泰志・山口健二・子安増生ほか 1997「京都大学教官を対象とするティーチング・アシスタントに関する調査(2)－自由記述内容の分析－」京都大学高等教育研究開発推進センター『京都大学高等教育研究』第3号、pp.77-85.
柳井晴夫 2004「大学生の学習意欲と学力低下に関する調査結果（中間報告)」日本学術振興会科学研究費補助金基盤研究(B)『大学生の学習意欲と学力低下に関する実証的研究』pp. 1-43.
山本眞一 1995「アメリカの大学教員養成システム」民主教育協会『IDE・現代の高等教育』No.363、pp.19-25.
山口健二 1993「大学のマス化段階における大学生の読書行動の変容についての実証的研究」平成9・10年度科学研究費補助金（奨励研究A）研究成果報告書、pp.1-118.
山口健二 2000「活字メディアからみた学生生活－本の読める時代と読めない時代－」民主教育協会『IDE・現代の高等教育』No.417、pp.38-42.
山口健二 2001「読書文化の構造転換期としての70年代」岡山大学教育学部『岡山大学教育学部研究集録』第116号、pp.157-165.
山口忠志 2000「九州大学における数学基礎教育の計画・運営」北海道大学高等教育機能開発総合センター『高等教育ジャーナル－高等教育と生涯学習－』第8号、pp.39-46.
山崎正和 1999「教養の危機を超えて－知の市場化にどう対処するか－」『This is 読売』読売新聞社、pp.38-57.
安岡高志 2002「学生の自己教育力の育成に向けて－コア科目の役割と性格付け－」大学教育学会『大学教育学会誌』第24巻、第1号、pp.89-92.
山本眞一 1995「アメリカの大学教員養成システム」民主教育協会『IDE・現代の

高等教育』No.363、pp.19-25.
山本眞一 1997-1「米国における育英事業について」文部省高等教育局学生課『大学と学生』第380号、pp.55-58.
山本眞一 1997-2「米国における若手研究者の養成について」文部省高等教育局学生課『大学と学生』第381号、pp.28-31.
四ッ谷晶二 2000「龍谷大学におけるTA制度」北海道大学高等教育機能開発総合センター『高等教育ジャーナル－高等教育と生涯学習－』第8号、pp.47-50.
読売新聞（2001.10.17.）、（2004.7.23.）
和賀　崇 2002「アメリカの大学におけるファカルティ・ディベロップメントの発展に関する一考察－ティーチング・アシスタント制度の機能拡大に着目して－」筑波大学大学院教育学研究科『教育学研究集録』第26集、pp.47-56.
和賀　崇 2003「アメリカの大学における大学教員準備プログラム－ファカルティ・ディベロップメントとの関連に注目して－」大学教育学会『大学教育学会誌』第25巻、第2号、pp.83-89.
渡辺かよ子 2000「近現代日本の教養論の課題と大学教育」大学教育学会『大学教育学会誌』第22巻、第1号、pp.40-44.
渡辺憲二 2001「（エッセー）TA制度の利用－全カリ講義授業の場合－：文学と社会・文学と人間」『立教大学研究フォーラム』立教大学、pp.117-118.

[政府関係の報告書・答申]
教育改革国民会議 2000「教育改革国民会議報告－教育を変える17の提案－」（http://www.kantei.go.jp/jp/kyouiku/houkoku/1222report.html）［2004年9月17日取得］、pp.1-17.
高等教育局大学課 1997「ティーチング・アシスタント（TA）」文部省高等教育局学生課『大学と学生』第381号、pp.48-49.
高等教育教育局 2001「グローバル化時代に求められる高等教育の在り方について（答申）」文部科学省『文部科学時報』No.1496、pp.42-49.
高等教育局大学改革官室 2003「平成15年度　21世紀COEプログラム委員会審査結果について」（http://www.mext.go.jp/a-menu/koutou/coe/03071701/001.htm）（2004年9月23日取得）
大学審議会 1991「大学院の整備充実について」（答申・要旨）『内外教育』第4234号、pp.6-11.
大学審議会答申 1998『21世紀の大学像と今後の改革方策について－競争的環境

の中で個性が輝く大学―』pp.1-74.(http://www.mext.go.jp/b_menu/shingi/12/daigaku/toushin/981002.htm)[2004年4月20日取得]
大学基準協会 2004「特色ある大学教育支援プログラム」(http://www.juaa.or.jp/sien-program/frame-sienprogram.html)[2004年9月23日取得]
文部省通達 1995「ティーチング・アシスタント実施要領」
文部科学省 2004「大学における教育内容等の改革状況について」(pp.1-30)(http://www.mext.go.jp/b_menu/shingi/12/daigaku/toushin/981002.htm)[2005年3月28日取得]
大学基準協会 2004「特色ある大学教育支援プログラム」(http://www.juaa.or.jp/sien-program/frame-sienprogram.html)[2004年9月23日取得]
大学審議会答申 1998『21世紀の大学像と今後の改革方策について―競争的環境の中で個性が輝く大学―』(http://www.mext.go.jp/b_menu/shingi/12/daigaku/toushin/981002.htm)[2004年4月20日取得]
大学審議会 1991「大学院の整備充実について」(答申・要旨)『内外教育』第4234号、pp.6-11.
日本学術振興会 2004「21世紀COEプログラム」(http://www.jsps.go.jp/j-21coe.)[2004年9月23日取得]
臨時教育審議会 1988『教育改革に関する提言―臨時教育審議会第四次(最終)答申―』大蔵省印刷局.

[各大学の報告書]

安信誠二 2000「TAの活用法」『筑波大学　FDハンドブック』筑波大学、pp.21-25.
北野ゼミ 2002『教育学演習Ⅲ・報告書』日本大学文理学部教育学科.
京都大学 1994『京都大学自己点検・評価報告書』京都大学自己点検・評価委員会.
木村　浩・真田　久 2003「TA(ティーチング・アシスタント)の現状報告」筑波大学教育計画室『筑波大学におけるFD活動―「学群・学類授業参画プロジェクト」の実践―』(平成14年度筑波大学教育計画室活動事業報告書)pp.93-103.
清水一彦 2000「大学教育の発展に向けたFD活動の実践的課題」筑波大学教育計画室『筑波大学FDハンドブック』pp.1-8.
筑波大学教育計画室 1990『平成元年度　教育補助者に関する調査報告』筑波大学.

日本大学文理学部FD委員会 2001-4「FD委員会活動報告書」日本大学文理学部.
北海道大学高等教育機能開発総合センター 2000『北海道大学FDマニュアル』北海道大学高等教育機能開発総合センター.
北海道大学 2002『北海道大学高等教育機能開発総合センター』北海道大学高等教育機能開発総合センター.
安岡高志 2002-1「本学の教育改革について」2002年度・新任教員対象『教育に関する説明会』報告書、東海大学教育支援センター、pp.27-36.
安岡高志 2002-2「東海大学の教育改革の試み－学生による授業評価－」『平成13年度 FD委員会活動報告書』日本大学文理学部FD委員会、pp8-34.
龍谷大学大学教育開発センター 2002『大学教育開発センター通信（創刊号）』龍谷大学、pp.1-11.
龍谷大学大学教育開発センター 1999-2002『FD・教材等研究開発報告書（第1号～第4号）』.

[アメリカのTA制度関係図書・雑誌]
Faculty and TA Development 2001 Teaching at The Ohio State University: A Handbook, The Ohio State University.
Faculty and TA Development 2002 Teaching in the United States: A Handbook for International Faculty and TAs, The Ohio State University.
Faculty and TA Development 2003 University-Wide Orientation on Teaching and Learning: A Conference for New TAs, September 16-18, 2003, The Ohio State University.
Ohio State University: Office of Faculty & TA Development Center 2004 [http://www.acs.ohio-state.edu/education/ftad]（2004年1月8日取得）
U.S.News & World Report 2004 "2005 Edition America's Best Graduate Schools".
Vanderbilt University: Center for Teaching 2004 [http://www.vanderbilt.edu/cft/offerings/programs/faculfy,htm]（2004年1月7日取得）

あとがき

　本文中でも述べたように、編者の所属する学部のTA制度はTA科目の募集・審査・採用、TAの養成・評価システムなどがFD委員会によって一括管理され、他大学には見られない独自のシステムとなっている。そのことは、本文中でも繰り返し述べてきたことなので重複は避けるが、それ以外にも、TAの業務、給与・待遇など我が国の大学の中でも充実した内容となっている。TAの給与・身分・待遇の問題は、学部長・事務局長などを中心とした大学執行部の強力な経済的な支援があったからに他ならない。こうしたTA制度を中心とした文理学部のFD活動は、2000（平成12）年から現在まで日本大学文理学部FD委員会『FD委員会活動報告書』として刊行されているので、一読していただければ幸いである。

　そして、このFD委員会のメンバーが中心となって2001年度から日本大学人文科学研究所の共同研究費を受領して3年間の共同研究が開始された。この共同研究のテーマは、「大学における授業改善とTA制度」であり、参加メンバーは、大学教育の質的向上をめざす実践的な授業改善の紹介やTAを使った授業改善の事例を報告した。その成果は、共同研究成果報告書として『大学教育における授業の改善と支援体制の構築に関する研究』（2002年）、『大学教育におけるTA制度の実態に関する総合的研究』（2003年）、『日米のTA制度の実態に関する比較研究』（2004年）と題して刊行された。この研究会に参加したメンバーは、編者を研究代表者とし、森　真（数学）、紅野謙介（国文）、田中ゆかり（国文）、後藤範章（社会）、中森広道（社会）、高橋博樹（物理）、高橋正樹（地球システム）、茂手木公彦（数学）、落合康浩（地理）、加藤直人（史学科）、関口なほ子（独文）、中里勝芳（物理）、渡部　淳（教育）の計14名であった。3年間の長きにわたってご支援・ご協力を頂いた先生もいれば、1年間だけの先生もいたが、いずれにせよ、本書が刊行できた最大の理由は、これらの先生方のご支援・ご協力の賜であった。深く感謝したいと思う。

　また、この人文科学研究所の共同研究のメンバーは、精力的に研究成果を学会に報告することも試みた。とりわけ、編者を加えた森、関口、中里の4

名は2003年6月8日に大学教育学会第25回大会ラウンドテーブルにおいて、「大学教育におけるTA制度の実態に関する総合的研究」と題して報告を行った。場所は、大阪薬科大学であった。参加者は10名程度と少なかったが、我が国では初めての本格的なTA制度の研究でもあり、私自身は学会終了後は満足感で一杯であった。関口先生の明晰で的確な司会ぶり、森・中里先生の優れた報告により、フローからも質問が矢継ぎ早に出たことを思い出す。その内容は、「大学教育におけるTA制度の実態に関する総合的研究」大学教育学会『大学教育学会誌』第25巻、第2号、2003、pp.48-50に掲載されているので、ご参照願いたい。また、ラウンドテーブル終了後に行った大阪の街での反省会も今となっては懐かしい思い出である。人は一人では無力であるが、逆に、人が多ければいいというものでもない。やはり、心の底から信頼できる研究仲間をいかに得ることができるかが重要であろう。

　私自身は、こうした共同研究の活動を進めながら、単独で学会発表なども行った。それが、本書の中心部分となった論文である。本書を刊行するにあたり、各論文は大幅に加筆・修正されているが、それらの論文は以下の通りである。

北野秋男2001「TA制度導入による授業改善の試み──日本大学文理学部の事例──」『2001年度　第7回FDフォーラム報告集──大学の教育力と学生の学習意欲の向上──』(財団法人)大学コンソーシアム京都，pp.83-92．

北野秋男2002「ティーチング・アシスタント(TA)制度と大学の授業改善──日本大学文理学部の事例を中心に──」大学教育学会『大学教育学会誌』第24巻、第2号、pp.91-97．

北野秋男2003「ティーチング・アシスタント(TA)制度の総合的研究──全国の22大学に対するインタビュー調査の結果を中心に──」大学教育学会『大学教育学会誌』第25巻、第2号、pp.75-82．

北野秋男2005「〈研究ノート〉我が国のティーチング・アシスタント(TA)制度研究の動向」日本大学教育学会『教育学雑誌』第40巻、pp.49-61．

本書を執筆するにあたり、とりわけ思い出深い事柄は、2002年10月から翌年の8月にかけて実施した全国のTA制度のインタビュー調査である。インタビュー調査の対象となった大学は、北は北海道から南は九州まで全国の国・公・私立大学22校であった。その後も調査を継続し、2004年度には3大学の調査を加え、合計25大学となった。調査の出発日は、ほとんどの場合が木曜日の教授会終了後であり、出発間際の飛行機か新幹線に飛び乗った。一人で北海道や九州に行き、金曜日と土曜日に当該大学の教員や職員の方々にインタビューをお願いした。自分で企画し、自分で進めている研究ながら、「ここで何をしているのか。どうして、ここにいるのか」などと迷うこともあった。しかし、インタビュー調査をさせて頂いた大学関係者の方々は、初対面にもかかわらず、いつも親切で丁寧に迎えて頂いた。そして、それぞれの大学におけるTA制度の実態について詳細に話していただいた。インタビューに行く前は、必ず弱気になって「もう辞めたいな」と思う私も、インタビューを終えた後は必ず「次も頑張ろう」という気持ちになった。ひとえに、私のインタビューに快く応じて頂き、貴重な資料を提示して頂いた方々のご支援の賜である。深く深く感謝したいと思う。なお、このインタビュー調査の詳細な記録は、『大学教育におけるTA制度の実態に関する総合的研究』(2003年)に掲載されている。

　また、本書の刊行には日本大学大学院文学研究科教育学専攻の大学院生宇内一文君・吉江夏子さんも加わっている。FD委員会は、2004年9月29日の文理学部新図書館開館を記念して企画された学部の「新図書館記念事業」に参加した。FD委員会で企画したテーマは、「魅力ある大学教育の模索――文理学部の授業と評価が変わる！――」であり、基調講演、シンポジウム、ワークショップなどを実施し、文理学部における教育改善の問題を検討しようとするものであった。このシンポジウムにいて、私は、森　真、閑田朋子(英文)先生とともに、文理学部の学生の学習時間や読書傾向をアンケート調査することとした。このアンケート調査の結果を分析し、発表してくれたのが宇内君と吉江さんである。当時の二人は大学院博士前期課程2年生であり、修士論文作成という大変な時期にであった。にもかかわらず、このFD委員会への

企画に対する惜しみない協力を申し出てくれた。将来の有望な若い二人の協力・支援を受けられたことは望外の喜びであった。

　以上、本書が刊行される契機となった事柄、経緯、本書に関わった先生方、院生など、思い出すままに紹介してみた。いずれにせよ、本書が、これらの多くの人々の惜しみない協力と支援で成り立っていることは間違いない。重ねて御礼を申し上げたい。また、本書を刊行するにあたり、東信堂の下田勝司社長には、御礼を申し上げたい。

　本書は、その企画から執筆まで、約6年間という比較的短い歳月で刊行されている。我が国のTA制度は、現状では大学院をもつ多くの大学で導入されており、編者一人では物理的にも時間的にも、全国のTA制度の実態を解明することは不可能であった。しかしながら、可能な限りの努力は行ったつもりである。研究上の不備や間違いがあれば、それは編者の責任である。読者の皆さんのご批判・ご指摘など頂ければ、幸いである。

2006.3.31　　　自宅の書斎にて

# 索引

## 【あ行】

| | |
|---|---|
| ID (Instructional Development) | 69 |
| ICU | 61,83 |
| アシスタント制 | 83 |
| アメリカのTA制度 | 166 |
| アンケート調査 | 109,118,144,155 |
| インタビュー調査 | 5,88,103,146 |
| ヴァンダービルト大学教授センター | 172 |
| FD (Faculty Development) | 61,67,69 |
| FDカフェ | 76 |
| 演習科目におけるTAの役割 | 128 |
| OD (Organizational Development) | 69 |
| オハイオ州立大学・FTAD | 169,170 |

## 【か行】

| | |
|---|---|
| 学生アンケート | 116 |
| 学習支援活動 | 62 |
| 「学習時間」と「読書傾向」 | 23,30 |
| 学力低下 | 28,43,45,49 |
| 学問志向タイプ | 27 |
| 過重労働やセクハラ | 94 |
| カリフォルニア大学バークレー校 | 165 |
| 教育改革国民会議 | 11,85 |
| 教養主義 | 21,27,28,36,38,45,59 |
| 教育助手 (Teaching Assistant) | 3,84 |
| 教育助手制度 | 83,159 |
| →TA制度、ティーチング・アシスタント制度 | |
| 教育補助業務 | 91,92,124,183 |
| 教員アンケート | 113 |
| 京都大学高等教育研究開発推進センター | 10,142 |
| グラント | 163 |

| | |
|---|---|
| 研究・教育予定調和説 | 57 |
| 「研究重視」/「教育軽視」 | 3,185 |
| 交際志向タイプ | 27 |
| 高等教育機能開発総合センター | 97,99 |
| 高度化推進特別経費 | 86 |

## 【さ行】

| | |
|---|---|
| CD (Curriculum Development) | 69 |
| 実習科目におけるTAの役割 | 132 |
| 実践的事例研究 | 123 |
| 18歳人口の激減 | 21,43 |
| 授業評価制度 | 77 |
| 奨学金制度 | 162 |
| 将来の教員準備プログラム | 174 |
| 将来の大学教員準備 | 17 |
| 人的資源の活用 | 63 |
| 専門主義 | 27,45 |

## 【た行】

| | |
|---|---|
| 大学教育の改善 | 67,78,123 |
| 大学教育学会 | 9,150 |
| 大学コンソーシアム京都 | 14 |
| 大学審議会 | 11,50,68,85,87 |
| 大学生の満足度調査 | 21,60 |
| 大学設置基準の大綱化 | 52,57,58 |
| 大学全入時代 | 50 |
| 大学入試センター | 46 |
| 大学冬の時代 | 21 |
| 大規模講義科目におけるTAの役割 | 124 |
| チューター制 | 11 |
| 筑波大学教育計画室 | 14,142 |
| TA (Teaching Affiliates) | 174,177 |
| TAアンケート | 94,114 |
| TA・SA制度 | 75 |

| | | | | |
|---|---|---|---|---|
| TAガイダンス | 16, 98, 110 | 東海大学教育支援センター | | 73 |
| TA科目採択の原則 | 112 | 特色ある大学教育支援プログラム | | 54 |
| TAカンファレンス | 151 | 【な行】 | | |
| TA実績報告書 | 101, 102 | | | |
| TA奨学金 | 164 | 内規 | | 90 |
| TA制度 | 123 | 『内規』と『業務及び指導・管理基準』 | | 108 |
| TA制度の意義 | 83, 187 | 21世紀COEプログラム | | 52 |
| TA制度の意味 | 130 | 日本大学文理学部のTA制度 | | 7, 107 |
| TA制度の問題点 | 103, 104, 131, 141, 186 | 【は行】 | | |
| 「TA＝知的皿洗い」 | 104, 176 | | | |
| TAの活用状況 | 69, 86 | 複数教員制 | | 83 |
| TAの業務内容 | 92, 170, 176 | 北海道大学高等教育機能開発総合センター | | |
| TAの禁止された業務内容 | 93 | | | 15, 72 |
| TAの訓練・養成プログラム | 168 | 【ま行】 | | |
| TAの研修制度 | 72, 97 | | | |
| TAの採用・任用 | 99 | 文部省通達 | | 86, 91 |
| TAの資格・待遇 | 95 | 【ら行】 | | |
| TAの評価制度 | 101, 157 | | | |
| TAの募集 | 111 | 臨時教育審議会 | | 11, 85 |
| TAハンドブック | 16 | レジャーランド大学 | | 29 |
| TF (Teaching Fellows) | 160, 174, 177, 184 | ローン | | 163 |
| ティーチング・アシスタントシップ | 164 | 【わ行】 | | |
| ティーチング・アシスタント制度 | 3, 181 | | | |
| →教育助手制度、TA制度 | | ワーク・スタディー | | 164 |

[執筆者一覧]　（執筆順、2006.3.31. 現在）

北野秋男　（編著者紹介を参照）　　　　　　下記章・節以外のすべて


吉江夏子（調布市図書館）　　　　　　　　　第1章1節担当
宇内一文（日本大学大学院文学研究科後期博士課程）　第1章2節担当
中里勝芳（日本大学文理学部助教授）　　　　第7章3節担当
田中ゆかり（日本大学文理学部助教授）　　　第6章2節担当
落合康浩（日本大学文理学部助教授）　　　　第6章4節担当

［編著者紹介］

北野秋男（きたのあきお）

1955年富山県生まれ
日本大学文理学部教授・日本大学大学院総合社会情報研究科教授
教育学専攻、博士（教育学）

〈主要著作〉
『ペダゴジーの誕生——アメリカにおける教育の言説とテクノロジー』1999年、(共著) 多賀出版
『わかりやすく学ぶ教育制度——課題と討論による授業の展開』2002年、(編著) 啓明出版
『アメリカ公教育思想形成の史的研究——ボストンにおける公教育普及と教育統治』2003年、風間書房


Graduate Teaching Assistant Systems in Japan


**日本のティーチング・アシスタント制度 ——大学教育の改善と人的資源の活用——**

2006年6月25日　初　版　第1刷発行　　　　〔検印省略〕
定価はカバーに表示してあります。

編著者©北野秋男／発行者　下田勝司　　　印刷/製本 ㈱カジャーレ

東京都文京区向丘1-20-6　郵便振替00110-6-37828
〒113-0023　TEL(03)3818-5521　FAX(03)3818-5514　　発行所　株式会社 東信堂
Published by TOSHINDO PUBLISHING CO., LTD.
1-20-6, Mukougaoka, Bunkyo-ku, Tokyo, 113-0023, Japan
E-mail : tk203444@fsinet.or.jp　http://www.toshindo-pub.com/

ISBN4-88713-684-6 C3037　　　　　　　　　©Akio KITANO

═══════ 東信堂 ═══════

|  |  |  |
|---|---|---|
| 大学の自己変革とオートノミー —点検から創造へ | 寺﨑昌男 | 二五〇〇円 |
| 大学教育の創造 —歴史・システム・カリキュラム | 寺﨑昌男 | 二五〇〇円 |
| 大学教育の可能性 —教養教育・評価・実践 | 寺﨑昌男 | 二五〇〇円 |
| 大学教育の現在 | 寺﨑昌男 | 近刊 |
| 作文の論理 —〈わかる文章〉の仕組み | 宇佐美寛編著 | 一九〇〇円 |
| 授業研究の病理 | 宇佐美寛 | 二五〇〇円 |
| 大学授業の病理 —FD批判 | 宇佐美寛 | 二五〇〇円 |
| 大学の授業 | 宇佐美寛 | 二五〇〇円 |
| 大学教育の思想 —学士課程のデザイン | 絹川正吉 | 近刊 |
| あたらしい教養教育をめざして —大学教育学会25年の歩み:未来への提言 | 大学教育学会25年史編纂委員会編 | 二九〇〇円 |
| 現代大学教育論 —学生・授業・実施組織 | 京都大学高等教育教授システム開発センター編 | 二八〇〇円 |
| 大学の指導法 | 児玉・別府・川島編 | 二八〇〇円 |
| 大学授業研究の構想 —過去から未来へ | 京都大学高等教育教授システム開発センター編 | 二四〇〇円 |
| 学生の学びを支援する大学教育 —学生の自己発見のために | 溝上慎一編 | 二四〇〇円 |
| 大学教授職とFD —アメリカと日本 | 有本 章 | 三三〇〇円 |
| 大学教授の職業倫理 | 別府昭郎 | 二三八一円 |
| 立教大学〈全カリ〉のすべて —（シリーズ大学改革ドキュメント・監修寺﨑昌男・絹川正吉）全カリの記録 | 編集委員会編 | 二二〇〇円 |
| ICU〈リベラル・アーツ〉のすべて —リベラル・アーツの再構築 | 絹川正吉編著 | 二三八一円 |

〒113-0023 東京都文京区向丘1-20-6
TEL 03-3818-5521　FAX 03-3818-5514　振替 00110-6-37828
Email tk203444@fsinet.or.jp　URL: http://www.toshindo-pub.com/

※定価：表示価格(本体)＋税

== 東信堂 ==

|  |  |  |
|---|---|---|
| 大学再生への具体像 | 潮木守一 | 二五〇〇円 |
| 大学行政論Ⅰ | 川本八郎編 | 二三〇〇円 |
| 大学行政論Ⅱ | 川本八節子編 | 二三〇〇円 |
| 大学の管理運営改革 ―日本の行方と諸外国の動向 | 伊藤彰郎編 | 二三〇〇円 |
| 新時代を切り拓く大学評価 ―日本とイギリス | 江原武一編 | 三六〇〇円 |
| 模索されるeラーニング ―事例と調査データにみる大学の未来 | 杉本均編著 | 三六〇〇円 |
| 私立大学の経営と教育 | 秦由美子編著 | 三六〇〇円 |
| 校長の資格・養成と大学院の役割 | 吉田文編著 | 三六〇〇円 |
| 原点に立ち返っての大学改革 | 田口真奈編著 | 三六〇〇円 |
| 短大からコミュニティ・カレッジへ | 小島弘道編著 | 六八〇〇円 |
| 日本のティーチング・アシスタント制度 | 舘昭 | 一〇〇〇円 |
| ―飛躍する世界の短期高等教育と日本の課題 | 舘昭編著 | 二五〇〇円 |
| 反大学論と大学史研究 ―大学教育の改善と人的資源の活用 | 北野秋男編著 | 二八〇〇円 |
| 中野実の足跡 | 中野実研究会編 | 四六〇〇円 |
| アジア・太平洋高等教育の未来像 | 静岡総合研究機構編 馬越徹監修 | 二五〇〇円 |
| 戦後オーストラリアの高等教育改革研究 | 杉本和弘 | 五八〇〇円 |
| 大学教育とジェンダー ―ジェンダーはアメリカの大学をどう変革したか | ホーン川嶋瑤子 | 三六〇〇円 |
| 一年次(導入)教育の日米比較 | 山田礼子 | 二八〇〇円 |
| アメリカの女性大学:危機の構造 | 坂本辰朗 | 二四〇〇円 |
| 大学改革の現在(第1巻) (講座「21世紀の大学・高等教育を考える」) | 有本章編著 山本眞一編著 | 三二〇〇円 |
| 大学評価の展開(第2巻) | 山野井敦德編著 清水彦一編著 | 三二〇〇円 |
| 学士課程教育の改革(第3巻) | 絹川正吉編著 舘昭編著 | 三二〇〇円 |
| 大学院の改革(第4巻) | 江原武一編著 馬越徹編著 | 三二〇〇円 |

〒113-0023 東京都文京区向丘1-20-6
TEL 03-3818-5521 FAX 03-3818-5514 振替 00110-6-37828
Email tk203444@fsinet.or.jp URL: http://www.toshindo-pub.com/

※定価:表示価格(本体)+税

― 東信堂 ―

|  |  |  |
|---|---|---|
| 日本の教育経験―途上国の教育開発を考える | 国際協力機構編著 | 二八〇〇円 |
| アメリカの才能教育―多様なニーズに応える特別支援 | 松村暢隆 | 二五〇〇円 |
| アメリカのバイリンガル教育―新しい社会の構築をめざして | 末藤美津子 | 三二〇〇円 |
| アメリカ進歩主義教授理論の形成過程―教育における個性尊重は何を意味してきたか | 宮本健市郎 | 七〇〇〇円 |
| 教育の経済的生産性と公共性―ホレース・マンとアメリカ公教育思想 | 久保義三 | 三八〇〇円 |
| 21世紀にはばたくカナダの教育(カナダの教育2) | 小林・関口・浪田他編著 | 二八〇〇円 |
| 多様社会カナダの「国語」教育(カナダの教育3) | 関口礼子編著 | 三八〇〇円 |
| イギリス教育課程改革―その軌跡と課題 | 浪田克之介編著 | 二八〇〇円 |
| 現代英国の宗教教育と人格教育(PSE) | 柴沼晶子編著 | 五二〇〇円 |
| ドイツの教育と人格教育(PSE) | 新井浅浩編著 | 一〇〇〇〇円 |
| ドイツの教育のすべて | 天野正治監訳 別府昭郎 木戸裕 長島啓記 マックス・プランク研究所・研究者グループ | 四六〇〇円 |
| 現代ドイツ政治・社会学習論―「事実教授」の展開の分析 | 大友秀明 | 五二〇〇円 |
| 21世紀を展望するフランス教育改革―一九八九年教育基本法の論理と展開 | 小林順子編 | 八六四〇円 |
| マレーシアにおける国際教育関係―教育へのグローバル・インパクト | 杉本均 | 五七〇〇円 |
| フィリピンの公教育と宗教―成立と展開過程 | 市川誠 | 五六〇〇円 |
| 「改革・開放」下中国教育の動態 | 阿部洋編著 | 五四〇〇円 |
| 社会主義中国における少数民族教育―「民族平等」理念の展開 | 小川佳万 | 四六〇〇円 |
| 中国の職業教育拡大政策―背景・実現過程・帰結 | 劉文君 | 五〇四八円 |
| 中国の後期中等教育の拡大と経済発展パターン―江蘇省と広東省の比較 | 呉琦来 | 三八二七円 |
| 東南アジア諸国の国民統合と教育―多民族社会における葛藤 | 村田翼夫編著 | 四四〇〇円 |
| オーストラリア・ニュージーランドの教育 | 石附稔 笹森健編著 | 二八〇〇円 |

〒113-0023 東京都文京区向丘1-20-6
5TEL 03-3818-5521 FAX 03-3818-5514 振替 00110-6-37828
Email tk203444@fsinet.or.jp URL: http://www.toshindo-pub.com/

※定価:表示価格(本体)+税

━━━ 東信堂 ━━━

(シリーズ 社会学のアクチュアリティ:批判と創造 全12巻+2)

クリティークとしての社会学——批判と創造 西原和久 一八〇〇円
都市社会とリスク——豊かな生活を批判的に見る眼 宇都宮京子 編 二〇〇〇円
言説分析の可能性——社会学的方法の迷宮から 佐藤俊樹 編 二〇〇〇円
グローバル化とアジア社会——ポストコロニアルの地平 新津晃一 編 二〇〇〇円

吉原直樹 編 一八〇〇円

(地域社会学講座 全3巻)
地域社会学の視座と方法 似田貝香門 監修 二五〇〇円
グローバリゼーション/ポストモダニズムと地域社会 古城利明 監修 二五〇〇円
地域社会の政策とガバナンス 矢澤澄子 監修 二七〇〇円

(シリーズ世界の社会学・日本の社会学)
タルコット・パーソンズ——最後の近代主義者 中野秀一郎 一八〇〇円
ゲオルク・ジンメル——現代分化社会における個人と社会 居安正 一八〇〇円
ジョージ・H・ミード——社会的自我論の展開 船津衛 一八〇〇円
アラン・トゥレーヌ——現代社会のゆくえと新しい社会運動 杉山光信 一八〇〇円
アルフレッド・シュッツ——社会的空間と主観的時間と 森元孝 一八〇〇円
エミール・デュルケム——社会の道徳的再建と社会学 中島道男 一八〇〇円
レイモン・アロン——危機の時代の警世家 岩城完之 一八〇〇円
フェルディナンド・テンニエス——ゲマインシャフトとゲゼルシャフト 吉田浩 一八〇〇円
カール・マンハイム——時代を診断する亡命者 澤井敦 一八〇〇円

費孝通——民族自省の社会学 佐々木衛 一八〇〇円
奥井復太郎——都市社会学と生活論の創始者 藤田弘夫 一八〇〇円
新明正道——綜合社会学の探究 山本鎭雄 一八〇〇円
米田庄太郎——新総合社会学の先駆者 中久郎 一八〇〇円
高田保馬——理論と政策の無媒介的統一——家族研究の軌跡 北島滋 一八〇〇円
戸田貞三——実証社会学の軌跡 川合隆男 一八〇〇円

(中野卓著作集・生活史シリーズ 全12巻)
生活史の研究 中野卓 二五〇〇円
先行者たちの生活史 中野卓 三三〇〇円

〒113-0023 東京都文京区向丘1-20-6
☎TEL 03-3818-5521 FAX 03-3818-5514 振替 00110-6-37828
Email tk203444@fsinet.or.jp URL: http://www.toshindo-pub.com/

※定価:表示価格(本体)+税

― 東信堂 ―

|  |  |  |
|---|---|---|
| グローバル化と知的様式―社会科学方法論についての七つのエッセー | J・ガルトゥング 矢澤修次郎・大重光太郎訳 | 二八〇〇円 |
| 社会階層と集団形成の変容―集合行為と物象化のメカニズム | 丹辺宣彦 | 六五〇〇円 |
| 世界システムの新世紀―グローバル化とマレーシア | 山田信行 | 三六〇〇円 |
| 階級・ジェンダー・再生産―現代資本主義社会の存続メカニズム | 橋本健二 | 三二〇〇円 |
| 現代日本の階級構造―理論・方法・計量分析 | 橋本健二 | 四五〇〇円 |
| 教育と不平等の社会理論―再生産論をこえて | 小内透 | 三二〇〇円 |
| ボランティア活動の論理―阪神・淡路大震災からサブシステンス社会へ | 西山志保 | 三八〇〇円 |
| 記憶の不確定性―社会学的探求 | 松浦雄介 | 二五〇〇円 |
| 日常という審級―アルフレッド・シュッツにおける他者・リアリティ・超越 | 李晟台 | 三六〇〇円 |
| イギリスにおける住居管理―オクタヴィア・ヒルからサッチャーへ | 中島明子 | 七四五三円 |
| 人は住むためにいかに闘ってきたか〔新装版〕欧米住宅物語 | 早川和男 | 二〇〇〇円 |
| 〔居住福祉ブックレット〕 | | |
| 居住福祉資源発見の旅 | 早川和男 | 七〇〇円 |
| どこへ行く住宅政策―進む市場化、なくなる居住のセーフティネット | 本間義人 | 七〇〇円 |
| 漢字の語源にみる居住福祉の思想 | 李桓 | 七〇〇円 |
| 日本の居住政策と障害をもつ人 | 大本圭野 | 七〇〇円 |
| 障害者・高齢者と麦の郷のこころ | 伊藤静美・田中秀樹・加藤直人 | 七〇〇円 |
| 地場工務店とともに―健康住宅普及への途 | 山本里見 | 七〇〇円 |
| 〔住民、そして地域とともに〕子どもの道くさ | 水月昭道 | 七〇〇円 |
| 居住福祉法学の構想 | 吉田邦彦 | 七〇〇円 |
| 奈良町の暮らしと福祉―市民主体のまちづくり | 黒田睦子 | 七〇〇円 |

〒113-0023 東京都文京区向丘1-20-6
5TEL 03-3818-5521 FAX 03-3818-5514 振替 00110-6-37828
E mail tk203444@fsinet.or.jp URL: http://www.toshindo-pub.com/

※定価:表示価格(本体)＋税

# 東信堂

|  |  |  |
|---|---|---|
| 責任という原理―科学技術文明のための倫理学の試み | H・ヨナス 加藤尚武監訳 | 四八〇〇円 |
| 主観性の復権―心身問題から『責任という原理』へ | H・ヨナス 宇佐美・滝口訳 | 二〇〇〇円 |
| テクノシステム時代の人間の責任と良心 | H・ヨナス 山本・盛永訳 | 三五〇〇円 |
| 空間と身体―現代応用倫理学入門―新しい哲学への出発 | 桑子敏雄 | 二五〇〇円 |
| 環境と国土の価値構造 | 桑子敏雄編 | 三五〇〇円 |
| 森と建築の空間史―近代日本―南方熊楠と | 千田智子 | 四三八一円 |
| 感性哲学1〜5 | 日本感性工学会感性哲学部会編 | 一六〇〇〜二〇〇〇円 |
| メルロ—ポンティとレヴィナス―他者への覚醒 | 屋良朝彦 | 三八〇〇円 |
| 思想史のなかのエルンスト・マッハ―科学と哲学のあいだ | 今井道夫 | 三八〇〇円 |
| 堕天使の倫理―スピノザとサド | 佐藤拓司 | 二八〇〇円 |
| バイオエシックス入門(第三版) | 香川知晶編 坂井昭宏 | 二三八一円 |
| バイオエシックスの展望 | 松岡悦子編著 | 三二〇〇円 |
| 今問い直す脳死と臓器移植 | 澤田愛子 | 二〇〇〇円 |
| 動物実験の生命倫理―個体倫理から分子倫理へ | 大上泰弘 | 四〇〇〇円 |
| ルネサンスの知の饗宴(ルネサンス叢書1) | 佐藤三夫編 | 四四六六円 |
| ヒューマニスト・ペトラルカ(ルネサンス叢書2)―ヒューマニズムとプラトン主義 | 佐藤三夫 | 四八〇〇円 |
| 東西ルネサンスの邂逅(ルネサンス叢書3)―南蛮と誦寝氏の歴史的世界を求めて | 根占献一 | 三八〇〇円 |
| カンデライオ(ジョルダーノ・ブルーノ著作集・1巻) | 加藤守通訳 | 三二〇〇円 |
| 原因・原理・一者について(ジョルダーノ・ブルーノ著作集・3巻) | 加藤守通訳 | 三二〇〇円 |
| 英雄的狂気(ジョルダーノ・ブルーノ著作集・7巻) | 加藤守通訳 | 三八〇〇円 |
| ロバのカバラ―ジョルダーノ・ブルーノにおける文学と哲学 | Nオルディネ 加藤守通訳 | 三六〇〇円 |
| 食を料理する―哲学的考察 | 松永澄夫 | 二〇〇〇円 |
| 言葉の力(音の経験、言葉の力第I部) | 松永澄夫 | 二五〇〇円 |

〒113-0023 東京都文京区向丘1-20-6
STEL 03-3818-5521 FAX 03-3818-5514 振替 00110-6-37828
Email tk203444@fsinet.or.jp URL: http://www.toshindo-pub.com/

※定価:表示価格(本体)+税

東信堂

【現代社会学叢書】

| 書名 | サブタイトル | 著者 | 価格 |
|---|---|---|---|
| 開発と地域変動 | ―開発と内発的発展の相克 | 北島滋 | 三三〇〇円 |
| 在日華僑のアイデンティティの変容 | ―華僑の多元的共生 | 過放 | 四四〇〇円 |
| 健康保険と医師会 | ―社会保険創始期における医師と医療 | 北原龍二 | 三八〇〇円 |
| 事例分析への挑戦 | ―個人現象への事例媒介的アプローチの試み | 水野節夫 | 四六〇〇円 |
| 海外帰国子女のアイデンティティ | ―生活経験と通文化的人間形成 | 南保輔 | 三八〇〇円 |
| 有賀喜左衞門研究 | ―社会学の思想・理論・方法 | 北川隆吉編 | 三六〇〇円 |
| 現代大都市社会論 | ―分極化する都市? | 園部雅久 | 三八〇〇円 |
| インナーシティのコミュニティ形成 | ―神戸市真野地区住民のまちづくり | 今野裕昭 | 五四〇〇円 |
| ブラジル日系新宗教の展開 | | 渡辺雅子 | 七八〇〇円 |
| イスラエルの政治文化とシチズンシップ | ―異文化布教の課題と実践 | 奥山眞知 | 三八〇〇円 |
| 正統性の喪失 | ―アメリカの街頭犯罪と社会制度の衰退 | G・ラフリー 宝月誠監訳 | 三六〇〇円 |
| 東アジアの家族・地域・エスニシティ | ―基層と動態 | 北原淳編 | 四八〇〇円 |

〈シリーズ社会政策研究〉

| 書名 | サブタイトル | 著者 | 価格 |
|---|---|---|---|
| 福祉国家の社会学 | ―21世紀における可能性を探る | 三重野卓編 小笠原浩一 | 二〇〇〇円 |
| 福祉国家の変貌 | ―グローバル化と分権化のなかでの社会学 | 武川正吾編 | 二〇〇〇円 |
| 福祉国家の医療改革 | ―政策評価にもとづく選択 | 三重野卓編 近藤克則 | 二〇〇〇円 |
| 福祉政策の理論と実際(改訂版) | ―福祉社会学研究入門 | 三重野卓編 平岡公一 | 二五〇〇円 |
| 韓国の福祉国家・日本の福祉国家 | | 武川正吾編 キム・ヨンミョン | 三三〇〇円 |
| 福祉国家とジェンダー・ポリティックス | | 深澤和子 | 二八〇〇円 |
| 新版 新潟水俣病問題 | ―加害と被害の社会学 | 飯島伸子編 舩橋晴俊 | 三八〇〇円 |
| 新潟水俣病をめぐる制度・表象・地域 | | 関礼子 | 五六〇〇円 |
| 新潟水俣病問題の受容と克服 | | 堀田恭子 | 四八〇〇円 |

〒113-0023 東京都文京区向丘1-20-6
$TEL 03-3818-5521 FAX 03-3818-5514 振替 00110-6-37828
Email tk203444@fsinet.or.jp URL: http://www.toshindo-pub.com/

※定価:表示価格(本体)+税